普通高校"十二五"规划教材

稀薄气体动力学计算

王保国　刘淑艳　著

北京航空航天大学出版社

内容简介

在40多年从事CFD计算与最近10多年从事国外18种著名航天器、242个工况计算的基础上，本着少而精、重实用的基本原则，本书系统介绍了稀薄气体动力学的基本理论、基本方程和基本方法，特别讲述了高超声速再入飞行时稀薄气体DSMC的数值算法。

本书是一部从基础到前沿、关于稀薄气体输运理论与数值计算方面的学术专著，是一部研究与计算在地球大气层以及火星大气层中作高超声速稀薄流动问题的学术专著，在国内外并不多见。从这个意义上讲，这本书的出版，填补了稀薄流动问题的缺憾。

书中以简明扼要的论述使读者对稀薄气体动力学的计算全貌与前沿课题均有所了解。可供高等院校和科研单位从事流体力学和航空航天专业的研究生和科研人员参考，也可作为从事航天飞行器热防护以及星际航行时气动力辅助变轨控制领域研究人员的参考书和工具书。

图书在版编目(CIP)数据

稀薄气体动力学计算 / 王保国，刘淑艳著. --北京：北京航空航天大学出版社，2013.7

ISBN 978-7-5124-1166-1

Ⅰ.①稀… Ⅱ.①王…②刘… Ⅲ.①稀薄气体动力学—计算方法 Ⅳ.①0354

中国版本图书馆CIP数据核字(2013)第139392号

稀薄气体动力学计算

王保国 刘淑艳 著

责任编辑 金友泉

*

北京航空航天大学出版社出版发行

北京市海淀区学院路37号(邮编100191) http://www.buaapress.com.cn

发行部电话：(010)82317024 传真：(010)82328026

读者信箱：bhpress@263.net 邮购电话：(010)82316936

涿州市新华印刷有限公司印装 各地书店经销

*

开本：710×1 000 1/16 印张：9.5 字数：202千字

2013年7月第1版 2013年7月第1次印刷 印数：2 500册

ISBN 978-7-5124-1166-1 定价：30.00元

前　言

随着近代物理、空间科学以及航空航天事业的飞速发展，人类进入了一个探索宇宙奥秘的年代。近50年来，随着各类航空航天器(科学卫星、宇宙飞船、各种探测器以及航天飞机等)的发射升空、大型国际空间站的建立以及各类太空观测台(Hubble空间望远镜、Chandra X射线观测台等)的观察，人类对太阳系、银河系以及广袤的宇宙有了更深刻的认识，对著名理论物理学家和天体物理学家A. S. Eddington所提出的"我们现在的宇宙是一个无边、正在膨胀"的论断获得了更加丰富的观测结果和数据。

航天器在高空飞行、机动和制动，离不开空气动力学和稀薄气体动力学的理论支撑。当密度降低到气体分子的平均自由程与飞行器的特征尺度相比不为小量时，通常的空气动力学方法不再适用，而这时稀薄气体动力学便显得十分重要，本书正是阐述这种方法。

全书共分4章：前两章为基本理论、基本方程和基本方法，后两章是具体计算方法并给出大量的典型算例。

本书以我们团队近10多年来所完成的国外18种著名航天器再入飞行时242个典型工况为背景，突出高超声速飞行时DSMC的数值计算和突出再入飞行中各工况点下三维流场计算时选用计算模型的重要性。面对十分丰富的计算算例与素材，少而精、重实用始终是全书坚持的基本原则。

本书第一作者王保国，曾在中国科学院工作16年并两次获中国科学院科技进步奖以及国家劳动人事部首届全国优秀博士后奖，先后在清华大学力学系和北京理工大学宇航学院任教授、博士生导师、流体力学学科带头人并两次获清华大学教学优秀奖，发表学术论文200余篇，以第一作者出版学术专著与教材12部。另外，1998年获英国剑桥Gold Star Award，2000年获美国Barons Who's Who颁发的New Century Global 500 Award，2007年获"北京市教学名师"荣誉称号。

第二作者刘淑艳，北京理工大学教授，曾先后赴美国、德国和法国做高级访问学者并进行流体力学、空气动力学研究。自1978年至今一直担任《流体力学》、《空气动力学》等课程的教学工作并指导硕士与博士生多名；1994年获国家级科技发明奖、为主要获奖人之一。该作者发表论文90余篇、出版学术专著和教材6部。

感谢卞荫贵先生生前对我们团队的关心与厚爱，感谢陈懋章院士、童秉纲院士和陶文铨院士对我们在航天航空领域中进行探索所给予的大力支持与帮助。在此，还向书中参考文献里所列出的作者们与同仁们表示感谢。

此外，本书在出版期间得到了北京航空航天大学出版社编辑金友泉先生及同仁的大力支持，正是他们的敬业精神才使得本书得以如期出版，我们表示衷心的感谢。

由于本书涉及面广，而我们的水平有限，书中可能会有欠妥之处，敬请广大读者及专家批评和指正。还可通过Email：crgamme@sina.cn与我们联系，共同探讨。

作　者

2012年10月18日

目　　录

第1章 气体动理学理论基础及其非平衡统计力学中的三种描述

流体的宏观运动状态本质上是由流体分子的微观运动状态所决定的，只有从微观这一更深的层次上观察问题才能进一步看清问题的本质。本章将从分子的微观现象出发，阐述气体的输运过程，这不仅是研究稀薄气体动力学的重要基础，更重要的是借助于 N. N. Bogoliubov 提出的三个时间标度的思想，更容易理解在非平衡态统计物理中存在的三种不同层次的描述，即微观力学层次的描述、动理学(kinetics)层次的描述以及流体动力学层次的描述[1-3]。

现代物理从研究的领域上看，涉及宇观天体、宏观物理和凝聚态，以至微观的基本粒子以下的亚微观层次；从研究的物质质量来看，涉及重到 10^{70} g 的总星系，轻到 10^{-27} g 的夸克；从研究的广度看，涉及大到 10^{26} cm，小到 10^{-16} cm 的尺度；从研究相互作用间的关系来看，既研究作用半径大到无穷大的引力相互作用，又研究小到 10^{-13} cm 以下的强相互作用，以及介于它们之间的电磁相互作用和弱相互作用；另外，还研究这几种相互作用的统一问题，即统一场论。以电磁相互作用、弱相互作用、强相互作用为例，它们涉及量子电动力学、量子味动力学(即味荷与中间玻色子的相互作用)和量子色动力学(即色荷与胶子间的相互作用)。借助于数学上的群论可以证明，这三种理论之间在性质上具有类似性，仅在由群论所描述的内在对称性上有所差别。所谓大统一理论主要包括对电磁相互作用、弱相互作用和强相互作用的统一描述，把大统一再向前推进一步的统一是超统一，这种统一理论已把引力场包括在内。现阶段，超统一理论仍处在探索中。

这里必须指出的是，在从宏观走向微观的过程中，出现了介于宏观与微观之间的介观世界，它研究的是指其尺度小于或等于其中波的相位相干长度，因而出现量子相干现象的系统。相干长度的物理意义是载流子产生非相干弹性散射的平均自由程。目前，介观世界主要包括纳米材料、团簇材料和量子阱材料等新型功能材料，它们都是当代物理中材料学科的重要研究对象。通常介观物理学研究的对象包含 10^{8}～10^{11} 个原子，在固体材料的观测中有 Aharonov-Bohm 效应；另外，它们的样品一般仍属于宏观范畴，并且用宏观的手段测量研究，例如可以进行电流、电压等电学上的测量，但是测量结果却反映出电子的波动特征即量子特征，而量子特征是微观粒子的特征，说明这种体系呈现出微观物理的规律，这就是“介观”，即介于宏观与微观之间的含义。很显然，本章所研究的气体动力学以及稀薄气体动力学问题不应该笼统的认为属于介观物理学的范畴。我们认为：Bogoliubov 所给出的三个时间标度是衡量所研究的物理问题到底应该在哪个层次上进行描述的准则[3]。

1.1 微观层次的描述及其 Liouville 方程

引入 J. W. Gibbs 系综的概念，注意到系综分布密度函数 $\rho=\rho(\Gamma_N,t)$ 的定义，这里用 Γ_N 表示相空间中的代表点：

$$\Gamma_N = \{q_r, p_r; r = 1,2,\cdots,3N\} \tag{1.1.1}$$

代表点的运动轨迹由运动方程

$$\dot{p}_r = -\frac{\partial H}{\partial q_r}, \dot{q}_r = \frac{\partial H}{\partial p_r}, r = 1,2,\cdots,3N \tag{1.1.2}$$

这里 H 为经典系统的 Hamilton 量。引入 Poisson 括号的概念$\{*,*\}$，于是 Liouville 方程可表示为

$$\frac{\partial\rho}{\partial t} = \{H,\rho\} \tag{1.1.3a}$$

或者

$$\frac{\mathrm{d}\rho}{\mathrm{d}t} = 0 \tag{1.1.3b}$$

令量子力学系统的 Hamilton 算子为 $\hat{H}$，其所处的微观态 $\psi(t)$ 满足 Schrödinger 方程，即

$$\mathrm{i}\hbar\frac{\partial}{\partial t}\psi(t) = \hat{H}\psi(t) \tag{1.1.4}$$

式中：$\hbar=\frac{h}{2\pi}$，h 为 Planck 常数；引入密度算子（或称密度矩阵）$\hat{\rho}(t)$，它是 Hermite 算符；定义量子 Poisson 括号为

$$\{\hat{H},\hat{\rho}\} = \frac{1}{\mathrm{i}\hbar}(\hat{H}\hat{\rho} - \hat{\rho}\hat{H}) \tag{1.1.5}$$

于是量子力学中的 Liouville 方程为

$$\frac{\partial\hat{\rho}(t)}{\partial t} = \{\hat{H},\hat{\rho}\} \tag{1.1.6}$$

显然，它与(1.1.3a)式类似。另外，在量子统计力学中，引入熵算符 $\hat{\eta}$ 为

$$\hat{\eta} = -\ln\hat{\rho} \tag{1.1.7}$$

熵算符的平均值$\langle\hat{\eta}\rangle$为经典统计力学熵的 Gibbs 定义，即

$$s = \langle\hat{\eta}\rangle = -\langle\ln\hat{\rho}\rangle = -\mathrm{tr}(\rho\ln\rho) \tag{1.1.8}$$

引入粗粒化统计算符 $\widetilde{\rho}$ 去代替 ρ 本身，则用 $\widetilde{\rho}$ 所定义的熵 s_t 便能够给出与热力学第二定律一致的结果，即满足热力学中孤立体系熵增加的概念，也就是说

$$s_t > s_0 \tag{1.1.9}$$

熵 s_t 增加。这里 s_t 定义为

$$s_t = -\mathrm{tr}[\widetilde{\rho}(t)\ln\widetilde{\rho}(t)] \tag{1.1.10}$$

1.2　动理学层次的描述以及 BBGKY 方程链

这里把对于多体系统进行概率统计以及动力学分析与描述的内容称为动理学。它研究的是与过渡到平衡状态有关的过程，而统计物理学所研究的是处于统计平衡状态的系统。为了对 Bogoliubov 的标度思想有一个具体的认识，今考虑一个由稀薄气体构成的系统，例如对于标准状态（室温、常压）下处于热平衡的氦（He）气体，设在 $t=0$ 时刻给系统加上一个外界扰动，则系统马上会对这个扰动产生响应，并趋向于这个外加约束相容的宏观状态。这个响应过程的初始阶段称为瞬变阶段或称力学阶段，其时标为碰撞持续时间 $\tau_0=r_0/\bar{v}$（这里 r_0 为原子之间两体作用的力程，它比原子之间平均距离小得多；$\bar{v}$ 为原子的平均热速度；对于标准状态下的氦气体，$r_0\approx 3$ Å$=3\times10^{-10}$ m（这里 Å 即 Angstrom），$\bar{v}\approx1.2\times10^5$ cm/s，$\tau_0\approx2.5\times10^{-13}$ s）。对系统力学阶段的描述，需要依赖于统计分布函数（或简称分布函数）方面的相关知识；当气体分子平均发生一到二次碰撞时，系统响应进入到第二阶段，即动理学阶段。这个阶段的时段为两次碰撞之间的自由飞行时间 $\tau_{\text{coll}}\approx10^{-10}$ s；当 $t\gg\tau_{\text{coll}}$ 时，每个原子都已经过多次碰撞，其间已建立了新的局部平衡，这时的阶段便称为流体力学阶段。

在 Γ 空间，其坐标为 $(\boldsymbol{r}^N,\boldsymbol{p}^N)$，其中 $\boldsymbol{r}^N$ 代表 $(\boldsymbol{r}_1,\boldsymbol{r}_2,\cdots,\boldsymbol{r}_N)$；$\boldsymbol{p}^N$ 代表 $(\boldsymbol{p}_1,\boldsymbol{p}_2,\cdots,\boldsymbol{p}_N)$；引入概率分布函数 $f_n(\xi_1,\xi_2,\cdots,\xi_n,t)$，将它归一为

$$\int f_n(\xi_1,\xi_2,\cdots,\xi_n,t)\,\mathrm{d}^6\xi_1\,\mathrm{d}^6\xi_2\cdots\mathrm{d}^6\xi_n=V^n \tag{1.2.1}$$

这里 V 为系统的体积，$\xi_i\equiv\{\boldsymbol{r}_i,\boldsymbol{p}_i\}$；引入 S 个粒子的约化分布函数 $f_S(\xi_1,\xi_2,\cdots,\xi_S,t)$，它与总的 N 个粒子分布函数 $f_N(\xi_1,\xi_2,\cdots,\xi_N,t)$ 之间有如下关系

$$f_S(\xi_1,\xi_2,\cdots,\xi_S,t)=V^{(S-N)}\int f_N(\xi_1,\xi_2,\cdots,\xi_N,t)\,\mathrm{d}^6\xi_{S+1}\,\mathrm{d}^6\xi_{S+2}\cdots\mathrm{d}^6\xi_N \tag{1.2.2}$$

考虑全同粒子系统，对于任意选择的 S 个粒子，f_S 是 ξ_i 的对称函数。把 Liouville 方程对 $(N-S)$ 个粒子进行积分，并注意到 f_N 对 ξ_i 的对称性，得

$$\frac{\partial f_S}{\partial t}=\{H_S,f_S\}+\frac{N-S}{V}\int\sum_{i=1}^{S}(\nabla_{r_i}V_{i,S+1})\cdot(\nabla_{p_i}f_{S+1})\,\mathrm{d}^6\xi_{S+1} \tag{1.2.3}$$

式中{ *，* }代表 Poisson 括号；在(1.2.3)式中，H_S 定义为

$$H_S=\sum_{i=1}^{S}\left(\frac{p_i^2}{2m}+V(\boldsymbol{r}_i)\right)+\sum_{1\leqslant i\leqslant j\leqslant S}V_{ij} \tag{1.2.4}$$

式中：$V(\boldsymbol{r}_i)$ 为外势，$V_{ij}=V(\boldsymbol{r}_i,\boldsymbol{r}_j)$ 代表两粒子的相互作用势；式(1.2.3)就是著名的 BBGKY 方程链，它给出了 f_S 与 f_{S+1} 之间的关系，而且在推导式(1.2.3)时没有做任何近似。值得注意的是，BBGKY 方程链尽管同 Liouville 方程等价，但两者仍有很大差别。Liouville 方程是线性的封闭方程，具有时间反演对称性，微观熵是个守恒量，

而且它所描述的过程属于 Markoff 类型。BBGKY 方程链尽管也是线性方程，也具有时间反演对称性，但是它不封闭。也就是说，由于相互作用使 f_S 的演化方程中出现了 f_{S+1} 项。

式(1.2.3)又可写为

$$\frac{\partial f_S}{\partial t}+\sum_{i=1}^{S}\left(\frac{\boldsymbol{p}_i}{m}\cdot\frac{\partial f_S}{\partial \boldsymbol{r}_i}\right)+\sum_{i=1}^{S}\left(m\boldsymbol{X}_i\cdot\frac{\partial f_S}{\partial \boldsymbol{p}_i}\right)-\sum_{1\leqslant i\leqslant j\leqslant S}\left(\frac{\partial V_{ij}}{\partial \boldsymbol{r}_i}\cdot\frac{\partial f_S}{\partial \boldsymbol{p}_i}\right)=$$

$$\frac{N-S}{V}\int\sum_{i=1}^{S}\left(\frac{\partial V_{i,S+1}}{\partial \boldsymbol{r}_i}\cdot\frac{\partial f_{S+1}}{\partial \boldsymbol{p}_i}\right)\mathrm{d}^6\xi_{S+1} \tag{1.2.5}$$

式中：$S=1,2,\cdots,N-1$；另外 $m\boldsymbol{X}_i=-\dfrac{\partial V(\boldsymbol{r}_i)}{\partial \boldsymbol{r}_i}$，它表示作用在 i 粒子上的外力。由式(1.2.3)式或者式(1.2.5)可知，为了确定一个粒子的约化分布函数 f_1，将会涉及约化分布函数的整个集合 $f_1,f_2,\cdots,f_N$；而 N 是很大的一个数，为解 f_1 需要解许多个方程，因此求解 BBGKY 方程链时要作切断近似。换句话说，为得到 f_1 的方程需要对 f_2 作某些假设(例如引入分子混沌假设)。最简单的切断近似为

$$f_2(\boldsymbol{r},\boldsymbol{p};\boldsymbol{r}_1,\boldsymbol{p}_1,t)=f_1(\boldsymbol{r},\boldsymbol{p},t)f_1(\boldsymbol{r}_1,\boldsymbol{p}_1,t) \tag{1.2.6}$$

借助于式(1.2.6)，对于 f_1 则式(1.2.3)变为

$$\frac{\partial f_1}{\partial t}=\{H_1,f_1\}+\left(\frac{\partial f_1}{\partial t}\right)_{\text{coll}} \tag{1.2.7}$$

式中

$$\left(\frac{\partial f_1}{\partial t}\right)_{\text{coll}}=[\nabla_r\bar{V}(\boldsymbol{r},t)]\cdot[\nabla_p f_1(\boldsymbol{r},\boldsymbol{p},t)] \tag{1.2.8}$$

这里 $\bar{V}(\boldsymbol{r},t)$ 代表粒子二体作用产生的平均势。由此便可得到著名的非线性 Vlasov 方程。Vlasov 方程曾用于考虑等离子体中 Coulomb 力的长程效应，它是等离子体研究中的基本方程之一。

1.3 单粒子分布函数及其输运方程

在许多物理问题中，感兴趣的物理量 $A(\Gamma_N)$ 可能只与单个粒子的广义坐标 $\boldsymbol{q}_j$ 及动量 $\boldsymbol{p}_j$ 有关，例如

$$A(\boldsymbol{\Gamma}_N)=A(\boldsymbol{q}_j,\boldsymbol{p}_j)\qquad 1\leqslant j\leqslant N \tag{1.3.1}$$

或者

$$A(\Gamma_N)=\sum_{j=1}^{N}A(\boldsymbol{q}_j,\boldsymbol{p}_j) \tag{1.3.2}$$

对于上述这种较简单形式的物理量，求系综平均时有可能简化手续，例如对于(1.3.1)式，便可有

$$\langle A(t)\rangle=\int A(\boldsymbol{q}_j,\boldsymbol{p}_j)\rho(\Gamma_N,t)\mathrm{d}\boldsymbol{\Gamma}_N=\int\left[\int\rho(\Gamma_N,t)A(\boldsymbol{q}_j,\boldsymbol{p}_j)\mathrm{d}\Gamma_{N-1}\right]\mathrm{d}\boldsymbol{q}_j\mathrm{d}\boldsymbol{p}_j \tag{1.3.3}$$

式中：ρ 是系综分布函数；中括号内的 $\int\cdots \mathrm{d}\Gamma_{N-1}$ 表示除第 j 个粒子以外对其他 $N-1$ 个粒子的广义坐标及动量进行积分，记

$$f(\boldsymbol{q}_{\mathrm{j}},\boldsymbol{p}_{\mathrm{j}},t)=\int\rho(\Gamma_N,t)\mathrm{d}\Gamma_{N-1} \tag{1.3.4}$$

若 $\rho(\Gamma_N,t)$ 对于 N 个粒子为对称，则(1.3.4)式中函数 f 的形式便与 j 无关，这时可省略 $\boldsymbol{q}_{\mathrm{j}}$ 与 $\boldsymbol{p}_{\mathrm{j}}$ 的下标 j，于是有

$$\langle A(t)\rangle=\int f(\boldsymbol{q},\boldsymbol{p},\boldsymbol{t})A(\boldsymbol{q},\boldsymbol{p})\mathrm{d}\boldsymbol{q}\mathrm{d}\boldsymbol{p} \tag{1.3.5}$$

这里 $f(\boldsymbol{q},\boldsymbol{p},t)$ 称为单粒子分布函数。对于(1.3.2)式，注意到每个粒子在系统中的地位是平等的，故有

$$\langle A(t)\rangle=\int\sum_j A(\boldsymbol{q}_{\mathrm{j}},\boldsymbol{p}_{\mathrm{j}})\rho(\Gamma_N,t)\mathrm{d}\Gamma_N=N\int A(\boldsymbol{q},\boldsymbol{p})f(\boldsymbol{q},\boldsymbol{p},\boldsymbol{t})\mathrm{d}\boldsymbol{q}\mathrm{d}\boldsymbol{p} \tag{1.3.6}$$

在上述情况下，可把系统相空间中的分布函数约化为单粒子分布函数来讨论系综平均。引入粒子相空间(即由 $\boldsymbol{q}$ 与 $\boldsymbol{p}$ 这六个分量作独立变量所构成的空间)的密度算子 $\hat{n}(\boldsymbol{q},\boldsymbol{p},\boldsymbol{t})$ 和密度分布函数 $n(\boldsymbol{q},\boldsymbol{p},\boldsymbol{t})$，其表达式分别为

$$\hat{n}(\boldsymbol{q},\boldsymbol{p},t)=\sum_{j=1}^{N}\delta(\boldsymbol{r}-\boldsymbol{q}_{\mathrm{j}}(t))\delta(\boldsymbol{p}-\boldsymbol{p}_{\mathrm{j}}(t)) \tag{1.3.7}$$

$$n(\boldsymbol{q},\boldsymbol{p},t)\equiv\langle\hat{n}(\boldsymbol{q},\boldsymbol{p},t)\rangle=N\int f(\boldsymbol{q}_{\mathrm{j}},\boldsymbol{p}_{\mathrm{j}},t)\delta(\boldsymbol{r}-\boldsymbol{q}_{\mathrm{j}}(t))\delta(\boldsymbol{p}-\boldsymbol{p}_j(t))\mathrm{d}\boldsymbol{q}_{\mathrm{j}}\mathrm{d}\boldsymbol{p}_{\mathrm{j}}= Nf(\boldsymbol{r},\boldsymbol{p},\boldsymbol{t}) \tag{1.3.8}$$

并注意到 $f(\boldsymbol{r},\boldsymbol{p},t)$ 是归一化的，即

$$\int f(\boldsymbol{r},\boldsymbol{p},t)\mathrm{d}\boldsymbol{r}\mathrm{d}\boldsymbol{p}=1 \tag{1.3.9}$$

借助于式(1.3.8)与式(1.3.9)便有

$$\int n(\boldsymbol{r},\boldsymbol{p},t)\mathrm{d}\boldsymbol{r}\mathrm{d}\boldsymbol{p}=N \tag{1.3.10}$$

考虑粒子相空间在$(\boldsymbol{r},\boldsymbol{v})$附近微小体积 $\mathrm{d}\boldsymbol{r}\mathrm{d}\boldsymbol{v}$ 中，粒子数 $n\mathrm{d}\boldsymbol{r}\mathrm{d}\boldsymbol{v}$ 随时间的变化率，便能得到如下形式的输运方程

$$\frac{\partial n}{\partial t}+\boldsymbol{v}\cdot\frac{\partial n}{\partial\boldsymbol{r}}+\frac{\boldsymbol{F}}{m}\cdot\frac{\partial n}{\partial\boldsymbol{v}}=\left(\frac{\partial n}{\partial t}\right)_c+\left(\frac{\partial n}{\partial t}\right)_s \tag{1.3.11}$$

式中：$n\equiv n(\boldsymbol{r},\boldsymbol{p},t)$ 为粒子相空间的密度分布函数，它与单粒子分布函数 $f(\boldsymbol{r},\boldsymbol{p},t)$ 间的关系为

$$f(\boldsymbol{r},\boldsymbol{p},t)=\frac{n(\boldsymbol{r},\boldsymbol{p},t)}{N} \tag{1.3.12}$$

式在(1.3.11)中，$\left(\frac{\partial n}{\partial t}\right)_c$ 与 $\left(\frac{\partial n}{\partial t}\right)_s$ 分别代表碰撞项与外源项。如果碰撞是瞬间完成的，即碰撞时间远比粒子自由飞行的时间短，便可以定义碰撞核函数 $\sigma(\boldsymbol{r},\boldsymbol{v}\rightarrow\boldsymbol{v}')$，它代表在 $\boldsymbol{r}$ 处一个速度为 $\boldsymbol{v}$ 的粒子经过单位长度路程时受到碰撞并放

出速度为$\boldsymbol{v}'$的粒子平均数。引入总宏观截面$\sigma_t(\boldsymbol{r},v)$，于是借助于碰撞核函数以及总宏观截面的概念，可得碰撞项为

$$\left(\frac{\partial n}{\partial t}\right)_c=\int n(\boldsymbol{r},\boldsymbol{v},t)v\sigma(\boldsymbol{r},\boldsymbol{v}\to\boldsymbol{v}')\mathrm{d}\boldsymbol{v}-v\sigma_t(\boldsymbol{r},v)\,n(\boldsymbol{r},\boldsymbol{v},t) \tag{1.3.13}$$

这里右边第一项代表单位时间内由于碰撞所造成的$\boldsymbol{r}$处速度为$\boldsymbol{v}$的粒子数的增加，第二项代表单位时间内由于碰撞所引起的在$\boldsymbol{r}$处速度的模为v的粒子数的减少。如果外源项为

$$\left(\frac{\partial n}{\partial t}\right)_s=s(\boldsymbol{r},\boldsymbol{v},t) \tag{1.3.14}$$

将(1.3.13)式与(1.3.14)式代入到(1.3.11)式，得

$$\frac{\partial n}{\partial t}+\boldsymbol{v}\cdot\frac{\partial n}{\partial \boldsymbol{r}}+\frac{\boldsymbol{F}}{m}\cdot\frac{\partial n}{\partial \boldsymbol{v}}=$$

$$s(\boldsymbol{r},\boldsymbol{v},t)-vn(\boldsymbol{r},\boldsymbol{v},t)\sigma_t(\boldsymbol{r},v)+\int n(\boldsymbol{r},\boldsymbol{v},t)v\sigma(\boldsymbol{r},\boldsymbol{v}\to\boldsymbol{v}')\mathrm{d}\boldsymbol{v}=$$

$$s-vn\sigma_t+\int vn\sigma(\boldsymbol{r},\boldsymbol{v}\to\boldsymbol{v}')\mathrm{d}\boldsymbol{v} \tag{1.3.15}$$

假设没有外源项，并记

$$\tilde{\varphi}=\tilde{\varphi}(\boldsymbol{r},\boldsymbol{v},t)=vn(\boldsymbol{r},\boldsymbol{v},t) \tag{1.3.16}$$

这时输运方程可写为

$$\frac{1}{v}\frac{\partial\tilde{\varphi}}{\partial t}+\frac{\boldsymbol{v}}{v}\cdot\frac{\partial\tilde{\varphi}}{\partial \boldsymbol{r}}+\tilde{\varphi}\sigma_t(\boldsymbol{r},v)=s(\boldsymbol{r},\boldsymbol{v},t)+\int\tilde{\varphi}(\boldsymbol{r},\boldsymbol{v},t)\sigma(\boldsymbol{r},\boldsymbol{v}\to\boldsymbol{v}')\mathrm{d}\boldsymbol{v} \tag{1.3.17}$$

式中：$\tilde{\varphi}(\boldsymbol{r},\boldsymbol{v},t)$称为角通量，而角流密度$\tilde{j}(\boldsymbol{r},\boldsymbol{v},t)$定义为

$$\tilde{j}(\boldsymbol{r},\boldsymbol{v},t)=\boldsymbol{v}n(\boldsymbol{r},\boldsymbol{v},t) \tag{1.3.18}$$

令

$$\hat{\boldsymbol{\Omega}}=\frac{\boldsymbol{v}}{v} \tag{1.3.19}$$

粒子相空间的密度分布函数$n(\boldsymbol{r},\boldsymbol{v},t)$还可以用$\boldsymbol{r}$、$v$、$\hat{\boldsymbol{\Omega}}$与$t$表达，如果

$$n(\boldsymbol{r},\boldsymbol{v},\hat{\boldsymbol{\Omega}},t)\mathrm{d}v\mathrm{d}\hat{\boldsymbol{\Omega}}\mathrm{d}\boldsymbol{r}$$

代表t时刻位置在$\boldsymbol{r}$附近的$\mathrm{d}\boldsymbol{r}$内、速度在v附近的$\mathrm{d}v$内、速度方向在$\hat{\boldsymbol{\Omega}}$附近的$\mathrm{d}\hat{\boldsymbol{\Omega}}$内的粒子数期望值时，由

$$n(\boldsymbol{r},\boldsymbol{v},t)\mathrm{d}\boldsymbol{r}\mathrm{d}\boldsymbol{v}=n(\boldsymbol{r},v,\hat{\boldsymbol{\Omega}},t)\mathrm{d}\boldsymbol{r}\mathrm{d}v\mathrm{d}\hat{\boldsymbol{\Omega}} \tag{1.3.20}$$

并注意到

$$\mathrm{d}\boldsymbol{v}=v^2\mathrm{d}v\mathrm{d}\hat{\boldsymbol{\Omega}} \tag{1.3.21}$$

于是有

$$n(\boldsymbol{r},v,\hat{\boldsymbol{\Omega}},t)=v^2 n(\boldsymbol{r},\boldsymbol{v},t) \tag{1.3.22}$$

令动能 $\boldsymbol{E}$ 为

$$E = \frac{1}{2}mv^2 \tag{1.3.23}$$

并且用 $n(\boldsymbol{r},E,\hat{\boldsymbol{\Omega}},t)\mathrm{d}\boldsymbol{r}\mathrm{d}E\mathrm{d}\hat{\boldsymbol{\Omega}}$ 代表 t 时刻位置在 $\boldsymbol{r}$ 附近的 $\mathrm{d}\boldsymbol{r}$ 内、动能在 E 附近的 $\mathrm{d}E$ 内、速度在 $\hat{\boldsymbol{\Omega}}$ 附近的 $\mathrm{d}\hat{\boldsymbol{\Omega}}$ 内的粒子数期望值时，则有

$$n(\boldsymbol{r},E,\boldsymbol{\Omega},t) = \frac{v}{m}n(\boldsymbol{r},\boldsymbol{v},t) = \frac{1}{mv}n(\boldsymbol{r},v,\hat{\boldsymbol{\Omega}},t) \tag{1.3.24}$$

对于角通量 $\tilde{\varphi}(\boldsymbol{r},\boldsymbol{v},t)$ 以及角流密度 $\tilde{\boldsymbol{j}}(\boldsymbol{r},\boldsymbol{v},t)$ 也可以作类似的自变量变换，例如

$$\tilde{\varphi}(\boldsymbol{r},E,\hat{\boldsymbol{\Omega}},t) = \frac{v}{m}\tilde{\varphi}(\boldsymbol{r},\boldsymbol{v},t) \tag{1.3.25}$$

借助于(1.3.25)式，则(1.3.17)变为

$$\frac{1}{v}\frac{\partial\tilde{\varphi}}{\partial t} + \hat{\boldsymbol{\Omega}}\cdot\frac{\partial\tilde{\varphi}}{\partial\boldsymbol{r}} + \tilde{\varphi}(\boldsymbol{r},E,\hat{\boldsymbol{\Omega}},t)\sigma_t = s + \iint\tilde{\varphi}(\boldsymbol{r},E,\hat{\boldsymbol{\Omega}},t)\sigma(\boldsymbol{r},E\to E',\hat{\boldsymbol{\Omega}}\to\hat{\boldsymbol{\Omega}}')\,\mathrm{d}\hat{\boldsymbol{\Omega}}\mathrm{d}E \tag{1.3.26}$$

式中

$$\sigma_t = \sigma_t(\boldsymbol{r},E) = \sigma_t(\boldsymbol{r},v) \tag{1.3.27a}$$

$$\sigma(\boldsymbol{r},E\to E',\hat{\boldsymbol{\Omega}}\to\hat{\boldsymbol{\Omega}}') = \frac{v}{m}\sigma(\boldsymbol{r},\boldsymbol{v}\to\boldsymbol{v}') \tag{1.3.27b}$$

$$s = s(\boldsymbol{r},E,\hat{\boldsymbol{\Omega}},t) = \frac{v}{m}s(\boldsymbol{r},\boldsymbol{v},t) \tag{1.3.27c}$$

1.4 中子与光子的输运方程

中子在运动中也会受到外场力的作用，例如中子具有质量和磁矩，因此会受到重力场或者磁场的作用，不过在绝大多数场合下这些外场作用都很小，故忽略。因此，可以用角通量 $\tilde{\varphi}=\tilde{\varphi}(\boldsymbol{r},E,\hat{\boldsymbol{\Omega}},t)$ 作为描述中子的分布函数，借助于(1.3.26)式可得中子的输运方程为

$$\frac{1}{v}\frac{\partial\tilde{\varphi}}{\partial t} + \hat{\boldsymbol{\Omega}}\cdot\frac{\partial\tilde{\varphi}}{\partial\boldsymbol{r}} + \tilde{\varphi}\sigma_t = s + \iint\tilde{\varphi}(\boldsymbol{r},E,\hat{\boldsymbol{\Omega}},t)\sigma(\boldsymbol{r},E\to E',\hat{\boldsymbol{\Omega}}\to\hat{\boldsymbol{\Omega}}')\,\mathrm{d}\hat{\boldsymbol{\Omega}}\mathrm{d}E \tag{1.4.1}$$

严格地讲，碰撞核函数 σ 与中子的分布函数有关，而且中子与介质的相互作用会使介质的状态受到扰动，这时碰撞核函数也要发生相应的变化，因此方程(1.4.1)式带有非线性方程的特征。但在通常情况下中子的数密度比介质原子核的数密度小得多，因此可以忽略中子之间的碰撞而仅考虑中子与原子核之间的碰撞，同时还认为介质的性质不变。这样便使得方程(1.4.1)式可以作为线性输运方程。

在天体物理中，常引入辐射强度角分布函数 I_v，即

$$I_v \equiv I_v(\boldsymbol{r},\hat{\boldsymbol{\Omega}},t) = h\hat{v}cn(\boldsymbol{r},\hat{v},\hat{\boldsymbol{\Omega}},t) \tag{1.4.2}$$

这里：h 为 Planck 常数，$\hat{v}$ 为频率，$h\hat{v}$ 为光子的能量，c 为光速，n 为粒子密度分布；$n(\boldsymbol{r},\hat{v},\hat{\boldsymbol{\Omega}},t)\mathrm{d}\boldsymbol{r}\mathrm{d}\hat{v}\mathrm{d}\hat{\boldsymbol{\Omega}}$ 代表 t 时刻在 $\boldsymbol{r}$、$\hat{v}$、$\hat{\boldsymbol{\Omega}}$ 附近 $\mathrm{d}\boldsymbol{r}\mathrm{d}\hat{v}\mathrm{d}\hat{\boldsymbol{\Omega}}$ 的光子数；$I_v\mathrm{d}\hat{\boldsymbol{\Omega}}\mathrm{d}\hat{v}$ 代表 t 时刻单位时间内穿过垂直于 $\hat{\boldsymbol{\Omega}}$ 的单位面积的频率在 $\hat{v}$ 附近的 $\mathrm{d}\hat{v}$ 内、方向在 $\hat{\boldsymbol{\Omega}}$ 附近的 $\mathrm{d}\hat{\boldsymbol{\Omega}}$ 内的辐射能量。光子服从 Bose-Einstein 统计，光子的发射频率由自发发射概率 A_v 与诱导发射概率 $A_v\dfrac{c^3}{2\hat{v}^2}n$ 两个部分构成。借助于(1.3.26)式以及(1.4.2)式，可得以 I_v 表达的光子输运方程，即

$$\frac{1}{c}\frac{\partial I_v}{\partial t} + \hat{\boldsymbol{\Omega}}\cdot\frac{\partial}{\partial \boldsymbol{r}}I_v = j_v - (k_v + N_e\sigma_s)I_v + N_e\sigma_s J_v \tag{1.4.3}$$

式中：变量 $\boldsymbol{r}$ 与 t 省略未写；$k(\hat{v},\hat{v}',\hat{\boldsymbol{\Omega}},\hat{\boldsymbol{\Omega}}')$ 代表 $(\hat{v},\hat{\boldsymbol{\Omega}})$ 光子的经散射后变为 $(\hat{v}',\hat{\boldsymbol{\Omega}}')$ 光子的概率，即散射概率函数；N_e 为电子密度；N^* 为具有过剩能量 $h\hat{v}$、并能放出一个 $\hat{v}$ 光子的物质粒子(原子或分子)的密度；σ_s 代表电子对光子的微观散射截面；k_v 为吸收系数；j_v 为发射系数。在辐射输运方程中，j_v 与 k_v 常称作辐射参数；如何计算 j_v 和 k_v 以及如何求解式(1.4.3)都是很重要的研究课题。由于 j_v 与 k_v 依赖于不同能级的原子或分子的数目，而这些数目又依赖于辐射强度 I_v 的分布，因此通常方程式(1.4.3)是非线性的。符号 j_v 与 J_v 的含义为

$$j_v = h\hat{v}A_vN^* \tag{1.4.4a}$$

$$J_v = \int k(\hat{v},\hat{v}',\hat{\boldsymbol{\Omega}}\cdot\hat{\boldsymbol{\Omega}}')\, I_v(\hat{\boldsymbol{\Omega}})\mathrm{d}\hat{v} \tag{1.4.4b}$$

当光子能量较电子的固有能量小得多时，散射对光子的频率改变很小，故可忽略，于是散射概率函数变为

$$k(\hat{v},\hat{v}',\hat{\boldsymbol{\Omega}}\cdot\hat{\boldsymbol{\Omega}}') = k(\hat{\boldsymbol{\Omega}}\cdot\hat{\boldsymbol{\Omega}}')\delta(\hat{v}-\hat{v}') \tag{1.4.5}$$

发射概率与吸收概率之间由细致平衡原理相联系，如果物质未处于热力学平衡状态则发射与吸收间的关系只能由微观理论去求得。以下仅考虑局部热力学平衡态，这时发射系数 j_v 与吸收系数 k_v 之间满足 Kirchhoff 关系，即

$$j_v = k_vB_v \tag{1.4.6}$$

式中：B_v 为黑体辐射强度，其表达式为[3],[4]

$$B_v = B_v(T) = \frac{2h\hat{v}^3}{c^2}\frac{1}{\mathrm{e}^{\frac{h\hat{v}}{k_BT}}-1} \tag{1.4.7}$$

式中，k_B 为 Boltzmann 常数。在局部热力学平衡下(如果物质处于局部热力学平衡时，则其状态仅由温度 T 决定)，这时辐射方程(1.4.3)式可变为

$$\frac{1}{c}\frac{\partial I_v}{\partial t} + \hat{\boldsymbol{\Omega}}\cdot\frac{\partial}{\partial \mathbf{r}}I_v = \tilde{k}_v[-I_v + \eta_vB_v + (1-\eta_v)J_v] \tag{1.4.8}$$

式中

$$J_{\mathrm{v}}=\int I_{\mathrm{v}}(\hat{\boldsymbol{\Omega}})k(\hat{\boldsymbol{\Omega}}\cdot\hat{\boldsymbol{\Omega}}')\mathrm{d}\hat{\boldsymbol{\Omega}} \tag{1.4.9a}$$

$$\widetilde{k}_{\mathrm{v}}=k_{\mathrm{v}}+N_{\mathrm{e}}\sigma_{\mathrm{s}},\qquad \eta_{\mathrm{v}}=\frac{k_{\mathrm{v}}}{k_{\mathrm{v}}+N_{\mathrm{e}}\sigma_{\mathrm{s}}} \tag{1.4.9b}$$

这里辐射输运方程(1.4.8)式是线性方程。

1.5 高能带电粒子以及电离气体、等离子体中的输运方程

这里讨论的带电粒子主要是指轻离子，如质子、α 粒子等。这些粒子在重介质中运动时，会与重核碰撞，也会与原子中的电子碰撞。前一种碰撞，能量交换可以忽略，只会使带电粒子的运动方向发生变化；后一种碰撞，每次这种碰撞都使带电粒子的能量有微小的变化，频繁的这种碰撞所造成的能量变化可看成带电粒子所走路程 ξ 的递减函数(这里 $E=E(\xi)$，E 为带电粒子的能量)。注意到 $\mathrm{d}\xi=v\mathrm{d}t$，于是高能带电粒子的输运方程便可以写为

$$\frac{\partial\widetilde{\varphi}}{\partial\xi}+\hat{\boldsymbol{\Omega}}\cdot\frac{\partial\widetilde{\varphi}}{\partial\mathbf{r}}+\widetilde{\varphi}\sigma_{\mathrm{t}}=s+\int\sigma(\boldsymbol{r},\xi,\hat{\boldsymbol{\Omega}}\rightarrow\hat{\boldsymbol{\Omega}}')\widetilde{\varphi}(\boldsymbol{r},\xi,\hat{\boldsymbol{\Omega}})\mathrm{d}\hat{\boldsymbol{\Omega}} \tag{1.5.1}$$

式中：$\widetilde{\varphi}=\widetilde{\varphi}(\boldsymbol{r},\boldsymbol{v},t)$ 为角通量，其含义同(1.3.17)式；这里假定 $\mathrm{d}E/\mathrm{d}\xi=\psi(\xi)$ 为已知函数。因此方程(1.5.1)式为线性方程。

令 ρ 与 $\boldsymbol{j}$ 分别代表电荷密度与电流密度，由 Coulomb-Ampere 力密度(即作用在电荷和电流上单位体积的力)公式，为

$$\widetilde{\boldsymbol{f}}=\rho\boldsymbol{E}+\boldsymbol{j}\times\boldsymbol{B} \tag{1.5.2a}$$

或者

$$\widetilde{\boldsymbol{f}}=\rho\boldsymbol{E}+\rho\boldsymbol{v}\times\boldsymbol{B} \tag{1.5.2b}$$

式中：$\boldsymbol{E}$ 与 $\boldsymbol{B}$ 分别为电场强度与磁感应强度；$\widetilde{\boldsymbol{f}}$ 称为洛伦兹(Lorentz)力。

由(1.3.11)式，如果不考虑源项，则粒子的输运方程为

$$\frac{\partial n}{\partial t}+\boldsymbol{v}\cdot\frac{\partial n}{\partial\boldsymbol{r}}+\frac{q}{m}(\boldsymbol{E}+\boldsymbol{v}\times\boldsymbol{B})\cdot\frac{\partial n}{\partial\boldsymbol{v}}=\left(\frac{\partial n}{\partial t}\right)_c \tag{1.5.3}$$

式中：m 与 q 分别为粒子的质量与电荷。

令 λ_{D} 代表 Debye 长度，它反映了带电粒子之间 Coulomb 作用力的作用半径。当 λ_{D} 远小于系统的尺寸时，式(1.5.3)右端碰撞项并不重要，故可省略，于是便得到 Vlasov 方程；另外对于方程式(1.5.3)左端的 $\boldsymbol{B}$ 与 $\boldsymbol{E}$ 应服从麦克斯韦(Maxwell)方程组；如果用 f 代表分布函数，于是 Vlasov-Maxwell 方程组为

$$\frac{\partial f}{\partial t}+\boldsymbol{v}\cdot\frac{\partial f}{\partial\boldsymbol{r}}+\frac{q}{m}(\boldsymbol{E}+\boldsymbol{v}\times\boldsymbol{B})\cdot\frac{\partial f}{\partial\boldsymbol{v}}=0 \tag{1.5.4a}$$

$$\nabla \cdot \boldsymbol{E} = \frac{\rho}{\varepsilon_0} \tag{1.5.4b}$$

$$\nabla \cdot \boldsymbol{B} = 0 \tag{1.5.4c}$$

$$\nabla \times \boldsymbol{E} = -\frac{\partial \boldsymbol{B}}{\partial t} \tag{1.5.4d}$$

$$\nabla \times \boldsymbol{B} = \varepsilon_0 \mu_0 \frac{\partial \boldsymbol{E}}{\partial t} + \mu_0 \boldsymbol{j} \tag{1.5.4e}$$

式中：ρ 与 $\boldsymbol{j}$ 分别代表电荷密度与电流密度，ε_0 与 μ_0 分别为真空中的介电常数与磁导率。

由于电磁场的存在，带电粒子运动时要受到洛伦兹力的作用，这时粒子的分布函数 $f(t,\boldsymbol{r},\boldsymbol{v})$ 不仅要满足 Vlasov 方程式(1.5.4a)，而且 $\boldsymbol{E}$ 与 $\boldsymbol{B}$ 还要服从 Maxwell 方程组(1.5.4b)～(1.5.4e)式。由偏微分方程理论可知，Vlasov 方程为关于分布函数 f 的一阶双曲型偏微分方程，其系数依赖于未知函数 $\boldsymbol{E}$ 与 $\boldsymbol{B}$，而 Maxwell 方程组是关于未知函数 $\boldsymbol{E}$ 与 $\boldsymbol{B}$ 的一阶对称双曲型方程组。值得注意的是，(1.5.4e)式中的 $\boldsymbol{j}$ 应由 $\boldsymbol{v}$ 以及分布函数 f 来决定，其表达式为

$$\boldsymbol{j} = q\int \boldsymbol{v} f(t,\boldsymbol{r},\boldsymbol{v})\mathrm{d}\boldsymbol{v} \tag{1.5.5}$$

式中：q 为粒子的电荷。因此 Vlasov-Maxwell 方程组式(1.5.4)是一个一阶非线性双曲型积分-微分方程组。

下面讨论电离气体中的输运问题。首先给出电离气体与稀薄电离气体的概念：当组成气体的所有分子都被电离时，称其为完全电离气体。这种情况必须在极高的温度下才能出现，例如核反应堆内的气体介质便可以认为是完全电离气体。在通常情况下，气体中的一部分分子处于电离状态，另一部分分子处于中性状态，这时也称这种气体为电离气体。在地球大气的高空层，由于存在强烈的热辐射作用以及处于低气压区域，空气呈电离状态，故称这时的电离气体为稀薄电离气体。电离气体实际上是电子、离子和中性分子的多组元混合气体，因此稀薄电离气体的宏观运动及其微观量都可以通过三个组元所对应的分布函数来描述。这三个分布函数分别为电子分布函数 $f_e(t,\boldsymbol{r},\boldsymbol{v})$、离子分布函数 $f_i(t,\boldsymbol{r},\boldsymbol{v})$ 和中性分子分布函数 $f_o(t,\boldsymbol{r},\boldsymbol{v})$。在混合气体情况下，相同组元之间以及不同组元之间的分子都存在着碰撞作用，存在着组元类的组合平均自由程 λ_{jk}、碰撞时间 τ_{jk} 和碰撞频率 $\hat{v}_{jk}$，而这些微观特征量又都依赖于相应的碰撞截面 σ_{jk}；将 λ_{jk}、τ_{jk} 和 $\hat{v}_{jk}$ 对组元类 j 求和便可得到各组元的平均自由程 λ_k、碰撞时间 τ_k 和碰撞频率 $\hat{v}_k$，然后注意将 λ_k、τ_k 和 $\hat{v}_k$ 按组元数密度加权平均便可以得到气体的平均自由程 λ、碰撞时间 τ 和碰撞频率 $\hat{v}$；如果电离气体存在三类组元，即电子 e、离子 i 和中性分子 o，于是便有 6 种组合的碰撞截面(即 σ_{ee}、σ_{ei}、σ_{eo}、σ_{ii}、σ_{io}、σ_{oo})，在电离气体中所出现的这 6 种组合的碰撞截面是同量阶的。

在电离气体中，各组元分子的热运动是无序的；另外，对于稀薄气体，各态遍历以及分子混沌假设总是成立的；由于各组元的平均自由程总是远大于组元分子的维度，

因此虽然存在着电磁场的作用，但这种作用仅仅影响着碰撞之前带电分子的运动轨迹而不影响分子碰撞作用的时间以及碰撞机理，所以二元碰撞假设依然成立。对于电离气体各组元的分布函数 $f_e(t,\boldsymbol{r},\boldsymbol{v})$、$f_i(t,\boldsymbol{r},\boldsymbol{v})$ 和 $f_o(t,\boldsymbol{r},\boldsymbol{v})$ 应满足 Boltzmann 方程[3]，即

$$\frac{\mathrm{d}f_k}{\mathrm{d}t}=\frac{\partial f_k}{\partial t}+\boldsymbol{v}\cdot\frac{\partial f_k}{\partial \boldsymbol{r}}+\frac{\boldsymbol{F}_k}{m_k}\cdot\frac{\partial f_k}{\partial \boldsymbol{v}}=$$
$$\sum_j\int(f'_k f'_j-f_k f_j)g_{kj}b_{kj}\mathrm{d}b_{kj}\mathrm{d}\varphi_{kj}\mathrm{d}\boldsymbol{v}_j,\qquad(k=e,i,o)\tag{1.5.6}$$

式中

$$g_{kj}=|\boldsymbol{v}_j-\boldsymbol{v}_k|\tag{1.5.7a}$$

$$f_j=f(t,\boldsymbol{r},\boldsymbol{v}_j),f_k=f(t,\boldsymbol{r},\boldsymbol{v}_k)\tag{1.5.7b}$$

$$f'_j=f(t,\boldsymbol{r},\boldsymbol{v}'_j),f'_k=f(t,\boldsymbol{r},\boldsymbol{v}'_k)\tag{1.5.7c}$$

式中：$\boldsymbol{v}_j$ 与 $\boldsymbol{v}_k$ 为粒子对碰撞前的速度，而 $\boldsymbol{v}'_j$ 与 $\boldsymbol{v}'_k$ 为粒子对碰撞后的相应速度。注意到

$$\sigma_T=\int_0^{4\pi}\sigma\mathrm{d}\hat{\Omega}=\int b\mathrm{d}b\mathrm{d}\varphi\tag{1.5.8}$$

$$|\mathrm{d}\hat{\boldsymbol{\Omega}}|=\sin\theta\mathrm{d}\theta\mathrm{d}\varphi\tag{1.5.9}$$

在(1.5.8)式中 σ_T 代表总的碰撞截面；b 为碰撞接触参数。借助于(1.5.8)式，则(1.5.6)式又可写为

$$\frac{\mathrm{d}f_k}{\mathrm{d}t}=\frac{\partial f_k}{\partial t}+\boldsymbol{v}\cdot\frac{\partial f_k}{\partial \boldsymbol{r}}+\frac{\boldsymbol{F}_k}{m_k}\cdot\frac{\partial f_k}{\partial \boldsymbol{v}}=$$
$$\sum_j\int(f'_k f'_j-f_k f_j)g_{kj}\sigma_{kj}\mathrm{d}\hat{\boldsymbol{\Omega}}_{kj}\mathrm{d}\boldsymbol{v}_j\tag{1.5.10}$$

式中 $\hat{\boldsymbol{\Omega}}_{kj}$ 为一单位矢量，其方向为碰撞后相对速度 $\boldsymbol{g}'_{kj}$ 的方向。

对于电离气体，由于通常因有电场以及磁场的出现，因此电场力与磁场力作用于带电的分子之上。在忽略重力场对分子的作用下，中性分子不受任何外力的作用；带电分子所受到的电磁力是 Coulomb 力与 Ampere 力的合成，即 $\boldsymbol{F}_j=ez_j(\boldsymbol{E}+\boldsymbol{v}_j\times\boldsymbol{B})$，这里 $\boldsymbol{E}$ 与 $\boldsymbol{B}$ 分别代表电场强度与磁感应强度。在上述假设下，方程(1.5.6)式针对电子、离子以及中性分子而言，其分布函数所满足的方程分别为

$$\frac{\mathrm{d}f_e}{\mathrm{d}t}=\frac{\partial f_e}{\partial t}+\boldsymbol{v}\cdot\frac{\partial f_e}{\partial \boldsymbol{r}}-\frac{e(\boldsymbol{E}+\boldsymbol{v}\times\boldsymbol{B})}{m}\cdot\frac{\partial f_e}{\partial \boldsymbol{v}}=$$
$$\sum_{j=e,i,o}\int(f'_e f'_j-f_e f_j)g_{ej}b_{ej}\mathrm{d}b_{ej}\mathrm{d}\varphi_{ej}\mathrm{d}\boldsymbol{v}_j\tag{1.5.11a}$$

$$\frac{\mathrm{d}f_i}{\mathrm{d}t}=\frac{\partial f_i}{\partial t}+\boldsymbol{v}\cdot\frac{\partial f_i}{\partial \boldsymbol{r}}+\frac{ez_i(\boldsymbol{E}+\boldsymbol{v}\times\boldsymbol{B})}{m}\cdot\frac{\partial f_i}{\partial \boldsymbol{v}}=$$
$$\sum_{j=e,i,o}\int(f'_i f'_j-f_i f_j)\ g_{ij}b_{ij}\mathrm{d}b_{ij}\mathrm{d}\varphi_{ij}\mathrm{d}\boldsymbol{v}_j\tag{1.5.11b}$$

$$\frac{\mathrm{d}f_{\circ}}{\mathrm{d}t}=\frac{\partial f_{\circ}}{\partial t}+\boldsymbol{v}\cdot\frac{\partial f_{\circ}}{\partial \boldsymbol{r}}=\sum_{j=\mathrm{e,i,o}}\int(f'_{\circ}f'_{\mathrm{j}}-f_{\circ}f_{\mathrm{j}})g_{\mathrm{oj}}b_{\mathrm{oj}}\mathrm{d}b_{\mathrm{oj}}\mathrm{d}\varphi_{\mathrm{oj}}\mathrm{d}\boldsymbol{v}_{\mathrm{j}} \quad (1.5.11\mathrm{c})$$

对于考虑电磁场作用下非稳定过程的稀薄电离气体，必须要将(1.5.11)式与Maxwell方程组联立求解以便得到未知函数 f_{e}、f_{i} 和 $f_{\circ}$ 以及 $\boldsymbol{E}$、$\boldsymbol{B}$ 的值。显然，稀薄电离气体动力学问题的求解要比不考虑电离的问题复杂得多。

最后再讨论一下与等离子体输运相关的一些问题。等离子体(plasma)是指这种物质形态中的正、负电荷大体上相等，在整体上呈现准中性。碰撞项的处理是输运问题中十分关键的问题，碰撞是指离子间一种激烈的相互作用过程，在相互作用前后粒子的空间位置基本上不改变，但速度和动能却产生了巨大的变化。对带电粒子来说，碰撞是指粒子间距小于 Debye 长度时，在屏蔽 Coulomb 势场中的“近程”相互作用过程，而带电粒子间距大于 Debye 长度时的“远程”相互作用过程则用等离子体集体运动(自洽场或等离子体波)来描述。另外，碰撞可分为弹性碰撞与非弹性碰撞。弹性碰撞是指在碰撞过程中粒子的种类以及内能不改变，只有动量、动能发生改变的碰撞过程；而非弹性碰撞则是指相撞粒子的种类、内能以及动能都发生变化的碰撞(例如原子和离子中的电子被激发、被电离，离子和电子复合成低电荷离子或原子，并同时发射出光辐射等)。弹性碰撞理论又分为自扩散与集体输运两大部分。由于通常等离子体含有两种或更多种带电粒子，因此它们的组元仍会有类似于(1.5.6)式的表达式，为避免重复，其具体表达式就不再给出了。还需要说明的是，在许多情况下等离子体、尤其是磁化等离子体，往往可以在比中性粒子更低密度和更高的温度下仍然可以采用流体力学方法来描述(例如采用双(多)流体力学方程描述)。但是随着温度的升高或磁流体元随时间变化频率 ω 的升高$\left(例如当 \omega\geqslant\frac{\partial}{\partial t}时\right)$，流体力学描述的成立条件将不再成立，这时就必须采用动理学方法来描述。有关更多这方面的论述，可参阅参考文献[5]。

1.6 流体力学层次的描述及其流体力学方程组的导出

宏观观测的概念与粗粒密度的假设是非平衡统计力学中最基本的必要假设，而Bogoliubov 在 1946 年提出的力学标度、动理学标度和流体力学标度的思想为非平衡统计力学的发展做出了重要贡献。依据 Bogoliubov 关于多体系统随时间发展三个阶段的思想，在流体力学阶段，除粒子数、能量、动量几个守恒量之外，其他量都已趋向局部平衡[6]。换句话说，其他量只随守恒量的变化而变化。粗粒密度矩阵只能通过守恒量的平均值作为时间的函数，或者通过与守恒流共轭的热力学力作为时间的函数。按照 Bogoliubov 的时标思想，动理学行为只在动理学时标上成立；流体动力学行为只在流体动力学时标上成立。Zubarev 在 1961—1965 年间进一步完善了

Bogoliubov 的时间标度思想,在流体力学标度上提出了建立在局部守恒律基础上的适用于任何系统的非平衡统计算符。非平衡统计算符在流体力学阶段的理论基础及适用性是与 Gibbs 密度算符对平衡态的理论基础及适应性相同的,它们对高密度与强作用系统也具有普遍性[3]。在流体力学阶段,系统存在着宏观上的空间不均匀性。与它相应的时间标度为 τ_m,它要比建立局部 Gibbs 分布的时间 τ_r 大得多,即 $\tau_m \gg \tau_r$,这个性质便使得流体力学阶段的描述大大简化。这里所谓流体动力学层次的描述,实质上就是只讨论单粒子分布函数 $f(\boldsymbol{r},\boldsymbol{v},t)$ 的前三次矩

$$f_0(\boldsymbol{r},t) = \int f(\boldsymbol{r},\boldsymbol{v},t)\mathrm{d}\boldsymbol{v} \tag{1.6.1}$$

$$f_1(\boldsymbol{r},t) = \int \boldsymbol{v} f(\boldsymbol{r},\boldsymbol{v},t)\mathrm{d}\boldsymbol{v} \tag{1.6.2}$$

$$f_2(\boldsymbol{r},t) = \int \boldsymbol{v}^2 f(\boldsymbol{r},\boldsymbol{v},t)\mathrm{d}\boldsymbol{v} \tag{1.6.3}$$

式(1.6.1)~式(1.6.3)分别为单粒子分布函数的零次矩、一次矩与二次矩。考虑粒子数密度算子

$$\hat{N}(\boldsymbol{r},t) = \sum_{j=1}^{N} \delta(\boldsymbol{r} - \boldsymbol{q}_j(t)) \tag{1.6.4}$$

式中,$\boldsymbol{q}_j(t)$ 为力学层次描述中粒子的坐标。它的系综平均值 $N(\boldsymbol{r},t)$ 为

$$N(\boldsymbol{r},t) = \langle \hat{N}(\boldsymbol{r},t) \rangle = N\int f(\boldsymbol{q},\boldsymbol{v},t)\delta(\boldsymbol{r} - \boldsymbol{q}_j(t))\mathrm{d}\boldsymbol{q}\mathrm{d}\boldsymbol{v} =$$

$$N\int f(\boldsymbol{r},\boldsymbol{v},t)\mathrm{d}\boldsymbol{v} = \int n(\boldsymbol{r},\boldsymbol{v},t)\mathrm{d}\boldsymbol{v} \tag{1.6.5}$$

式中:$N(\boldsymbol{r},t)$ 称为粒子数密度分布函数。借助于(1.6.1)式,则(1.6.5)式又可写为

$$N(\boldsymbol{r},t) = Nf_0(\boldsymbol{r},t) \tag{1.6.6a}$$

或者

$$f_0(\boldsymbol{r},t) = \frac{N(\boldsymbol{r},t)}{N} \tag{1.6.6b}$$

令 m 表示粒子的质量,则系统的质量密度(简称密度)分布为

$$\rho = \rho(\boldsymbol{r},t) = mN(\boldsymbol{r},t) = mNf_0(\boldsymbol{r},t) \tag{1.6.7}$$

注意:$f_0(\boldsymbol{r},t)\mathrm{d}\boldsymbol{r}$ 表示 t 时刻在 $\boldsymbol{r}$ 附近 $\mathrm{d}\boldsymbol{r}$ 中粒子出现的概率,而 $N(\boldsymbol{r},t)\mathrm{d}\boldsymbol{r}$ 表示 t 时刻在 $\boldsymbol{r}$ 附近 $\mathrm{d}\boldsymbol{r}$ 中的粒子数期望值。在流体中 t 时刻 $\boldsymbol{r}$ 附近的宏观流速 $\boldsymbol{V} = \boldsymbol{V}(\boldsymbol{r},t)$ 等于该处的粒子平均速度,即

$$\boldsymbol{V} = \boldsymbol{V}(\boldsymbol{r},t) = \frac{\int \boldsymbol{v} f(\boldsymbol{r},\boldsymbol{v},t)\mathrm{d}\boldsymbol{v}}{\int f(\boldsymbol{r},\boldsymbol{v},t)\mathrm{d}\boldsymbol{v}} = \frac{f_1(\boldsymbol{r},t)}{f_0(\boldsymbol{r},t)} \tag{1.6.8}$$

式中:$f_1(\boldsymbol{r},t)$ 与 $f_0(\boldsymbol{r},t)$ 的定义分别同式(1.6.2)与式(1.6.1)。另外,t 时刻 $\boldsymbol{r}$ 附近单位质量流体所具有的热力学能为

$$U=U(\boldsymbol{r},t)=\frac{\int\frac{m}{2}(\boldsymbol{v}-\boldsymbol{V})^2f(\boldsymbol{r},\boldsymbol{v},t)\mathrm{d}\boldsymbol{v}}{\int mf(\boldsymbol{r},\boldsymbol{v},t)\mathrm{d}\boldsymbol{v}}=$$

$$\frac{1}{2}[f_2(\boldsymbol{r},t)-2\boldsymbol{V}\cdot f_1(\boldsymbol{r},t)+\boldsymbol{V}\cdot\boldsymbol{V}f_0(\boldsymbol{r},t)]/f_0(\boldsymbol{r},t) \tag{1.6.9}$$

式中：$f_2(\boldsymbol{r},t)$、$f_1(\boldsymbol{r},t)$和 $f_0(\boldsymbol{r},t)$的定义分别同式(1.6.3)、式(1.6.2)和式(1.6.1)。这里 U 称为比热力学能。

显然，(1.6.7)式～(1.6.9)式将单粒子分布函数的前三次矩与流体力学中的基本物理量联系起来。流体力学方程组的导出，严格讲应由输运方程出发，引入适当的假定之后方可获得。这样一个推导过程将在本书第 2 章给出，下面仅采用了一种比较直观的方式来推导流体力学基本方程组。

考虑系统由单一种类的分子组成，而且假定分子间不发生化学反应，于是系统中的分子数是守恒的。考虑系统中一个固定的体积元 $\mathrm{d}\boldsymbol{r}$，它所含质量的增加率为

$$\frac{\partial\rho}{\partial t}\mathrm{d}\boldsymbol{r}$$

它应该等于来自单位时间内流入与流出体积元 $\mathrm{d}\boldsymbol{r}$ 的质量之差。换句话说，质量流 $\rho\boldsymbol{V}$ 在体积元 $\mathrm{d}\boldsymbol{r}$ 沿着表面 σ 上进行面积分，其表达式为

$$-\oint\rho\boldsymbol{V}\cdot\mathrm{d}\boldsymbol{\sigma}$$

式中：$\mathrm{d}\boldsymbol{\sigma}$ 是 σ 上的面积元矢量，其方向指向外法线方向。由此得到

$$\frac{\partial\rho}{\partial t}\mathrm{d}\boldsymbol{r}+\oint\rho\boldsymbol{V}\cdot\mathrm{d}\boldsymbol{\sigma}=0$$

借助于 Gauss 定理将上式第二项的面积分化为体积分，得

$$\frac{\partial\rho}{\partial t}+\frac{\partial}{\partial\boldsymbol{r}}\cdot(\rho\boldsymbol{V})=0 \tag{1.6.10a}$$

或者

$$\frac{\mathrm{d}\rho}{\mathrm{d}t}+\rho\frac{\partial}{\partial\boldsymbol{r}}\cdot\boldsymbol{V}=0 \tag{1.6.10b}$$

也可写为

$$\frac{\partial\rho}{\partial t}+\nabla\cdot(\rho\boldsymbol{V})=0 \tag{1.6.10c}$$

或者

$$\frac{\mathrm{d}\rho}{\mathrm{d}t}+\rho\nabla\cdot\boldsymbol{V}=0 \tag{1.6.10d}$$

(1.6.10)式便为流体的连续方程。式中

$$\frac{\mathrm{d}}{\mathrm{d}t}\equiv\frac{\partial}{\partial t}+\boldsymbol{V}\cdot\frac{\partial}{\partial\boldsymbol{r}} \tag{1.6.11}$$

称为全时间求导。

为了推导流体的运动方程，考虑体积元 $\mathrm{d}\boldsymbol{r}$，假定它的形状及大小不再固定，而是随着它所包含的那些流体分子运动，并假定体积元内外的分子不发生交换，即

$$\frac{\mathrm{d}}{\mathrm{d}t}(\rho\mathrm{d}\boldsymbol{r})=0 \tag{1.6.12}$$

而这一小微团流体的动量全时间导数为

$$\frac{\mathrm{d}}{\mathrm{d}t}(\rho\boldsymbol{V}\mathrm{d}\boldsymbol{r})=(\rho\mathrm{d}\boldsymbol{r})\frac{\mathrm{d}\boldsymbol{V}}{\mathrm{d}t}=(\rho\mathrm{d}\boldsymbol{r})\left(\frac{\partial\boldsymbol{V}}{\partial t}+\boldsymbol{V}\cdot\frac{\partial\boldsymbol{V}}{\partial\boldsymbol{r}}\right)$$

这一动量的改变率是由周围流体对 $\mathrm{d}\boldsymbol{r}$ 中这一小微团流体的作用力引起，这个力可表示为

$$\oint\boldsymbol{\pi}\cdot\mathrm{d}\boldsymbol{A} \tag{1.6.13}$$

式中：$\boldsymbol{\pi}$ 为应力张量；$\boldsymbol{A}$ 为体积元 $\mathrm{d}\boldsymbol{r}$ 的表面，$\mathrm{d}\boldsymbol{A}$ 的方向是沿着外法向。由 Newton 运动学第 2 定律，有

$$(\rho\mathrm{d}\boldsymbol{r})\left(\frac{\partial\boldsymbol{V}}{\partial t}+\boldsymbol{V}\cdot\frac{\partial\boldsymbol{V}}{\partial\boldsymbol{r}}\right)=\oint_A\boldsymbol{\pi}\cdot\mathrm{d}\boldsymbol{A}$$

借助于 Gauss 定理将上式等号右边项化为体积分，而后等式两边消去 $\mathrm{d}\boldsymbol{r}$，可得

$$\rho\frac{\partial\boldsymbol{V}}{\partial t}+\rho\boldsymbol{V}\cdot\frac{\partial\boldsymbol{V}}{\partial\boldsymbol{r}}-\frac{\partial}{\partial\boldsymbol{r}}\cdot\boldsymbol{\pi}=0 \tag{1.6.14}$$

或者

$$\frac{\partial}{\partial t}(\rho\boldsymbol{V})+\frac{\partial}{\partial\boldsymbol{r}}\cdot(\rho\boldsymbol{V}\boldsymbol{V}-\boldsymbol{\pi})=0 \tag{1.6.15a}$$

引入算子符号∇，则(1.6.15a)式又可写为

$$\frac{\partial}{\partial t}(\rho\boldsymbol{V})+\nabla\cdot(\rho\boldsymbol{V}\boldsymbol{V}-\boldsymbol{\pi})=0 \tag{1.6.15b}$$

(1.6.15)式便是流体力学中常用的流体运动方程[7-10]。引入粘性应力张量 $\boldsymbol{\Pi}$，它与 $\boldsymbol{\pi}$ 间的关系为

$$\boldsymbol{\pi}=\boldsymbol{\Pi}-p\boldsymbol{I} \tag{1.6.16}$$

式中：$\boldsymbol{I}$ 为单位张量，p 为压强。

引入变形速率张量 $\boldsymbol{D}$，则(1.6.16)式又可写为

$$\boldsymbol{\pi}=2\mu\boldsymbol{D}+\left[-p+\left(\mu_{\mathrm{b}}-\frac{2}{3}\mu\right)\nabla\cdot\boldsymbol{V}\right]\boldsymbol{I}=$$

$$2\mu\boldsymbol{D}+(-p+\tilde{\lambda}\,\nabla\cdot\boldsymbol{V})\boldsymbol{I} \tag{1.6.17}$$

式中：μ_{b} 为体膨胀系数(bulk viscosity)；$\tilde{\lambda}$ 为第 2 粘性系数，它与 μ_{b} 间的关系为

$$\tilde{\lambda}=\mu_{\mathrm{b}}-\frac{2}{3}\mu \tag{1.6.18}$$

下面讨论流体的能量方程。这里也取与分析流体运动方程时相同的体积元 $\mathrm{d}\boldsymbol{r}$，利用式(1.6.12)，则 $\mathrm{d}\boldsymbol{r}$ 体积元所含热力学能的全时间导数为

$$\frac{\mathrm{d}}{\mathrm{d}t}(\rho U\mathrm{d}\boldsymbol{r}) = (\rho\mathrm{d}\boldsymbol{r})\left(\frac{\partial U}{\partial t} + \boldsymbol{V}\cdot\frac{\partial U}{\partial \boldsymbol{r}}\right) \tag{1.6.19}$$

这里 U 为比热力学能，它是温度和密度的函数。

另外，流体的速度 $\boldsymbol{V}$ 也发生了变化，它所造成体积元 $\mathrm{d}\boldsymbol{r}$ 内动能的全时间导数为

$$\frac{\mathrm{d}}{\mathrm{d}t}\left(\frac{1}{2}\rho|\boldsymbol{V}|^2\mathrm{d}\boldsymbol{r}\right) = (\rho\mathrm{d}\boldsymbol{r})\boldsymbol{V}\cdot\left(\frac{\partial \boldsymbol{V}}{\partial t} + \boldsymbol{V}\cdot\frac{\partial \boldsymbol{V}}{\partial \boldsymbol{r}}\right) = (\mathrm{d}\boldsymbol{r})\boldsymbol{V}\cdot\left(\frac{\partial}{\partial \boldsymbol{r}}\cdot\boldsymbol{\pi}\right) \tag{1.6.20}$$

式中应用了式(1.6.14)。由式(1.6.19)与式(1.6.20)得体积元 $\mathrm{d}\boldsymbol{r}$ 中能量的总增加率为

$$(\mathrm{d}\boldsymbol{r})\left[\rho\left(\frac{\partial U}{\partial t} + \boldsymbol{V}\cdot\frac{\partial U}{\partial \boldsymbol{r}}\right) + \boldsymbol{V}\cdot\left(\frac{\partial}{\partial \boldsymbol{r}}\cdot\boldsymbol{\pi}\right)\right] \tag{1.6.21}$$

它应该等于来自能量的迁移以及应力张量的作功，即

$$-\oint_A \boldsymbol{q}\cdot\mathrm{d}\boldsymbol{A} + \oint_A \boldsymbol{V}\cdot\boldsymbol{\pi}\cdot\mathrm{d}\boldsymbol{A} \tag{1.6.22}$$

由式(1.6.21)与式(1.6.22)，得

$$(\mathrm{d}\boldsymbol{r})\left[\rho\left(\frac{\partial U}{\partial t} + \boldsymbol{V}\cdot\frac{\partial U}{\partial \boldsymbol{r}}\right) + \boldsymbol{V}\cdot\left(\frac{\partial}{\partial \boldsymbol{r}}\cdot\boldsymbol{\pi}\right)\right] = -\oint_A \boldsymbol{q}\cdot\mathrm{d}\boldsymbol{A} + \oint_A \boldsymbol{V}\cdot\boldsymbol{\pi}\cdot\mathrm{d}\boldsymbol{A} \tag{1.6.23}$$

将等号右边应用 Gauss 定理并注意到

$$\nabla\cdot(\boldsymbol{\pi}\cdot\boldsymbol{V}) = \boldsymbol{V}\cdot(\nabla\cdot\boldsymbol{\pi}) + \boldsymbol{\pi}:\boldsymbol{D} \tag{1.6.24}$$

于是有

$$\rho\left(\frac{\partial U}{\partial t} + \boldsymbol{V}\cdot\frac{\partial U}{\partial \boldsymbol{r}}\right) + \frac{\partial}{\partial \boldsymbol{r}}\cdot\boldsymbol{q} = \boldsymbol{\pi}:\frac{\partial}{\partial \boldsymbol{r}}\boldsymbol{V} \tag{1.6.25a}$$

或者

$$\frac{\partial}{\partial t}(\rho U) + \frac{\partial}{\partial \boldsymbol{r}}\cdot(\rho U\boldsymbol{V} + \boldsymbol{q}) = \boldsymbol{\pi}:\frac{\partial}{\partial \boldsymbol{r}}\boldsymbol{V} \tag{1.6.25b}$$

式中：$\boldsymbol{q}$ 称为能流矢量（或者称热流矢量），这里 $\boldsymbol{q}$ 由温度梯度决定，其表达式为

$$\boldsymbol{q} = -\lambda\nabla T \tag{1.6.26}$$

式中 λ 是热传导系数。至此，式(1.6.10)、式(1.6.15)、式(1.6.25)连同流体的状态方程便构成了流体动力学层次描述的基本方程组。

1.7 考虑系统粒子之间反应的输运方程

设系统中所包含的各类粒子分别用下标 0，1，2，…，来表示，其中 0 特别用来表示光子，而 1，2，…，则表示静止质量不为 0 的粒子。粒子 i 的速度、动量以及能量分别用 $\boldsymbol{v}_i$、$\boldsymbol{p}_i$ 以及 E_i 表示，对于光子则有

$$\boldsymbol{v}_0 = c\hat{\boldsymbol{\Omega}}_0,\quad \boldsymbol{p}_0 = \frac{h\hat{v}}{2}\hat{\boldsymbol{\Omega}}_0,\quad E_0 = h\hat{v} \tag{1.7.1}$$

对于 $i\neq 0$ 的粒子，有

$$\boldsymbol{v}_i = v_i\hat{\boldsymbol{\Omega}}_i,\quad \boldsymbol{p}_i = m_i\boldsymbol{v}_i,\quad E_i = \frac{m_i c^2}{\left(1-\frac{v_i^2}{c^2}\right)^{\frac{1}{2}}} \approx m_i c^2 + \frac{1}{2}m_i v_i^2 \tag{1.7.2}$$

式中：$\hat{\boldsymbol{\Omega}}_i$ 代表速度$\boldsymbol{v}_i$方向上的单位矢量，c 为光速，$\hat{v}$ 为光子的频率，h 为 Planck 常数，m_i 为粒子的静止的质量。令 $f_i(\boldsymbol{r},\boldsymbol{p}_i,t)$ 为 i 类粒子的分布函数，于是 $f_i(\boldsymbol{r},\boldsymbol{p}_i,t)\mathrm{d}\boldsymbol{r}\mathrm{d}\boldsymbol{p}_i$ 便表示 t 时刻、空间$(\boldsymbol{r},\mathrm{d}\boldsymbol{r})$、动量$(\boldsymbol{p}_i,\mathrm{d}\boldsymbol{p}_i)$范围内的 i 类粒子数。知道了 $f_i(\boldsymbol{r},\boldsymbol{p}_i,t)$就可算出任一物理量 $\phi_i(\boldsymbol{r},\boldsymbol{p}_i,t)$在系统中的平均值，即

$$\bar{\phi}_i = \bar{\phi}_i(\boldsymbol{r},t) = \frac{1}{n_i}\int \phi_i(\boldsymbol{r},\boldsymbol{p}_i,t) f_i(\boldsymbol{r},\boldsymbol{p}_i,t)\mathrm{d}\boldsymbol{p}_i \tag{1.7.3}$$

式中

$$n_i = n_i(\boldsymbol{r},t) = \int f_i(\boldsymbol{r},\boldsymbol{p}_i,t)\mathrm{d}\boldsymbol{p}_i \tag{1.7.4}$$

代表$(\boldsymbol{r},t)$附近粒子 i 的数密度。当粒子之间仅有弹性散射时，分布函数$f_i(\boldsymbol{r},\boldsymbol{p}_i,t)$可由分子运动论中的 Boltzmann 微分积分方程决定。如果考虑粒子之间的反应(包括衰变、弹性和非弹性散射以及粒子间发生化学反应)时，输运方程可以写成如下形式

$$\frac{\partial f_i}{\partial t} + \boldsymbol{v}_i\cdot\nabla f_i + \nabla_{\boldsymbol{p}_i}\cdot(f_i\boldsymbol{F}_i) = \frac{\partial_r f_i}{\partial t} \tag{1.7.5}$$

为简单起见，式(1.7.5)中不再写出 f_i 以及 $\boldsymbol{F}_i$ 所包含的宗量 $\boldsymbol{r}$、$\boldsymbol{p}_i$ 与 t，以后如必要时也往往仅写出变量 $\boldsymbol{p}_i$(而且对 $\boldsymbol{r}$ 与 t 仍略去)，注意上述这些简写的约定在下文中一直采用。式(1.7.5)左边第三项中$\nabla_{\boldsymbol{p}_i}$代表算符矢量

$$\left(\frac{\partial}{\partial \boldsymbol{p}_{ix}},\frac{\partial}{\partial \boldsymbol{p}_{iy}},\frac{\partial}{\partial \boldsymbol{p}_{iz}}\right) \tag{1.7.6}$$

式中：$\boldsymbol{p}_{ix}$、$\boldsymbol{p}_{iy}$与 $\boldsymbol{p}_{iz}$ 为动量 $\boldsymbol{p}_i$ 的分量；$\boldsymbol{F}_i$ 表示作用于粒了 i 上的力。如果认为光子不受外力作用，即 $\boldsymbol{F}_0=0$。因此 $i=0$ 时，(1.7.5)式左边没有第 3 项；如果认为 $\boldsymbol{F}_i$ 与 $\boldsymbol{p}_i$ 之间无关，或者虽有关但$\nabla_{\boldsymbol{p}_i}\cdot\boldsymbol{F}_i=0$ 时，则此时(1.7.5)式可变为

$$\frac{\partial f_i}{\partial t} + \boldsymbol{v}_i\cdot\nabla f_i + \boldsymbol{F}_i\cdot\nabla_{\boldsymbol{p}_i} f_i = \frac{\partial_r f_i}{\partial t} \tag{1.7.7}$$

另外，如果外力的作用可以略去，同时粒子之间的长程 *Coulomb* 力在 *Debye* 半径外受屏蔽，则可取 $\boldsymbol{F}_i=0$，得

$$\frac{\partial f_i}{\partial t} + \boldsymbol{v}_i\cdot\nabla f_i = \frac{\partial_r f_i}{\partial t} \tag{1.7.8}$$

在式(1.7.5)、式(1.7.7)与式(1.7.8)中右端$\frac{\partial_r f_i}{\partial t}$象征性地表示由于粒子之间的反应所引起的分布函数的变化率，而$\frac{\partial_r f_i}{\partial t}\mathrm{d}\boldsymbol{p}_i$ 是代表在$(\boldsymbol{r},t)$附近每单位时间、系统每单位体积内、$(\boldsymbol{p}_i,\mathrm{d}\boldsymbol{p}_i)$范围内粒子 i 的数目由于粒子间的反应所引起的净增加量。

为了具体写出$\frac{\partial_r f_i}{\partial t}$的表达式,这里分别考虑由 1 个、2 个、3 个…粒子所引起的反应(这里所谓由 1 个粒子引起的反应就是衰变),并分别用$\left(\frac{\partial_r f_i}{\partial t}\right)_1$、$\left(\frac{\partial_r f_i}{\partial t}\right)_2$、$\left(\frac{\partial_r f_i}{\partial t}\right)_3$、…表示对变化率$\frac{\partial_r f_i}{\partial t}$的贡献,即

$$\frac{\partial_r f_i}{\partial t}=\left(\frac{\partial_r f_i}{\partial t}\right)_1+\left(\frac{\partial_r f_i}{\partial t}\right)_2+\left(\frac{\partial_r f_i}{\partial t}\right)_3+\cdots \tag{1.7.9}$$

1.7.1 关于$\left(\frac{\partial_r f_i}{\partial t}\right)_1$的表达式

首先考虑一个粒子引起的反应(即衰变)。设 $\boldsymbol{\Lambda}_{\mathrm{j}}^{\mathrm{k}}(\boldsymbol{p}_{\mathrm{j}};\boldsymbol{p}_{\mathrm{k}})\mathrm{d}\boldsymbol{p}_{\mathrm{k}}$ 代表在单位时间内,动量为 $\boldsymbol{p}_{\mathrm{j}}$ 的粒子 j 衰变,并产生一个动量在$(\boldsymbol{p}_{\mathrm{k}},d\boldsymbol{p}_{\mathrm{k}})$范围内的粒子 k 的概率,则有

$$\left(\frac{\partial_r f_i(\boldsymbol{p}_i)}{\partial t}\right)_1=\sum_j\int f_{\mathrm{j}}(\boldsymbol{p}_{\mathrm{j}})\boldsymbol{\Lambda}_{\mathrm{j}}^{i}(\boldsymbol{p}_{\mathrm{j}};\boldsymbol{p}_{\mathrm{i}})\mathrm{d}\boldsymbol{p}_{\mathrm{j}}-\sum_k\int f_i(\boldsymbol{p}_i)\boldsymbol{\Lambda}_i^{\mathrm{k}}(\boldsymbol{p}_i;\boldsymbol{p}_{\mathrm{k}})\mathrm{d}\boldsymbol{p}_{\mathrm{k}} \tag{1.7.10}$$

这里等式右边第 1 个求和表示由于其他粒子衰变而引起的在$(\boldsymbol{p}_i,\mathrm{d}\boldsymbol{p}_i)$范围内粒子 i 的产生率;第 2 个求和表示该范围内的粒子 i 衰变成其他粒子的消失率。按照式(1.7.3)引入平均值,即

$$\bar{\boldsymbol{\Lambda}}_j^i(\boldsymbol{p}_i)=\frac{1}{n_j}\int f_{\mathrm{j}}(\boldsymbol{p}_{\mathrm{j}})\boldsymbol{\Lambda}_{\mathrm{j}}^i(\boldsymbol{p}_{\mathrm{j}};\boldsymbol{p}_i)\mathrm{d}\boldsymbol{p}_{\mathrm{j}} \tag{1.7.11}$$

并用 $\lambda_i(\boldsymbol{p}_i)$代表$(\boldsymbol{p}_i,\mathrm{d}\boldsymbol{p}_i)$范围内粒子 i 的总衰变常数为

$$\lambda_i(\boldsymbol{p}_i)=\sum_k\int\boldsymbol{\Lambda}_i^k(\boldsymbol{p}_i;\boldsymbol{p}_{\mathrm{k}})\mathrm{d}\boldsymbol{p}_{\mathrm{k}} \tag{1.7.12}$$

在非相对论近似中,这时衰变常数 $\lambda_i(\boldsymbol{p}_i)$与 $\boldsymbol{p}_i$ 无关,故可写为

$$\lambda_i(\boldsymbol{p}_i)=\lambda_i \tag{1.7.13}$$

令

$$s_i^{(1)}(\boldsymbol{p}_i)=\sum_j\left[n_{\mathrm{j}}\bar{\boldsymbol{\Lambda}}_{\mathrm{j}}^i(\boldsymbol{p}_i)\right] \tag{1.7.14}$$

于是式(1.7.10)便可写为

$$\left(\frac{\partial_r f_i(\boldsymbol{p}_i)}{\partial t}\right)_1=s_i^{(1)}(\boldsymbol{p}_i)-\lambda_i f_i(\boldsymbol{p}_i) \tag{1.7.15}$$

1.7.2 关于$\left(\frac{\partial_r f_i}{\partial t}\right)_2$的表达式

这里考虑两个粒子间发生的化学反应,引进反应指示函数为

$$\Gamma_{ij}^k(\boldsymbol{p}_i,\boldsymbol{p}_{\mathrm{j}};\boldsymbol{p}_{\mathrm{k}})\equiv f_i(\boldsymbol{p}_i)f_{\mathrm{j}}(\boldsymbol{p}_{\mathrm{j}})g_{ij}\sigma_{ij}^k(\boldsymbol{p}_i,\boldsymbol{p}_{\mathrm{j}};\boldsymbol{p}_{\mathrm{k}}) \tag{1.7.16}$$

式中:g_{ij}是相对速度的模,$g_{ij}\equiv|\boldsymbol{v}_i-\boldsymbol{v}_j|$;但当 i 或者 j 为 0 时,则 g_{ij} 定义为 c;

$\sigma_{ij}^{k}(\boldsymbol{p}_i,\boldsymbol{p}_j;\boldsymbol{p}_k)\mathrm{d}\boldsymbol{p}_k$ 代表一个动量为 $\boldsymbol{p}_i$ 的粒子 i 和一个动量 $\boldsymbol{p}_j$ 的粒子 j 发生反应，放出一个动量在 $(\boldsymbol{p}_k,\mathrm{d}\boldsymbol{p}_k)$ 范围内粒子 k 的微分截面。由定义式(1.7.16)可见，$\Gamma_{ij}^{k}\mathrm{d}\boldsymbol{p}_i\mathrm{d}\boldsymbol{p}_j\mathrm{d}\boldsymbol{p}_k$ 是在系统中 $(\boldsymbol{r},\mathrm{d}\boldsymbol{r})$ 区域内以及时间间隔在 $(t,\mathrm{d}t)$ 内，由于 $(\boldsymbol{p}_i,\mathrm{d}\boldsymbol{p}_i)$ 范围内的粒子 i 和 $(\boldsymbol{p}_j,\mathrm{d}\boldsymbol{p}_j)$ 范围内的粒子 j 发生反应，放出动量在 $(\boldsymbol{p}_k,\mathrm{d}\boldsymbol{p}_k)$ 范围内粒子 k 的期望数。借助于反应指示函数，便可以把 $\left(\dfrac{\partial_r f_i}{\partial t}\right)_2$ 的表达式写出如下

$$\left(\frac{\partial_r f_i(\boldsymbol{p}_i)}{\partial t}\right)_2=\sum_{(jl)i}\iint\Gamma_{jl}^{i}(\boldsymbol{p}_j,\boldsymbol{p}_l;\boldsymbol{p}_i)\mathrm{d}\boldsymbol{p}_j\mathrm{d}\boldsymbol{p}_l-\sum_{j,(k)}\iint\Gamma_{ij}^{k}(\boldsymbol{p}_i,\boldsymbol{p}_j;\boldsymbol{p}_k)\mathrm{d}\boldsymbol{p}_j\mathrm{d}\boldsymbol{p}_k \tag{1.7.17}$$

式中：$\sum\limits_{(jl)i}$ 表示对一切可能产生粒子 i 的反应 (jl) 求和，而 $\sum\limits_{j,(k)}$ 则表示对于与粒子 i 发生反应的粒子 j 以及反应的方式 (k) 求和；对于微分截面 $\sigma_{ij}^{k}(\boldsymbol{p}_i,\boldsymbol{p}_j;\boldsymbol{p}_k)$ 应当由实验测定(更准确地讲应当由实验直接量得的微分截面 $\sigma(p,\hat{\boldsymbol{\Omega}}\cdot\hat{\boldsymbol{\Omega}}')$ 将 σ_{ij}^{k} 表出，详见下文(1.7.22)式)。以反应式

$$[i]+[j]=[k]+[l]+Q_{ij}^{kl} \tag{1.7.18}$$

为例(这里 $[i]$ 表示粒子 i，其余类推)，假设这里 i,j,k,l 均不等于 0，即相应的粒子都不是光子；反应式中 Q_{ij}^{kl} 为释放的动能；另外，σ_{ij}^{k} 可以通过下式表出为

$$\sigma_{ij}^{k}(\boldsymbol{p}_i,\boldsymbol{p}_j;\boldsymbol{p}_k)=\int\sigma_{ij}^{kl}(\boldsymbol{p}_i,\boldsymbol{p}_j;\boldsymbol{p}_k,\boldsymbol{p}_l)\mathrm{d}\boldsymbol{p}_l \tag{1.7.19}$$

式中 σ_{ij}^{kl} 是比 σ_{ij}^{k} 规定得更细致的微分截面。

$\sigma_{ij}^{kl}\mathrm{d}\boldsymbol{p}_k\mathrm{d}\boldsymbol{p}_l$ 代表由粒子 i 与 j 发生反应，放出动量分别在 $(\boldsymbol{p}_k,\mathrm{d}\boldsymbol{p}_k)$ 以及 $(\boldsymbol{p}_l,\mathrm{d}\boldsymbol{p}_l)$ 范围内的粒子 k 以及 l 的微分截面。考虑到反应中的动量守恒以及能量守恒，有

$$\sigma_{ij}^{kl}=\frac{\sigma(p,\hat{\boldsymbol{\Omega}}\cdot\hat{\boldsymbol{\Omega}}')\delta(\boldsymbol{p}_i+\boldsymbol{p}_j-\boldsymbol{p}_k-\boldsymbol{p}_l)\delta(E_i+E_j-E_k-E_l)}{(\mu')^{3/2}\left(\dfrac{p^2}{\mu}+2Q\right)^{1/2}} \tag{1.7.20}$$

式中

$$\mu\equiv\frac{m_i m_j}{m_i+m_j},\quad \mu'\equiv\frac{m_k m_l}{m_k+m_l} \tag{1.7.21a}$$

$$p=|\boldsymbol{p}|,\quad \frac{\boldsymbol{p}}{\mu}=\frac{\boldsymbol{p}_i}{m_i}-\frac{\boldsymbol{p}_j}{m_j}=\boldsymbol{v}_i-\boldsymbol{v}_j \tag{1.7.21b}$$

$$\hat{\boldsymbol{\Omega}}\equiv\frac{\boldsymbol{v}_i-\boldsymbol{v}_j}{|\boldsymbol{v}_i-\boldsymbol{v}_j|},\quad \hat{\boldsymbol{\Omega}}'\equiv\frac{\boldsymbol{v}_k-\boldsymbol{v}_l}{|\boldsymbol{v}_k-\boldsymbol{v}_l|} \tag{1.7.21c}$$

在式(1.7.20)中，E_i、E_j … 的定义同式(1.7.2)；另外，式中 Q 是 Q_{ij}^{kl} 的简写。将式(1.7.20)代入到式(1.7.19)可得到

$$\sigma_{ij}^{k}(\boldsymbol{p}_i,\boldsymbol{p}_j;\boldsymbol{p}_k)=\frac{1}{\sqrt{2}}(\mu')^{-3/2}\left(Q+\frac{p^2}{2\mu}\right)^{-3/2}\sigma(p,\hat{\boldsymbol{\Omega}}\cdot\hat{\boldsymbol{\Omega}}')\delta(\hat{\boldsymbol{\Omega}}\cdot\hat{\boldsymbol{\Omega}}'-1) \tag{1.7.22}$$

另外，对于两粒子反应，还可以将(1.7.17)式右边两个求和中的散射项与反应项分开，其表达式为

$$\left(\frac{\partial_r f_i(\boldsymbol{p}_i)}{\partial t}\right)_2 = s_i^{(2)}(\boldsymbol{p}_i) - a_i^{(2)}(\boldsymbol{p}_i) f_i(\boldsymbol{p}_i) + \int G_{si}^{(2)}(\boldsymbol{p}'_i \to \boldsymbol{p}_i) f_i(\boldsymbol{p}'_i) \mathrm{d}\boldsymbol{p}'_i - f_i(\boldsymbol{p}_i) \int G_{si}^{(2)}(\boldsymbol{p}_i \to \boldsymbol{p}'_i) \mathrm{d}\boldsymbol{p}'_i \tag{1.7.23}$$

式中

$$s_i^{(2)}(\boldsymbol{p}_i) = \sum_{(jl)\supset i} \iint \boldsymbol{\Gamma}_{jl}^i(\boldsymbol{p}_j, \boldsymbol{p}_l; \boldsymbol{p}_i) \mathrm{d}\boldsymbol{p}_j \mathrm{d}\boldsymbol{p}_l \tag{1.7.24a}$$

$$a_i^{(2)}(\boldsymbol{p}_i) = \sum_{j,(k)\not\supset i} \iint f_j(\boldsymbol{p}_j) g_{ij} \sigma_{ij}^k(\boldsymbol{p}_i, \boldsymbol{p}_j; \boldsymbol{p}_k) \mathrm{d}\boldsymbol{p}_j \mathrm{d}\boldsymbol{p}_k \tag{1.7.24b}$$

$$G_{si}^{(2)}(\boldsymbol{p}'_i \to \boldsymbol{p}_i) = \sum_l \int f_l(\boldsymbol{p}_l) g'_{il} \sigma_{il}^i(\boldsymbol{p}'_i, \boldsymbol{p}_l; \boldsymbol{p}_i) \mathrm{d}\boldsymbol{p}_l \tag{1.7.24c}$$

$$g'_{il} = |\boldsymbol{v}'_i - \boldsymbol{v}_l| \tag{1.7.24d}$$

式(1.7.24)中：$s_i^{(2)}(\boldsymbol{p}_i)$代表系统中由于二体反应产生粒子 i 的源强分布；$a_i^{(2)}(\boldsymbol{p}_i)$代表单位时间内动量为 $\boldsymbol{p}_i$ 的粒子 i 在系统中因与其他粒子反应而消失的概率；$G_{si}^{(2)}(\boldsymbol{p}'_i \to \boldsymbol{p}_i)$代表单位时间内动量为 $\boldsymbol{p}'_i$的粒子 i 在系统中因与其他粒子散射而使动量变为 $\boldsymbol{p}_i$ 的概率。

1.7.3　关于$\left(\frac{\partial_r f_i}{\partial t}\right)_3$的表达式

这里考虑三体反应，引进反应指示函数

$$\Gamma_{ijk}^l(\boldsymbol{p}_i, \boldsymbol{p}_j, \boldsymbol{p}_k; \boldsymbol{p}_l) \equiv f_i(\boldsymbol{p}_i) f_j(\boldsymbol{p}_j) f_k(\boldsymbol{p}_k) R_{ijk}^l(\boldsymbol{p}_i, \boldsymbol{p}_j, \boldsymbol{p}_k; \boldsymbol{p}_l) \tag{1.7.25}$$

式中：$R_{ijk}^l \mathrm{d}\boldsymbol{p}_l$ 代表在系统单位体积中有粒子 i(其动量为 $\boldsymbol{p}_i$)、粒子 j(其动量为 $\boldsymbol{p}_j$)和粒子 k(其动量为 $\boldsymbol{p}_k$)各一个时，在单位时间内产生三体反应，并放出一个动量在($\boldsymbol{p}_l$，$\mathrm{d}\boldsymbol{p}_l$)范围内的粒子 l 的概率。于是 $\boldsymbol{\Gamma}_{ijk}^l \mathrm{d}\boldsymbol{p}_i \mathrm{d}\boldsymbol{p}_j \mathrm{d}\boldsymbol{p}_k \mathrm{d}\boldsymbol{p}_l$ 代表在($\boldsymbol{r}$，t)处单位体积、单位时间中，由于($\boldsymbol{p}_i$，$\mathrm{d}\boldsymbol{p}_i$)、($\boldsymbol{p}_j$，$\mathrm{d}\boldsymbol{p}_j$)与($\boldsymbol{p}_k$，$\mathrm{d}\boldsymbol{p}_k$)范围内的粒子 i、j 与 k 产生三体反应而放出的在($\boldsymbol{p}_l$，$\mathrm{d}\boldsymbol{p}_l$)范围内的粒子 l 的数量。借助于反应指示函数(1.7.25)式，便有

$$\left(\frac{\partial_r f_i(\boldsymbol{p}_i)}{\partial t}\right)_3 = \sum_{(jkl)i} \iiint \boldsymbol{\Gamma}_{jkl}^i(\boldsymbol{p}_j, \boldsymbol{p}_k, \boldsymbol{p}_l; \boldsymbol{p}_i) \mathrm{d}\boldsymbol{p}_j \mathrm{d}\boldsymbol{p}_k \mathrm{d}\boldsymbol{p}_l - \sum_{j\leqslant k,(l)} \iiint \boldsymbol{\Gamma}_{ijk}^l(\boldsymbol{p}_i, \boldsymbol{p}_j, \boldsymbol{p}_k; \boldsymbol{p}_l) \mathrm{d}\boldsymbol{p}_j \mathrm{d}\boldsymbol{p}_k \mathrm{d}\boldsymbol{p}_l \tag{1.7.26}$$

式中：使用的符号与(1.7.17)式所用的相似，故不再说明。(1.7.26)式的右边也可写成与(1.7.23)式右边相似的形式，即

$$\left(\frac{\partial_r f_i(\boldsymbol{p}_i)}{\partial t}\right)_3 = s_i^{(3)}(\boldsymbol{p}_i) - a_i^{(3)}(\boldsymbol{p}_i) f_i(\boldsymbol{p}_i) + \int G_{si}^{(3)}(\boldsymbol{p}'_i \to \boldsymbol{p}_i) f_i(\boldsymbol{p}'_i) \mathrm{d}\boldsymbol{p}'_i - f_i(\boldsymbol{p}_i) \int G_{si}^{(3)}(\boldsymbol{p}_i \to \boldsymbol{p}'_i) \mathrm{d}\boldsymbol{p}'_i$$

(1.7.27)

式中

$$s_i^{(3)}(\boldsymbol{p}_i) = \sum_{(jkl)\not\supset i} \iiint \boldsymbol{\Gamma}_{jkl}^{i}(\boldsymbol{p}_\mathrm{j}, \boldsymbol{p}_\mathrm{k}, \boldsymbol{p}_l; \boldsymbol{p}_i)\mathrm{d}\boldsymbol{p}_\mathrm{j}\mathrm{d}\boldsymbol{p}_\mathrm{k}\mathrm{d}\boldsymbol{p}_l \tag{1.7.28a}$$

$$a_i^{(3)}(\boldsymbol{p}_i) = \sum_{j\leqslant k,(l)\not\supset i} f_j(\boldsymbol{p}_j) f_\mathrm{k}(\boldsymbol{p}_\mathrm{k}) R_{ijk}^{l}(\boldsymbol{p}_i, \boldsymbol{p}_\mathrm{j}, \boldsymbol{p}_\mathrm{k}; \boldsymbol{p}_l)\mathrm{d}\boldsymbol{p}_\mathrm{j}\mathrm{d}\boldsymbol{p}_\mathrm{k}\mathrm{d}\boldsymbol{p}_l \tag{1.7.28b}$$

$$G_{si}^{(3)}(\boldsymbol{p}_i' \to \boldsymbol{p}_i) = \sum_{j\leqslant k} \iint f_\mathrm{j}(\boldsymbol{p}_\mathrm{j}) f_\mathrm{k}(\boldsymbol{p}_\mathrm{k}) R_{ijk}^{i}(\boldsymbol{p}_i, \boldsymbol{p}_\mathrm{j}, \boldsymbol{p}_\mathrm{k}; \boldsymbol{p}_i)\mathrm{d}\boldsymbol{p}_\mathrm{j}\mathrm{d}\boldsymbol{p}_\mathrm{k} \tag{1.7.28c}$$

1.7.4　考虑粒子间多体反应时输运方程右端项的一般表达式

考虑多体反应时，则输运方程右端项的一般表达式为

$$\frac{\partial_r f_i(\boldsymbol{p}_i)}{\partial t} = s_i(\boldsymbol{p}_i) - a_i(\boldsymbol{p}_i) f_i(\boldsymbol{p}_i) + \int G_{si}(\boldsymbol{p}_i' \to \boldsymbol{p}_i) f_i(\boldsymbol{p}_i')\mathrm{d}\boldsymbol{p}_i' - f_i(\boldsymbol{p}_i)\int G_{si}(\boldsymbol{p}_i \to \boldsymbol{p}_i')\mathrm{d}\boldsymbol{p}_i' \tag{1.7.29}$$

式中

$$s_i(\boldsymbol{p}_i) = s_i^{(1)}(\boldsymbol{p}_i) + s_i^{(2)}(\boldsymbol{p}_i) + s_i^{(3)}(\boldsymbol{p}_i) + \cdots \tag{1.7.30a}$$

$$a_i(\boldsymbol{p}_i) = \lambda_i + a_i^{(2)}(\boldsymbol{p}_i) + a_i^{(3)}(\boldsymbol{p}_i) + \cdots \tag{1.7.30b}$$

$$G_{\mathrm{si}}(\boldsymbol{p}_i' \to \boldsymbol{p}_i) = G_{\mathrm{si}}^{(2)}(\boldsymbol{p}_i' \to \boldsymbol{p}_i) + G_{si}^{(3)}(\boldsymbol{p}_i' \to \boldsymbol{p}_i) + \cdots \tag{1.7.30c}$$

式中：$s_i(\boldsymbol{p}_i)$代表系统中由于所有可能发生的各种反应而引起的 i 类粒子的源强度分布；$a_i(\boldsymbol{p}_i)$代表单位时间具有动量为 $\boldsymbol{p}_i$ 的粒子 i 在系统中因各种反应而消失的概率；$G_{\mathrm{si}}(p_i' \to \boldsymbol{p}_i)$代表单位时间内具有动量为 $\boldsymbol{p}_i'$的粒子 i 在系统中因为各种散射而转化为具有动量 $\boldsymbol{p}_i$ 的概率。

这里必须说明的是，考虑系统粒子间的反应是一项十分复杂的工作，(1.7.30)式中所含的具体形式与系统中存在的具体反应内容有直接关系，虽然各具体反应内容各异，但最终可以归并为式(1.7.29)所给出的形式。还有一点需要特别说明的是，在上述各种反应中，最重要的是两个粒子间发生的二体反应，其次是衰变反应，因此式(1.7.22)与式(1.7.15)是两个非常重要的式子。

1.7.5　反应系统的化学动力学方程

从输运方程出发，可以推出描述系统中宏观性质随时空变化的化学动力学和流体力学方程组。考虑多体反应时，输运方程的一般形式为

$$\frac{\partial f_i(\boldsymbol{p}_i)}{\partial t} + \boldsymbol{v}_i \cdot \nabla f_i(\boldsymbol{p}_i) + \nabla_{\boldsymbol{p}_i} \cdot (f_i(\boldsymbol{p}_i)\boldsymbol{F}_i(\boldsymbol{p}_i)) = s_i(\boldsymbol{p}_i) - a_i(\boldsymbol{p}_i) f_i(\boldsymbol{p}_i) + \int G_{\mathrm{si}}(p_i' \to \boldsymbol{p}_i) f_i(\boldsymbol{p}_i')\mathrm{d}\boldsymbol{p}_i' - f_i(\boldsymbol{p}_i)\int G_{\mathrm{si}}(\boldsymbol{p}_i \to \boldsymbol{p}_i')\mathrm{d}\boldsymbol{p}_i' \tag{1.7.31}$$

式(1.7.31)右端项符号的含义同式(1.7. 29)；令 $\varphi_i = \varphi_i(\boldsymbol{r}, t, \boldsymbol{p})$是与粒子 i 相联系的某一物理量，如果用 φ_i 乘以方程式(1.7.31)两边，而后再对 $\boldsymbol{p}_i$ 积分，并进行适当整

理后，得

$$\frac{\partial(n_i\bar{\varphi}_i)}{\partial t}+\nabla\cdot(n_i\overline{\boldsymbol{v}_i\varphi_i})-n_i\left[\overline{\frac{\partial\varphi_i}{\partial t}}+\overline{\boldsymbol{v}_i\cdot\nabla\varphi_i}+\overline{\boldsymbol{F}_i\cdot\nabla_{p_i}\varphi_i}\right]=$$
$$\int\varphi_i[s_i-a_if_i]\mathrm{d}\boldsymbol{p}_i+\iint[\varphi_i(\boldsymbol{p}_i')-\varphi_i(\boldsymbol{p}_i)]f_i(\boldsymbol{p}_i)G_{\mathrm{si}}(\boldsymbol{p}_i\rightarrow\boldsymbol{p}_i')\mathrm{d}\boldsymbol{p}_i'\mathrm{d}\boldsymbol{p}_i \tag{1.7.32}$$

式中：上标“—”表示在系统中求平均值，其含义与式(1.7.3)相类似。这样，化学动力学和流体动力学方程便可以由式(1.7.32)分别令 φ_i 等于1和 φ_i 等于 m_i、$\boldsymbol{p}_i$、E_i 时得到。为简单起见，这里仅给出化学动力学方程。令 $\varphi_i=1$，由式(1.7.32)，得

$$\frac{\partial n_i}{\partial t}+\nabla\cdot(n_i\overline{\boldsymbol{v}_i})=\int[s_i-a_if_i]\mathrm{d}\boldsymbol{p}_i=\tilde{q}_i \tag{1.7.33}$$

式中

$$\tilde{q}_i\equiv\int[s_i(\boldsymbol{p}_i)-a_i(\boldsymbol{p}_i)f_i(\boldsymbol{p}_i)]\mathrm{d}\boldsymbol{p}_i \tag{1.7.34}$$

它代表系统中$(\boldsymbol{r},t)$处单位体积、单位时间内，由于各种产生和消灭粒子 i 的反应，而导致粒子 i 的净增加数。式(1.7.33)就是各类粒子密度的变化方程，即化学动力学方程。

第 2 章　稀薄气体动力学的基本方程及逐次逼近解法

宏观系统与微观系统的发展规律在时间的方向性上是绝然不同的，这个差别正是 Boltzmann 方程与力学方程的差别，也是非平衡统计力学与 Hamilton 力学的差别。Enrenfest(1911 年)为了把 H 定理推广到任意系统，对相空间的分布引入了粗粒密度的概念。这个概念后来在量子统计中被拓广为宏观观测与宏观算符的概念。宏观观测的概念与粗粒密度的假设是非平衡统计力学中最基本且必要的假设[11~15]。

Liouville 方程是本书的基本方程。从 Liouville 方程入手，经过若干假定便可以导出 Boltzmann 方程、Landau 方程和 Vlasov 方程[3]，因此本章第 1 节便详细说明基本方程到底在什么地方、引入了什么假设、使方程的什么性质起了变化；第 2 节主要讨论 Boltzmann 方程的守恒性质，借助于五个碰撞守恒量可十分方便地导出流体力学方程组；第 3 到第 5 节分别讨论单原子分子、多组分气体的 Boltzmann 方程，多原子分子、单组分气体的 Boltzmann 方程以及多原子分子、多组分的 Boltzmann 方程，显然这几节的相关内容在一般书中很难看到；最后一节讨论 Boltzmann 方程的几种求解方法，例如矩方程法、小参数展开法、多重尺度渐近展开法以及 Enskog-Chapmann 方法等。

2.1　Liouville 方程与 Boltzmann 方程间的关系和区别

Liouville 方程是微观动力学方程，它具有时间反演不变性。Liouville 方程满足微观熵 s_{mic} 守恒，即

$$\frac{\mathrm{d}s_{\mathrm{mic}}}{\mathrm{d}t} = 0 \tag{2.1.1}$$

力学规律满足时间反演不变，对任一解或过程都存在一个与之对应的时间反演解或过程；两个过程行进方向相反，但遵守同一个规律。两种过程不一定能在同一条件下存在或者整个过程并不一定能自动逆转，但至少在原则上讲，两者是可以通过适当选择边界条件与初始条件而分别实现的。Liouville 方程所描述的运动具有 Poincare 循环(或称 Poincare 再现)。Bogoliubov 提出了三个时间标度的重要思想：在空间尺度上来讲，粒子之间的力程对应于动力学标度，粒子的自由程对应于动理学标度，系统的特征尺度对应于流体力学标度。如果把三个尺度用各自相应的特征速度去除便可得到相应的三个时间标度。设在 $t=0$ 时刻给系统加上一个外界扰动，则系

统马上会对这个扰动产生响应，这个响应过程的初始阶段称为瞬变阶段（又称力学阶段），时标为碰撞持续时间 τ_0（它在 10^{-13} s 的数量级）；当气体分子平均发生一到二次碰撞时，响应进入到第 2 阶段，即动理学阶段，这里的时标为两次碰撞之间自由飞行的时间 τ_{coll}（它在 10^{-10} s 的数量级）；最后 $t \gg \tau_{\text{coll}}$ 时，每个原子都已经经过多次碰撞，它们之间已建立了新的局部平衡，这最后阶段称为流体力学阶段。这个阶段的特征时间为 $l/\bar{v}$（这里 l 为宏观特征长度，$\bar{v}$ 为宏观量发生变化的速度标度），于是有

$$l/\bar{v} \gg \tau_{\text{coll}} \gg \tau_0 \tag{2.1.2}$$

令 f_s 代表约化的 s 粒子分布函数（定义同式(1.2.2)），于是得到 BBGKY 方程链，这个方程链与 Liouville 方程等价。而求解 BBGKY 方程链时，要作切断近似。而 Boltzmann 方程所描述的现象，实际上是体系微观运动的平均行为，是在一个宏观小但微观充分长的时间间隔 Δt 上的平滑化的结果。令粒子的分布函数为 $f(\boldsymbol{v},\boldsymbol{r},t)$，于是 $f(\boldsymbol{v},\boldsymbol{r},t)\mathrm{d}\boldsymbol{r}\mathrm{d}\boldsymbol{v}$ 表示在 6 维空间中的小区域（$\boldsymbol{r},\boldsymbol{v};\boldsymbol{r}+\mathrm{d}\boldsymbol{r},\boldsymbol{v}+\mathrm{d}\boldsymbol{v}$）中的粒子数。若用 $n(\boldsymbol{r},t)$ 表示粒子数密度，则有

$$n(\boldsymbol{r},t) = \int f(\boldsymbol{v},\boldsymbol{r},t)\mathrm{d}\boldsymbol{v} \tag{2.1.3}$$

人们还常使用如下表达式

$$f(\boldsymbol{v},\boldsymbol{r},t)\mathrm{d}\boldsymbol{v}\mathrm{d}\boldsymbol{r} = \sum_i \delta(\boldsymbol{r}-\boldsymbol{r}_i(t))\delta(\boldsymbol{v}-\boldsymbol{v}_i(t)) \tag{2.1.4}$$

式中：$\boldsymbol{r}_i(t)$ 与 $\boldsymbol{v}_i(t)$ 分别代表第 i 个粒子在时刻 t 的位置与速度。于是由式(2.1.4)，得

$$f(\boldsymbol{v},\boldsymbol{r},t) = \frac{\delta N(\boldsymbol{v},\boldsymbol{r},t)}{\mathrm{d}\boldsymbol{r}\mathrm{d}\boldsymbol{v}} \tag{2.1.5}$$

式中，$\delta N(\boldsymbol{v},\boldsymbol{r},t) = \sum \delta(\boldsymbol{r}-\boldsymbol{r}_i(t))\delta(\boldsymbol{v}-\boldsymbol{v}_i(t))$ 代表时刻 t 在 $\mathrm{d}\boldsymbol{r}\mathrm{d}\boldsymbol{v}$ 中的粒子数。

至此，自然要提出一个问题，(2.1.5)式中的 $\mathrm{d}\boldsymbol{r}\mathrm{d}\boldsymbol{v}$ 应该取多大？能不能无限小的减下去？其实，Boltzmann 方程实质上是对稀薄气体的宏观描述，$f(\boldsymbol{v},\boldsymbol{r},t)$ 是一个宏观量，它是 $\boldsymbol{r}$ 及 $\boldsymbol{v}$ 的连续平滑函数，f 并不包含微观的细致结构。因此 $\mathrm{d}\boldsymbol{v}$ 与 $\mathrm{d}\boldsymbol{r}$ 都应该取成微观大而宏观小的区域，所谓微观大是指其中必须包含足够多的粒子，即

$$f\mathrm{d}\boldsymbol{r}\mathrm{d}\boldsymbol{v} \gg 1 \tag{2.1.6}$$

通常 Boltzmann 方程可写为

$$\frac{\partial f}{\partial t} + \boldsymbol{v}\cdot\frac{\partial f}{\partial \boldsymbol{r}} + \frac{\boldsymbol{F}}{m}\cdot\frac{\partial f}{\partial \boldsymbol{v}} = \left(\frac{\partial f}{\partial t}\right)_c \tag{2.1.7}$$

由于要求在相空间体积元 $\mathrm{d}\boldsymbol{r}\mathrm{d}\boldsymbol{v} = (m^{-1}\boldsymbol{F}\mathrm{d}t)(\boldsymbol{v}\mathrm{d}t)$ 中应包含充分多的粒子，以保证在时间间隔 $\mathrm{d}t$ 内、碰撞在 $\mathrm{d}\boldsymbol{r}\mathrm{d}\boldsymbol{v}$ 内引起的粒子数变化也足够多。因此，$\mathrm{d}t$ 必须应与 τ_{coll} 同量级，而且 f 是 t 的慢变函数。另外，通常描述气体微观状态时要在 $6N$ 维相空间（$\{\boldsymbol{r}_i,\boldsymbol{v}_i\}$，$i=1,2,\cdots,N$；这里 N 为总粒子数；$6N$ 维相空间又称 $\boldsymbol{\Gamma}$ 空间，而 6 维相空间又称 μ 空间）中引入分布函数 $f_N(\boldsymbol{v}_1,\boldsymbol{v}_2,\cdots,\boldsymbol{v}_N;\boldsymbol{r}_1,\boldsymbol{r}_2,\cdots,\boldsymbol{r}_N,t)$，由此可定义单粒子分布函数为

$$f_1(\boldsymbol{v},\boldsymbol{r},t) = \int \delta(\boldsymbol{r}-\boldsymbol{r}_1)\delta(\boldsymbol{v}-\boldsymbol{v}_1)f_N(\boldsymbol{v}^N,\boldsymbol{r}^N,t)\mathrm{d}\boldsymbol{r}^N\mathrm{d}\boldsymbol{v}^N \tag{2.1.8}$$

式中

$$\boldsymbol{v}^N \equiv (\boldsymbol{v}_1, \boldsymbol{v}_2, \cdots, \boldsymbol{v}_N), \quad \boldsymbol{r}^N \equiv (\boldsymbol{r}_1, \boldsymbol{r}_2, \cdots, \boldsymbol{r}_N) \tag{2.1.9a}$$

注意到空间 Γ 是 $6N$ 维空间，其体积元

$$\mathrm{d}\boldsymbol{r}^N \mathrm{d}\boldsymbol{v}^N \equiv \mathrm{d}\boldsymbol{r}_1 \mathrm{d}\boldsymbol{v}_1 \mathrm{d}\boldsymbol{r}_2 \mathrm{d}\boldsymbol{v}_2 \cdots \mathrm{d}\boldsymbol{r}_h \mathrm{d}\boldsymbol{v}_h \cdots \mathrm{d}\boldsymbol{r}_N \mathrm{d}\boldsymbol{v}_N \tag{2.1.9b}$$

显然，有式(2.1.8)所定义的 f_1（即 BBGKY 方程链中的 f_1）包含了粒子运动的所有微观过程；在 t、$\boldsymbol{r}$ 及 $\boldsymbol{v}$ 变化了一个微观尺度后，f_1（指由式(2.1.8)所定义）可能有很大的变化。而 Boltzmann 方程中的 f 显然不是 BBGKY 方程链中的 f_1，Boltzmann 方程中的 f 是 t 的慢变函数，它是在宏观尺度内平滑后的结果。这里不妨给出 Boltzmann 方程成立时应该满足的两个条件：

(1) 设完成一次散射过程所需的时间为 $\tau_0 \approx l_i / v_T$（l_i 为力程，v_T 为平均速度），两次散射间的时间间隔为 τ_{coll}（差不多是达到宏观局部平衡所需的弛豫时间），因此 Boltzmann 方程成立的必要条件是

$$\tau_{coll} \gg \tau_0 \tag{2.1.10}$$

也就是说，要求粒子在绝大部分时间内是在自由运动，散射是瞬时完成的。

(2) 考虑量子效应后，若要求能够定义分布函数，则粒子的能级宽度应远小于能量分布宽度，即要求

$$\frac{\hbar}{\tau_{coll}} \ll k_B T \tag{2.1.11}$$

式中：$\hbar$ 为 Planck 常数，k_B 为 Boltzmann 常数，T 为热力学温度。

对于 Fermi-Dirac 分布，则此条件可放宽为

$$\frac{\hbar}{\tau_{coll}} \ll E_F \tag{2.1.12}$$

正是由于在导出 Boltzmann 方程时只考虑了两体碰撞，忽略了三体以及三体以上的碰撞，所以 Boltzmann 方程只适用于具有短程相互作用的稀薄气体。另外，在推导 Boltzmann 方程时还认为后一次碰撞与前一次碰撞是完全无关的，即在对空间上粗粒化、对时间在 τ_0 标度上粗粒化。也就是说，Boltzmann 方程对动理学阶段作出了粗粒化-光滑化的描述。正是由于导出 Boltzmann 方程时所作的近似与假设便引进了时间的方向性。事实上，只考虑二体碰撞，且假设二粒子碰撞前的分布函数是没有关联的，而碰撞后的分布函数的变化决定于碰撞过程，这就引入时间箭头，著名的 H 定理表明 Boltzmann 方程的这一性质。因此，Boltzmann 方程不满足时间反演不变性。由 Boltzmann 的 H 定理

$$\frac{\mathrm{d}H}{\mathrm{d}t} \leqslant 0 \tag{2.1.13}$$

即体系的 H 函数总是单调不上升的。在(2.1.13)式中的符号 $\mathrm{d}t$ 决不能把它理解成微观时间尺度，它至少要远大于 τ_0（这里 τ_0 的定义同式(2.1.2)），因此从严格的意义上讲，H 定理只有宏观意义。另外 Boltzmann 方程表明了系统趋向局部平衡的时间为 τ_{coll} 量级，它是一个很短的时间，只有趋向整体平衡的过程才与边界条件或者环境

有关。尽管 Boltzmann 方程相对于 Liouville 方程是个粗糙的描述，但 Boltzmann 的 H 定理是正确的，它给出的系统趋向平衡的结论是正确的。粗粒分布不仅是宏观测量误差的结果，更本质地说它是多体系统（$N\to\infty$）时统计性质的反映。引进粗粒密度、采取粗粒描述则系统必然会有趋向平衡的性质；在引进了粗粒密度的近似后，可以推出广义 H 定理成立，即宏观系统的熵单调增加。可以证明：这个不可逆性的结论是由于微观运动不稳定性与宏观测量两件事合在一起所导致的结果，它与微观可逆性并没有矛盾。

总之，Γ 空间中的 Liouville 方程，借助于约化函数 f_s 导出了 BBGKY 方程链。这个方程链是严格的，它与 Liouville 方程等价。将 BBKGY 方程链做了忽略三体关联并引入了粗粒描述之后，非封闭的方程链变成了封闭的方程，但它失去了碰撞过程中许多动力学的细节信息，因此推出的 Boltzmann 方程并不是真正的动力学方程，它是严格的 BBKGY 方程链在一定条件下的近似结果。

还有一点必须说明：在许多书籍中，叙述 Boltzmann 方程的推导时常作混沌性假设。其实这个假设是完全没有必要，参考文献[13]采用关联动力学的普遍理论导出了 Boltzmann 方程，但丝毫不涉及到各分子的概率分布是相互独立的假定，从而有效地避免了分子混沌性假定，因此这种用关联动力学普遍理论导出 Boltzmann 方程的做法是十分必要的。

2.2 Boltzmann 方程的守恒性质及其宏观守恒方程

为便于下文讨论，将 Boltzmann 式(2.1.7)改写为如下形式

$$\frac{\partial f_i}{\partial t}+\boldsymbol{v}_i\cdot\nabla f_i+\frac{\boldsymbol{F}_i}{m_i}\cdot\nabla_v f_i=c(f_i,f_j) \tag{2.2.1}$$

式中：$c(f_i,f_j)$为碰撞项，其表达式为

$$c(f_i,f_j)=\int g_{ij}\sigma(g_{ij},\boldsymbol{k}_{ij}\cdot\boldsymbol{k}'_{ij})[f_i(\boldsymbol{v}'_i,\boldsymbol{r},t)f_j(\boldsymbol{v}'_j,\boldsymbol{r},t)-f_i(\boldsymbol{v}_i,\boldsymbol{r},t)f_j(\boldsymbol{v}_j,\boldsymbol{r},t)]\mathrm{d}\boldsymbol{k}'_{ij}\mathrm{d}\boldsymbol{v}_j \tag{2.2.2a}$$

$$g_{ij}=|\boldsymbol{g}_{ij}|,\quad \boldsymbol{g}_{ij}=\boldsymbol{v}_i-\boldsymbol{v}_j \tag{2.2.2b}$$

为简单起见，本节下文中在不会造成误会的情况下，常省略了下标 i 与 j 并且还省略了 $f(\boldsymbol{v},\boldsymbol{r},t)$中的宗量$\boldsymbol{v}$、$\boldsymbol{r}$与$t$，而直接用 f 表示。于是式(2.2.1)与式(2.2.2a)可写为

$$\frac{\partial f}{\partial t}+\boldsymbol{v}\cdot\nabla f+\frac{\boldsymbol{F}}{m}\cdot\nabla_v f=c(f,f_1) \tag{2.2.3}$$

$$c(\mathrm{f},\mathrm{f}_1)=\int g\sigma(g,\boldsymbol{k}\cdot\boldsymbol{k}')[f'f'_1-ff_1]\mathrm{d}\boldsymbol{k}'\mathrm{d}\boldsymbol{v}_1 \tag{2.2.4}$$

式中：带撇号的量表示粒子碰撞后的相应量；矢量 $\boldsymbol{k}_{\mathrm{ij}}$ 与 $\boldsymbol{k}'_{\mathrm{ij}}$ 分别表示沿碰撞前与碰撞后的相对速度方向的单位矢量；在(2.2.2a)式中，量 $g_{\mathrm{ij}}\sigma(g_{\mathrm{ij}},\boldsymbol{k}_{\mathrm{ij}}\cdot\boldsymbol{k}'_{\mathrm{ij}})\mathrm{d}\boldsymbol{k}'_{\mathrm{ij}}$ 表示在碰撞前沿 $\boldsymbol{k}_{\mathrm{ij}}$ 方向，而在碰撞后沿相对速度 $\boldsymbol{g}'_{\mathrm{ij}}$ 方向且处于区间（$\boldsymbol{k}'_{\mathrm{ij}}$，$\boldsymbol{k}'_{ij}+\mathrm{d}\boldsymbol{k}'_{\mathrm{ij}}$）内的条件概率；另外，$\sigma(g_{\mathrm{ij}},\boldsymbol{k}_{\mathrm{ij}}\cdot\boldsymbol{k}'_{\mathrm{ij}})$ 也称为将 $\boldsymbol{g}_{\mathrm{ij}}$ 的方向由 $\boldsymbol{k}_{\mathrm{ij}}$ 改变到 $\boldsymbol{k}'_{\mathrm{ij}}$ 的"截面"。量 $\boldsymbol{k}_{\mathrm{ij}}\cdot\boldsymbol{k}'_{\mathrm{ij}}$ 代表两方向夹角的余弦值。

为了讨论 Boltzmann 方程的守恒性质，下面首先定义碰撞守恒量：对于在 $\boldsymbol{r}$ 处发生的碰撞 $\{\boldsymbol{v},\boldsymbol{v}_1\}\rightarrow\{\boldsymbol{v}',\boldsymbol{v}'_1\}$，如果有物理量 $\psi(\boldsymbol{v},\boldsymbol{r})$、$\psi_1(\boldsymbol{v}_1,\boldsymbol{r})$ 满足

$$\psi+\psi_1=\psi'+\psi'_1 \tag{2.2.5}$$

则称 ψ 为碰撞守恒量。容易证明[14-16]：对于碰撞守恒量存在着如下关系

$$\int\psi(\boldsymbol{v},\boldsymbol{r})c(f,f_1)\mathrm{d}\boldsymbol{v}=0 \tag{2.2.6}$$

以及

$$\int\psi(\boldsymbol{v},\boldsymbol{r})\left(\frac{\partial f}{\partial t}+\boldsymbol{v}\cdot\nabla f+\frac{\boldsymbol{F}}{m}\cdot\nabla_v f\right)\mathrm{d}\boldsymbol{v}=0 \tag{2.2.7}$$

在证明(2.2.6)式成立的过程中，曾使用了如下两个关系式，即(2.2.8)式和(2.2.9)式：

$$\sum_{i,j}\int\psi_{\mathrm{i}}c(f_{\mathrm{i}},f_{\mathrm{j}})\mathrm{d}\boldsymbol{v}_i=$$

$$\frac{1}{2}\sum_{i,j}\iiiint(\psi_i-\psi'_i)(f'_if'_{\mathrm{j}}-f_if_{\mathrm{j}})g^3_{ij}\sigma(g_{\mathrm{ij}},\boldsymbol{k}_{ij}\cdot\boldsymbol{k}'_{ij})\mathrm{d}\boldsymbol{k}'_{\mathrm{ij}}\mathrm{d}\boldsymbol{k}_{\mathrm{ij}}\mathrm{d}g_{\mathrm{ij}}\mathrm{d}\boldsymbol{v}_{(ij)} \tag{2.2.8}$$

$$\sum_{i,j}\int\psi_ic(f_i,f_{\mathrm{j}})\mathrm{d}\boldsymbol{v}_i=$$

$$\frac{1}{4}\sum_{i,j}\left\{\iiiint(\psi_i+\psi_{\mathrm{j}}-\psi'_i-\psi'_{\mathrm{j}})(f'_if'_j-f_if_j)g^3_{ij}\sigma(g_{ij},\boldsymbol{k}_{ij}\cdot\boldsymbol{k}'_{ij})\mathrm{d}\boldsymbol{k}'_{ij}\mathrm{d}\boldsymbol{k}_{ij}\mathrm{d}g_{ij}\mathrm{d}\boldsymbol{v}_{(ij)}\right\} \tag{2.2.9}$$

显然，如果 ψ_i 为碰撞守恒量，则(2.2.9)式中的 $\psi_i+\psi_{\mathrm{j}}-\psi'_i-\psi'_{\mathrm{j}}$ 项等于零。

在上述两式中 $\boldsymbol{v}_{(ij)}$ 代表二个速度为 $\boldsymbol{v}_i$ 与 $\boldsymbol{v}_{\mathrm{j}}$ 的粒子的质心速度，其表达式为

$$\boldsymbol{v}_{(ij)}=\frac{m_i\boldsymbol{v}_i+m_{\mathrm{j}}\boldsymbol{v}_{\mathrm{j}}}{m_i+m_{\mathrm{j}}} \tag{2.2.10}$$

将(2.2.6)式又可表示为

$$\sum_{i,j}\int\psi_ic(f_i,f_{\mathrm{j}})\mathrm{d}\boldsymbol{v}_i=\sum_{i,j}\iiint\psi_i(f'_if'_{\mathrm{j}}-f_if_{\mathrm{j}})g_{ij}\sigma(g_{\mathrm{ij}},\boldsymbol{k}_{ij}\cdot\boldsymbol{k}'_{ij})\mathrm{d}\boldsymbol{k}'_{ij}\mathrm{d}\boldsymbol{v}_i\mathrm{d}\boldsymbol{v}_{\mathrm{j}}=0 \tag{2.2.11}$$

如果取碰撞不变量 ψ_i 等于 m_i，并乘以式(2.2.1)的两边，然后两边积分便可得到第 i 种组元的质量守恒方程，即

$$\frac{\partial\rho_i}{\partial t}=-\nabla\cdot(\rho_i\boldsymbol{V})-\nabla\cdot\boldsymbol{J}_i \tag{2.2.12}$$

式中：$\boldsymbol{J}_i$ 为扩散通量，$\boldsymbol{V}$ 为混合气体的运动速度，$\boldsymbol{J}_i$ 与 $\boldsymbol{V}$ 的表达式分别为

$$\boldsymbol{J}_i \equiv m_i \int (\boldsymbol{v}_i - \boldsymbol{V}) f_i \mathrm{d}\boldsymbol{v}_i \tag{2.2.13}$$

$$\rho \boldsymbol{V} \equiv \sum_i (m_i \int \boldsymbol{v}_i f_i \mathrm{d}\boldsymbol{v}_i) \tag{2.2.14}$$

注意到总的质量密度 ρ 与组元 i 间 ρ_i 的关系式

$$\rho = \sum_i \rho_i = \sum_i (m_i \int f_i \mathrm{d}\boldsymbol{v}_i) \tag{2.2.15}$$

于是总的连续方程为

$$\frac{\partial \rho}{\partial t} + \nabla \cdot (\rho \boldsymbol{V}) = 0 \tag{2.2.16}$$

如果碰撞不变量 ψ_i 取为 $m_i \boldsymbol{v}_i$，并乘以方程(2.2.1)式的两边，然后两边积分可得动量方程，即

$$\frac{\partial (\rho \boldsymbol{V})}{\partial t} = -\nabla \cdot (\rho \boldsymbol{V}\boldsymbol{V} - \boldsymbol{\pi}) + \sum_i (\rho_i \boldsymbol{F}_i) \tag{2.2.17}$$

式中：$\boldsymbol{\pi}$ 为应力张量，其表达式为

$$\boldsymbol{\pi} = -\sum_i \left[m_i \int (\boldsymbol{v}_i - \boldsymbol{V})(\boldsymbol{v}_i - \boldsymbol{V}) f_i \mathrm{d}\boldsymbol{v}_i \right] \tag{2.2.18}$$

如果碰撞不变量 ψ_i 取为 $\frac{1}{2} m_i \boldsymbol{v}_i \cdot \boldsymbol{v}_i$，并乘以方程(2.2.1)式的两边，然后两边积分可得出能量方程，即

$$\rho \frac{\mathrm{d}e}{\mathrm{d}t} = \frac{\partial (\rho e)}{\partial t} + \nabla \cdot (e \rho \boldsymbol{V}) = \boldsymbol{\pi} : \nabla \boldsymbol{V} + \sum_i (\boldsymbol{J}_i \cdot \boldsymbol{F}_i) - \nabla \cdot \boldsymbol{J}_q \tag{2.2.19}$$

式中：ρe 为气体的内能密度，$\boldsymbol{J}_q$ 为热通量，它们的表达式分别为

$$\rho e \equiv \frac{1}{2} \sum_i \left\{ m_i \int (\boldsymbol{v}_i - \boldsymbol{V})^2 f_i \mathrm{d}\boldsymbol{v}_i \right\} \tag{2.2.20}$$

$$\boldsymbol{J}_q \equiv \frac{1}{2} \sum_i \left\{ m_i \int (\boldsymbol{v}_i - \boldsymbol{V})^2 (\boldsymbol{v}_i - \boldsymbol{V}) f_i \mathrm{d}\boldsymbol{v}_i \right\} \tag{2.2.21}$$

另外，由(2.2.20)式又可定义出动理学温度 T，为

$$\frac{3}{2} n k_{\mathrm{B}} T = \rho e = \frac{1}{2} \sum_i \left\{ m_i \int (\boldsymbol{v}_i - \boldsymbol{V})^2 f_i \mathrm{d}\boldsymbol{v}_i \right\} \tag{2.2.22}$$

式中：$n = \sum_i n_i$，代表总的分子数密度；k_{B} 为 Boltzmann 常数。

在动理学理论中，熵密度 ρs 定义为

$$\rho s = -k_{\mathrm{B}} \sum_i \left\{ \int f_i (\ln f_i - 1) \mathrm{d}\boldsymbol{v}_i \right\} \tag{2.2.23}$$

将(2.2.23)式对时间求导数，并注意到利用式(2.2.3)，可推出

$$\rho \frac{\mathrm{d}s}{\mathrm{d}t} = \frac{\partial (\rho s)}{\partial t} + \nabla \cdot (\rho s \boldsymbol{V}) = -\nabla \cdot \boldsymbol{J}_s + \tilde{\sigma}_s \tag{2.2.24}$$

式中：$\boldsymbol{J}_s$ 与 $\tilde{\sigma}_s$ 分别为熵通量（又称作熵流）与熵源强度（又称为熵产生率），表达式分别为

$$\boldsymbol{J}_s=-k_B\sum_i\left\{\int(\boldsymbol{v}_i-\boldsymbol{V})f_i(\ln f_i-1)\mathrm{d}\boldsymbol{v}_i\right\} \tag{2.2.25}$$

$$\widetilde{\sigma}_s=-k_B\sum_{i,j}\left\{\int c(f_i,f_j)\ln f_i\mathrm{d}\boldsymbol{v}_i\right\} \tag{2.2.26a}$$

或者为

$$\widetilde{\sigma}_s=-k_B\sum_{i,j}\left\{\iiint(\ln f_i)(f_i'f_j'-f_if_j)g_{ij}\sigma(g_{ij},\boldsymbol{k}_{ij}\cdot\boldsymbol{k}_{ij}')\mathrm{d}\boldsymbol{k}_{ij}'\mathrm{d}\boldsymbol{v}_i\mathrm{d}\boldsymbol{v}_j\right\} \tag{2.2.26b}$$

如果将式(2.2.26b)右端的积分对称化，则式(2.2.26b)又可变为

$$\widetilde{\sigma}_s=\frac{1}{4}k_B\sum_{i,j}\left\{\iiiint\left(\frac{\ln f_i'f_j'}{\ln f_if_j}\right)(f_i'f_j'-f_if_j)g_{ij}^3\sigma(g_{ij},\boldsymbol{k}_{ij}\cdot\boldsymbol{k}_{ij}')\mathrm{d}\boldsymbol{k}_{ij}'\mathrm{d}\boldsymbol{k}_{ij}\mathrm{d}g_{ij}\mathrm{d}\boldsymbol{v}_{(ij)}\right\} \tag{2.2.27}$$

式中：$\boldsymbol{v}_{(ij)}$的定义同式(2.2.9)。容易证明式(2.2.27)右边的积分总是大于或等于零，因此有

$$\widetilde{\sigma}_s\geqslant 0 \tag{2.2.28}$$

这个不等式表明熵源强度必须大于或等于零。对于一个封闭系统，在边界上$\boldsymbol{V}=0$，$\boldsymbol{J}_s=0$，于是将式(2.2.24)对整个系统占据的空间积分，便有

$$\frac{\mathrm{d}S}{\mathrm{d}t}=\int\widetilde{\sigma}_s\mathrm{d}\boldsymbol{r}\geqslant 0 \tag{2.2.29}$$

式(2.2.29)说明非平衡的封闭系统的熵总是增加的，直至系统达到平衡态使得$\widetilde{\sigma}_s=0$时为止。引入n_0表示t时刻$\boldsymbol{r}$附近单位体积中的粒子数，s表示平均每个粒子的熵，N代表系统中的总粒子数，于是式(2.2.29)中的S可表示为

$$S=\int n_0 s\mathrm{d}\boldsymbol{r} \tag{2.2.30}$$

式(2.2.29)实质上就是Boltzmann的H定理，H与S间的关系为

$$S=-k_B(H-N) \tag{2.2.31}$$

当N固定时，借助于上式，则式(2.2.29)可变为

$$\frac{\mathrm{d}H}{\mathrm{d}t}=-\frac{1}{k_B}\frac{\mathrm{d}S}{\mathrm{d}t}\leqslant 0 \tag{2.2.32}$$

在平衡态时，H取极小值。另外，如果S定义为

$$S=\int_V\rho s\mathrm{d}V \tag{2.2.33}$$

式中：V为体积，s为单位质量所包含的熵，ρ为密度；按照通常热力学原理，熵的变化dS可表为两项之和

$$\mathrm{d}S=d_eS+d_iS \tag{2.2.34}$$

式中：d_eS是由外界供给体系的熵；而d_iS代表在体系内部所增长的熵，当体系发生可逆变化时，则d_iS为零，而当体系发生不可逆变化时，则d_iS大于零，即

$$d_iS\geqslant 0 \tag{2.2.35}$$

另外,外界供给体系的熵 d_eS 则可正、可负,也可为零,这要根据体系与其外界的相互作用而定。此外,在熵方程用式(2.2.24)表达时,可以证明这时的熵流 $\boldsymbol{J}_s$ 与熵产生率 $\tilde{\sigma}_s$ 为

$$J_s = \frac{1}{T}\Big[\boldsymbol{J}_q - \sum_{k=1}^{n}(\mu_k \boldsymbol{J}_k)\Big] \tag{2.2.36}$$

$$\tilde{\sigma}_s = -\frac{1}{T^2}\boldsymbol{J}_q \cdot \nabla T - \frac{1}{T}\sum_{k=1}^{n}\left\{\boldsymbol{J}_k \cdot \left[T\,\nabla\left(\frac{\mu_k}{T}\right) - \boldsymbol{F}_k\right]\right\} -$$

$$\frac{1}{T}\boldsymbol{\Pi} : \nabla \boldsymbol{V} - \frac{1}{T}\sum_{j=1}^{r}(J_j A_j) \tag{2.2.37}$$

式中:$\boldsymbol{J}_q$ 为热通量,$\boldsymbol{J}_k$ 为扩散流;J_j 为反应 j 的化学反应率;$\boldsymbol{\Pi}$ 为粘性应力张量,$\boldsymbol{F}$ 为外力;A_j 为反应 j($j=1,2,\cdots,r$)的化学亲合势,μ_k 为组元 k 的化学势,这里 A_j 与 μ_k 间的关系为

$$A_j = \sum_{k=1}^{n}(v_{kj}\mu_k), \qquad j = 1,2,\cdots,r \tag{2.2.38}$$

在式(2.2.38)里,v_{kj} 代表组元 k 在第 j 个反应式中的化学计量系数。

2.3 单原子分子、多组元气体的 Boltzmann 方程

2.3.1 单组元、单原子分子的 Boltzmann 方程

通常,在一般书籍中稀薄气体的 Boltzmann 方程大都在单组分、单原子分子气体的经典力学框架下进行讨论。在这种情况下分布函数多用 $f=f(\boldsymbol{v},\boldsymbol{r},t)$ 来表示,相应的这时单组元、单原子分子的 Boltzmann 方程为

$$\frac{\partial f}{\partial t} + \boldsymbol{v} \cdot \frac{\partial f}{\partial \boldsymbol{r}} + \frac{\boldsymbol{F}}{m} \cdot \frac{\partial f}{\partial \boldsymbol{v}} = \int f(\boldsymbol{v}')f(\boldsymbol{v}_1')g\mathrm{d}\sigma(\boldsymbol{v}',\boldsymbol{v}_1' \to \boldsymbol{v},\boldsymbol{v}_1)\frac{\mathrm{d}\boldsymbol{v}'\mathrm{d}\boldsymbol{v}_1'}{\mathrm{d}\boldsymbol{v}} -$$

$$\int f(\boldsymbol{v})f(\boldsymbol{v}_1)g\mathrm{d}\sigma(\boldsymbol{v},\boldsymbol{v}_1 \to \boldsymbol{v}',\boldsymbol{v}_1')\mathrm{d}\boldsymbol{v}_1 \tag{2.3.1}$$

注意到

$$\mathrm{d}\boldsymbol{v}'\mathrm{d}\boldsymbol{v}_1'\mathrm{d}\sigma(\boldsymbol{v}',\boldsymbol{v}_1' \to \boldsymbol{v},\boldsymbol{v}_1) = \mathrm{d}\boldsymbol{v}\mathrm{d}\boldsymbol{v}_1\mathrm{d}\sigma(\boldsymbol{v},\boldsymbol{v}_1 \to \boldsymbol{v}',\boldsymbol{v}_1') \tag{2.3.2}$$

于是式(2.3.1)可变为

$$\frac{\partial f}{\partial t} + \boldsymbol{v} \cdot \frac{\partial f}{\partial \boldsymbol{r}} + \frac{\boldsymbol{F}}{m} \cdot \frac{\partial f}{\partial \boldsymbol{v}} = \int [f(\boldsymbol{v}')f(\boldsymbol{v}_1') - f(\boldsymbol{v})f(\boldsymbol{v}_1)]g\mathrm{d}\sigma(\boldsymbol{v},\boldsymbol{v}_1 \to \boldsymbol{v}',\boldsymbol{v}_1')\mathrm{d}\boldsymbol{v}_1 \tag{2.3.3}$$

需要说明的是,在(2.3.1)式~(2.3.3)式中,所考虑的所有分子对的碰撞问题均采用了如下的约定:各分子对在碰撞前的速度分别为 $\boldsymbol{v}$ 与 $\boldsymbol{v}_1$,碰撞后的速度分别为 $\boldsymbol{v}'$ 与 $\boldsymbol{v}_1'$;上述式中符号 g 的含义同(2.2.4)式,代表相对速度;$\mathrm{d}\sigma(\boldsymbol{v},\boldsymbol{v}_1 \to \boldsymbol{v}',\boldsymbol{v}_1')$ 称

为微分散射截面，并且有

$$d\sigma(\boldsymbol{v},\boldsymbol{v}_1\rightarrow\boldsymbol{v}',\boldsymbol{v}'_1)=\sigma(g,\boldsymbol{k}\cdot\boldsymbol{k}')d\boldsymbol{k}' \quad (2.3.4)$$

式中：$\boldsymbol{k}$ 与 $\boldsymbol{k}'$ 分别代表分子对在碰撞前与碰撞后相对速度方向上的单位矢量；借助于(2.3.4)式，则(2.3.3)式又可写为

$$\frac{\partial f}{\partial t}+\boldsymbol{v}\cdot\frac{\partial f}{\partial \boldsymbol{r}}+\frac{\boldsymbol{F}}{m}\cdot\frac{\partial f}{\partial \boldsymbol{v}}=\iint(f'f'_1-ff_1)g\sigma(g,\boldsymbol{k}\cdot\boldsymbol{k}')d\boldsymbol{k}'d\boldsymbol{v}_1 \quad (2.3.5)$$

在通常书籍中[17-19]，常引进两个角度即 θ 与 φ 去描述 $\boldsymbol{k}'$。引入碰撞参数 b，并且注意到多重积分中换元积分公式的使用之后，(2.3.5)式可变为

$$\frac{\partial f}{\partial t}+\boldsymbol{v}\cdot\frac{\partial f}{\partial \boldsymbol{r}}+\frac{\boldsymbol{F}}{m}\cdot\frac{\partial f}{\partial \boldsymbol{v}}=\iint(f'f'_1-ff_1)g\sigma d\boldsymbol{\Omega}d\boldsymbol{v}_1 \quad (2.3.6a)$$

或者

$$\frac{\partial f}{\partial t}+\boldsymbol{v}\cdot\frac{\partial f}{\partial \boldsymbol{r}}+\frac{\boldsymbol{F}}{m}\cdot\frac{\partial f}{\partial \boldsymbol{v}}=\iiint(f'f'_1-ff_1)g\sigma\sin\theta d\theta d\varphi d\boldsymbol{v}_1 \quad (2.3.6b)$$

或

$$\frac{\partial f}{\partial t}+\boldsymbol{v}\cdot\frac{\partial f}{\partial \boldsymbol{r}}+\frac{\boldsymbol{F}}{m}\cdot\frac{\partial f}{\partial \boldsymbol{v}}=\iiint(f'f'_1-ff_1)gb\,db\,d\varphi d\boldsymbol{v}_1 \quad (2.3.6c)$$

(2.3.6)式中使用了如下两个关系式

$$|\sigma d\boldsymbol{\Omega}|=b\,db\,d\varphi \quad (2.3.7)$$

$$\int_0^{4\pi}d\boldsymbol{\Omega}=\int_0^{2\pi}\int_0^{\pi}\sin\theta d\theta d\varphi \quad (2.3.8)$$

注意到式(2.3.6a)、式(2.3.7)与式(2.3.8)中，$\boldsymbol{\Omega}$ 的含义与式(2.3.5)中的 $\boldsymbol{k}'$ 相同。

2.3.2　多组元、单原子分子气体的 Boltzmann 方程

对于多组元、单原子分子在经典力学的框架下，第 i 种组分的分布函数多用 $f_i=f(i,\boldsymbol{v}_i,\boldsymbol{r},t)$ 来表示[3]，相应的 Boltzmann 方程为

$$\frac{\partial f_i}{\partial t}+\boldsymbol{v}_i\cdot\nabla f_i+\boldsymbol{g}_i\cdot\nabla_v f_i=\sum_{j=1}\boldsymbol{J}_{ij} \quad (2.3.9)$$

式中：$\boldsymbol{J}_{ij}$ 代表组分 i 的分子被组分 j 的分子散射的碰撞积分，其表达式为

$$\boldsymbol{J}_{ij}=\int[f_i(i,\boldsymbol{v}'_i,\boldsymbol{r},t)f_j(j,\boldsymbol{v}'_j,\boldsymbol{r},t)-f_i(i,\boldsymbol{v}_i,\boldsymbol{r},t)f_j(j,\boldsymbol{v}_j,\boldsymbol{r},t)]g_{ij}d\sigma(\boldsymbol{v}_i,\boldsymbol{v}_j\rightarrow\boldsymbol{v}'_i,\boldsymbol{v}'_j)d\boldsymbol{v}_j \quad (2.3.10)$$

或者

$$\boldsymbol{J}_{ij}=\iint[f_i(i,\boldsymbol{v}'_i,\boldsymbol{r},t)f_j(j,\boldsymbol{v}'_j,\boldsymbol{r},t)-f_i(i,\boldsymbol{v}_i,\boldsymbol{r},t)f_j(j,\boldsymbol{v}_j,\boldsymbol{r},t)]g_{ij}\sigma(g_{ij},\boldsymbol{k}_{ij}\cdot\boldsymbol{k}'_{ij})d\boldsymbol{k}'_{ij}d\boldsymbol{v}_j \quad (2.3.11)$$

2.4 单组元、多原子分子、考虑分子内部量子数及简并度的 Boltzmann 方程

与单原子气体相比,多原子气体由于存在内能自由度,因此气体输运系数的计算要比单原子气体复杂得多。对于多原子气体,在非弹性碰撞中会发生平动能与内能之间的交换[20,21],这就导致了在粘性系数中除了剪切粘性系数之外还会出现体膨胀系数。另外,体膨胀粘性系数也与弛豫时间密切相关,而当平动能分布由于某过程发生变化时,则上述弛豫时间便与平动能以及内能的状态之间密切相关[22]。对于考虑分子单组元、多原子分子内部量子数以及简并度的情况下,这时 Boltzmann 方程如何表达并不是一件容易的事。C. S. Wang-Chang(即王承书先生)和 G. E. Uhlenbeck 教授提出了一种处理多原子气体的半经典方法。在这种方法中,平动能的各自由度以及平动运动按照经典力学方法处理,而分子内部的自由度以及转动和内部的振动则按量子力学观点去计算[23],在用量子态描述与计算的过程中,考虑了简并度。如果用 $f_\alpha = f(\boldsymbol{v}_\alpha, \alpha, \boldsymbol{r}, t)$ 代表单组元、多原子分子、量子态为 α 时的分布函数,在不考虑简并度时的 Boltzmann 方程为[3]

$$\frac{\partial f_\alpha}{\partial t} + \boldsymbol{v}_\alpha \cdot \frac{\partial f_\alpha}{\partial \boldsymbol{r}} + \frac{\boldsymbol{F}_\alpha}{m} \cdot \frac{\partial f_\alpha}{\partial \boldsymbol{v}_\alpha} = \sum_{\beta,\gamma,\delta} \iint \Big[f'_\gamma f'_\delta g' \sigma_{\gamma\delta}^{\alpha\beta}(g', \theta, \varphi) - f_\alpha f_\beta g \sigma_{\alpha\beta}^{\gamma\delta}(g, \theta, \varphi) \Big] \mathrm{d}\boldsymbol{\Omega} \mathrm{d}\boldsymbol{v}_\beta \tag{2.4.1}$$

注意这里不对式(2.4.1)右边的 α 求和;式中 $\sigma_{\alpha\beta}^{\gamma\delta}(g,\theta,\varphi)$ 表示处于 α 状态与 β 状态的两个分子碰撞后分别处于 γ 与 δ 状态的微分碰撞截面;g 代表处于 α 与 β 两状态的分子之间的相对速度;θ 为折射角,φ 是一个角度其定义同(2.3.6b)式。由量子力学中 Schrödinger 方程的对称性,可以得到下列碰撞截面的倒易关系,即

$$g\sigma_{\alpha\beta}^{\gamma\delta}(g, \theta, \varphi) = g'\sigma_{\gamma\delta}^{\alpha\beta}(g', \theta, \varphi) \tag{2.4.2}$$

式(2.4.2)给出了碰撞速率与反碰撞速率之间的关系,显然式(2.4.2)只有当分子的内能状态为非简并时才成立(即没有两个状态处于同一能级)。借助于式(2.4.2),则式(2.4.1)变为

$$\frac{\partial f_\alpha}{\partial t} + \boldsymbol{v}_\alpha \cdot \frac{\partial f_\alpha}{\partial \boldsymbol{r}} + \frac{\boldsymbol{F}_\alpha}{m} \cdot \frac{\partial f_\alpha}{\partial \boldsymbol{v}_\alpha} = \sum_{\beta,\gamma,\delta} \iint [f'_\gamma f'_\delta - f_\alpha f_\beta] g \sigma_{\alpha\beta}^{\gamma\delta}(g, \theta, \varphi) \mathrm{d}\boldsymbol{\Omega} \mathrm{d}\boldsymbol{v}_\beta \tag{2.4.3}$$

(2.4.3)式由王承书和 Uhlenbeck 于 1951 年给出,国际上常称为 WCU 方程或称 Wang-Chang Uhlenbeck 方程。对 f_α 取矩,并注意到对所有状态相加便可得到密度、流体运动速度、胁强张量以及单位质量热能的物理量,例如

$$\sum_\alpha \int \begin{bmatrix} 1 \\ m\boldsymbol{v} \\ m(\boldsymbol{v}-\boldsymbol{V})(\boldsymbol{v}-\boldsymbol{V}) \end{bmatrix} f_\alpha \mathrm{d}\boldsymbol{v} = \begin{bmatrix} n \\ \rho \boldsymbol{V} \\ -\boldsymbol{\pi} \end{bmatrix} \tag{2.4.4}$$

式中：$\boldsymbol{V}$ 与 $\boldsymbol{\pi}$ 分别代表流体速度与流体的应力张量。类似地，对 WCU 方程左右两边分别乘以 1、$m\boldsymbol{v}$ 以及 $\left[\frac{1}{2}m(\boldsymbol{v}-\boldsymbol{V})\cdot(\boldsymbol{v}-\boldsymbol{V})+E_\alpha\right]$，再对 $\boldsymbol{v}$ 积分并注意到对全部状态求和，可得

$$\frac{\partial \rho}{\partial t}+\frac{\partial}{\partial \boldsymbol{r}}\cdot(\rho \boldsymbol{V})=0 \tag{2.4.5a}$$

$$\rho\left(\frac{\partial \boldsymbol{V}}{\partial t}+\boldsymbol{V}\cdot\frac{\partial \boldsymbol{V}}{\partial \boldsymbol{r}}\right)=\frac{\partial}{\partial \boldsymbol{r}}\cdot\boldsymbol{\pi}+\rho \boldsymbol{X} \tag{2.4.5b}$$

$$\rho\left(\frac{\partial e}{\partial t}+\boldsymbol{V}\cdot\frac{\partial e}{\partial \boldsymbol{r}}\right)=-\frac{\partial}{\partial \boldsymbol{r}}\cdot\boldsymbol{q}+\boldsymbol{\pi}:\frac{\partial \boldsymbol{V}}{\partial \boldsymbol{r}} \tag{2.4.5c}$$

式中：ρe 为气体的内能密度，$\boldsymbol{q}$ 为热流矢量，$\boldsymbol{\pi}$ 为应力张量。

如果考虑能级简并度时，则单组元、多原子分子气体的 Boltzmann 方程为

$$\frac{\partial f_\alpha}{\partial t}+\boldsymbol{v}_\alpha\cdot\frac{\partial f_\alpha}{\partial \boldsymbol{r}}+\frac{\boldsymbol{F}_\alpha}{m}\cdot\frac{\partial f_\alpha}{\partial \boldsymbol{v}_\alpha}=\sigma_0\sum_{\beta,\gamma,\delta}\iint[q_\alpha q_\beta f_\gamma f_\delta-q_\gamma q_\delta f_\alpha f_\beta]g p_{\alpha\beta}^{\gamma\delta}\,\mathrm{d}\boldsymbol{\Omega}\mathrm{d}\boldsymbol{v}_\beta \tag{2.4.6}$$

式中：α、β 为分子对碰撞前的初量子态；γ、δ 为分子对碰撞后的末量子态[24~26]。分布函数 f_α、f_β、f_γ、f_δ 以及相对速度 $g_{\alpha\beta}$ 的定义分别为

$$f_\alpha\equiv f(\boldsymbol{v}_\alpha,\alpha,\boldsymbol{r},t),\qquad f_\beta\equiv f(\boldsymbol{v}_\beta,\beta,\boldsymbol{r},t) \tag{2.4.7a}$$

$$f_\gamma\equiv f(\boldsymbol{v}_\gamma,\gamma,\boldsymbol{r},t),\qquad f_\delta\equiv f(\boldsymbol{v}_\delta,\delta,\boldsymbol{r},t) \tag{2.4.7b}$$

$$g_{\alpha\beta}=|\boldsymbol{v}_\alpha-\boldsymbol{v}_\beta| \tag{2.4.7c}$$

在式(2.4.6)中，q_α、q_β、q_γ 以及 q_δ 均代表能级简并度。另外 σ_0 与 $\sigma_{\alpha\beta}^{\gamma\delta}$、$p_{\alpha\beta}^{\gamma\delta}$ 间的关系为[27]

$$\sigma_{\alpha\beta}^{\gamma\delta}=\sigma_0 p_{\alpha\beta}^{\gamma\delta} \tag{2.4.8a}$$

或者

$$p_{\alpha\beta}^{\gamma\delta}=\frac{\sigma_{\alpha\beta}^{\gamma\delta}}{\sigma_{\alpha\beta}},\qquad \sigma_{\alpha\beta}\equiv\sum_{\gamma,\delta}\sigma_{\alpha\beta}^{\gamma\delta} \tag{2.4.8b}$$

$$\sum_{\gamma,\delta}p_{\alpha\beta}^{\gamma\delta}=1,\qquad(0\leqslant p_{\alpha\beta}^{\gamma\delta}\leqslant 1) \tag{2.4.8c}$$

在式(2.4.8a)中已假设 $\sigma_{\alpha\beta}$ 独立于内部的分子能态，并且等于弹性碰撞截面 σ_0；$p_{\alpha\beta}^{\gamma\delta}$ 为关于 $(\alpha,\beta)\to(\gamma,\delta)$ 的跃迁概率；另外，Felix G. Tcheremissine 和 Ramesh K. Agarwal 将(2.4.6)式改写为如下形式，即

$$\frac{\partial f_\alpha}{\partial t}+\boldsymbol{v}_\alpha\cdot\frac{\partial f_\alpha}{\partial \boldsymbol{r}}+\frac{\boldsymbol{F}_\alpha}{m}\cdot\frac{\partial f_\alpha}{\partial \boldsymbol{v}_\alpha}=$$

$$\sum_{\beta,\gamma,\delta}\int_{-\infty}^{\infty}\int_0^{2\pi}\int_0^{bm}[f_\gamma f_\delta\omega_{\alpha\beta}^{\gamma\delta}-f_\alpha f_\beta]p_{\alpha\beta}^{\gamma\delta}g_{\alpha\beta}b\,\mathrm{d}b\mathrm{d}\varphi\mathrm{d}\boldsymbol{v}_\beta \tag{2.4.9}$$

式中：b 为碰撞参数，其含义同式(2.3.6c)；符号 $\omega_{\alpha\beta}^{\gamma\delta}$ 是与简并度有关的一个比例系数，其定义同参考文献[28]。

2.5 多组元、多原子分子的广义 Boltzmann 方程

这里采用组分用 i，分子内部自由度（例如转动、振动和电子能级的激发）的量子数所对应的量子态记作 α，于是多组元、多原子分子气体的分布函数便可用 $f_{i,\alpha} \equiv f(i, \boldsymbol{v}_{i,\alpha}, \alpha, \boldsymbol{r}, t)$ 表示。今考察组元 i 的一个粒子与组元 j 的一个粒子相碰撞（即它们构成一个碰撞对），碰撞后生成组元 i' 与组元 j' 的粒子；如果粒子 i、j、i' 与 j' 的动量和内部量子态分别为 $(\boldsymbol{p}_i, \alpha)$、$(\boldsymbol{p}_j, \beta)$、$(\boldsymbol{p}_{i'}, \gamma)$ 与 $(\boldsymbol{p}_{j'}, \delta)$，那么对应于上述情况下的微分散射截面是

$$\mathrm{d}\sigma((\boldsymbol{p}_i, \alpha; \boldsymbol{p}_j, \beta) \rightarrow (\boldsymbol{p}_{i'}, \gamma; \boldsymbol{p}_{j'}, \delta)) \tag{2.5.1}$$

不考虑能级简并度的情况下，多组元、多原子分的广义 Boltzmann 方程为[3]

$$\frac{\partial f_{i,\alpha}}{\partial t} + \boldsymbol{v}_{i,\alpha} \cdot \frac{\partial f_{i,\alpha}}{\partial \boldsymbol{r}} + \frac{\boldsymbol{F}_i}{m_i} \cdot \frac{\partial f_{i,\alpha}}{\partial v_{i,\alpha}} =$$

$$\sum_j \sum_{\beta,\gamma,\delta} \iint [f_{i',\gamma} f_{j',\delta} - f_{i,\alpha} f_{j,\beta}] g_{ij} \, \mathrm{d}\sigma((\boldsymbol{p}_i, \alpha; \boldsymbol{p}_j, \beta) \rightarrow (\boldsymbol{p}_{i'}, \gamma; \boldsymbol{p}_{j'}, \delta)) \mathrm{d}\boldsymbol{v}_{j,\beta} \tag{2.5.2}$$

或者

$$\frac{\partial f_{i,\alpha}}{\partial t} + \boldsymbol{v}_{i,\alpha} \cdot \frac{\partial f_{i,\alpha}}{\partial \boldsymbol{r}} + \frac{\boldsymbol{F}_i}{m_i} \cdot \frac{\partial f_{i,\alpha}}{\partial \boldsymbol{v}_{i,\alpha}} =$$

$$\sum_j \sum_{\beta,\gamma,\delta} \int_{-\infty}^{\infty} \int_0^{2\pi} \int_0^{bm} [f_{i',\gamma} f_{j',\delta} - f_{i,\alpha} f_{j,\beta}] g_{ij} b \, \mathrm{d}b \mathrm{d}\varphi \mathrm{d}\boldsymbol{v}_{j,\beta} \tag{2.5.3}$$

式中：$f_{i,\alpha}$、$f_{j,\beta}$、$f_{i',\gamma}$ 与 $f_{j',\delta}$ 的定义分别为

$$f_{i,\alpha} = f(i, \boldsymbol{v}_{i,\alpha}, \alpha, \boldsymbol{r}, t), \qquad f_{j,\beta} = f(j, \boldsymbol{v}_{j,\beta}, \beta, \boldsymbol{r}, t) \tag{2.5.4a}$$

$$f_{i',\gamma} = f(i', \boldsymbol{v}_{i',\gamma}, \gamma, \boldsymbol{r}, t), \qquad f_{j',\delta} = f(j', \boldsymbol{v}_{j',\delta}, \delta, \boldsymbol{r}, t) \tag{2.5.4b}$$

如果考虑能级的简并度，则多组元、多原子分子的广义 Boltzmann 方程为

$$\frac{\partial f_{i,\alpha}}{\partial t} + \boldsymbol{v}_{i,\alpha} \cdot \frac{\partial f_{i,\alpha}}{\partial \boldsymbol{r}} + \frac{\boldsymbol{F}_i}{m_i} \cdot \frac{\partial f_{i,\alpha}}{\partial \boldsymbol{v}_{i,\alpha}} =$$

$$\sum_j \sum_{\beta,\gamma,\delta} \int_{-\infty}^{\infty} \int_0^{2\pi} \int_0^{bm} [f_{i',\gamma} f_{j',\delta} \omega_{\alpha\beta}^{\gamma\delta} - f_{i,\alpha} f_{j,\beta}] p_{i,\alpha\beta}^{j,\gamma\delta} g_{\alpha\beta} b \, \mathrm{d}b \mathrm{d}\varphi \mathrm{d}\boldsymbol{v}_{j,\beta} \tag{2.5.5}$$

式中：符号 $\omega_{\alpha\beta}^{\gamma\delta}$ 的定义同式(2.4.9)；$p_{i,\alpha\beta}^{j,\gamma\delta}$ 代表由 $(i,\alpha,\beta) \rightarrow (j,\gamma,\delta)$ 的跃迁概率，这里 i 与 j 为组元，α、β、γ 与 δ 为内部量子态。显然，$p_{i,\alpha\beta}^{j,\gamma\delta}$ 值可借助于量子力学的方法确定。

2.6 Boltzmann 方程的 Chapman-Enskog 逐级逼近解法

在一般情况下，Boltzmann 方程的解析解至今尚未获得。其实，即使一些特殊情况下的精确解也难以得到。因此，本节主要讨论一种逐级近似解法，它所针对的 Boltzmann 方程，其具体形式为

$$\left(\frac{\partial}{\partial t}+\boldsymbol{v}\cdot\nabla_r+\frac{\boldsymbol{F}}{m}\cdot\nabla_v\right)f(t,\boldsymbol{r},\boldsymbol{v})=$$

$$\iint[f(t,\boldsymbol{r},\boldsymbol{v}')f(t,\boldsymbol{r},\boldsymbol{w}')-f(t,\boldsymbol{r},\boldsymbol{v})f(t,\boldsymbol{r},\boldsymbol{w})]|\boldsymbol{w}-\boldsymbol{v}|\sigma(\boldsymbol{\Omega})\mathrm{d}\boldsymbol{\Omega}\mathrm{d}\boldsymbol{w} \tag{2.6.1a}$$

或者

$$\Theta f=J(ff_1) \tag{2.6.1b}$$

式中

$$\Theta f\equiv\frac{\partial f}{\partial t}+\boldsymbol{v}\cdot\frac{\partial f}{\partial \boldsymbol{r}}+\frac{\boldsymbol{F}}{m}\cdot\frac{\partial f}{\partial \boldsymbol{v}} \tag{2.6.2a}$$

$$f\equiv f(t,\boldsymbol{r},\boldsymbol{v}) \tag{2.6.2b}$$

$$J(ff_1)\equiv\iint[f'f_1'-ff_1]g\sigma(g,\theta)\mathrm{d}\boldsymbol{\Omega}\mathrm{d}\boldsymbol{v}_1 \tag{2.6.2c}$$

$$f_1\equiv f(t,\boldsymbol{r},\boldsymbol{w}) \tag{2.6.2d}$$

$$f'\equiv f(t,\boldsymbol{r},\boldsymbol{v}'),\qquad f_1'\equiv f(t,\boldsymbol{r},\boldsymbol{w}') \tag{2.6.2e}$$

$$g\equiv|\boldsymbol{w}-\boldsymbol{v}|,\qquad \boldsymbol{g}=\boldsymbol{w}-\boldsymbol{v} \tag{2.6.2f}$$

(2.6.2c)式中的角 θ 如图 2.1 所示，该图表示初始速度为 $\boldsymbol{u}$ 的分子射束入射，点 O 为力心。另外，令

$$g'=|\boldsymbol{w}'-\boldsymbol{v}'|,\qquad \boldsymbol{g}'=\boldsymbol{w}'-\boldsymbol{v}' \tag{2.6.3}$$

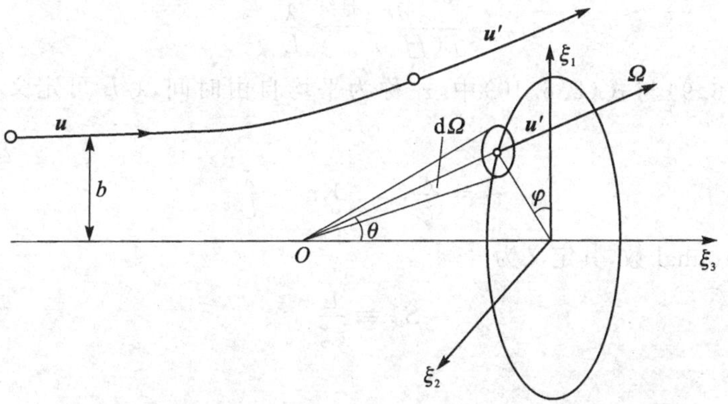

图 2.1 碰撞参数 b 以及散射角 θ、φ 和立体角 $\mathrm{d}\Omega$ 的示意图

则 $\boldsymbol{\Omega}$ 表示沿 $\boldsymbol{g}'$ 方向的单位矢量，即

$$\boldsymbol{\Omega} = \frac{\boldsymbol{g}'}{g'} \tag{2.6.4}$$

而围绕 Ω 的立体角 $\mathrm{d}\boldsymbol{\Omega}$ 与两个散射角 θ、φ 之间的关系式为

$$\mathrm{d}\boldsymbol{\Omega} \equiv \sin\theta \mathrm{d}\theta \mathrm{d}\varphi \tag{2.6.5}$$

另外，σ、$\boldsymbol{\Omega}$、φ 与碰撞参数 b 之间的关系式为

$$\sigma \mathrm{d}\boldsymbol{\Omega} \equiv b \mathrm{d}b \mathrm{d}\varphi \tag{2.6.6}$$

式中

$$\sigma = \sigma(g,\theta) \text{ 或者 } \sigma = \sigma(\boldsymbol{\Omega}) \tag{2.6.7}$$

2.6.1 Boltzmann 方程的无量纲化以及量级分析

令 λ 为气体分子的平均自由程，L 为空间的宏观特征长度，τ 为分布函数 f 变化的时间尺度，ζ 为分子平均运动的速率，d 为分子的直径，n 为分子的数密度。在暂时不考虑式(2.6.1b)中作用力项时，有

$$\frac{\partial f}{\partial t} \xrightarrow{\text{量级}} \tau^{-1} f \tag{2.6.8a}$$

$$\boldsymbol{v} \cdot \frac{\partial f}{\partial \boldsymbol{r}} \xrightarrow{\text{量级}} \zeta L^{-1} f \tag{2.6.8b}$$

$$J(ff_1) \xrightarrow{\text{量级}} n\zeta \mathrm{d}^2 f \xrightarrow{\text{量级}} \zeta\lambda^{-1} f \tag{2.6.8c}$$

由(2.6.8a)式与(2.6.8c)式，得

$$\frac{\dfrac{\partial f}{\partial t}}{J(ff_1)} \xrightarrow{\text{量级}} \frac{\tau_{\mathrm{f}}}{\tau} \tag{2.6.9}$$

由(2.6.8b)式与(2.6.8c)式，得

$$\frac{\boldsymbol{v} \cdot \dfrac{\partial f}{\partial \boldsymbol{r}}}{J(ff_1)} \xrightarrow{\text{量级}} \frac{\lambda}{L} \tag{2.6.10}$$

在式(2.6.9)与式(2.6.10)中，τ_{f} 称为平均自由时间，λ/L 可定义为 Knudsen 数，即

$$\tau_{\mathrm{f}} = \frac{\lambda}{\zeta}, \qquad \mathrm{Kn} = \frac{\lambda}{L} \tag{2.6.11}$$

引进 Strouhal 数，其定义为[7]

$$S_{\mathrm{tr}} \equiv \frac{L}{\tau\zeta} \tag{2.6.12}$$

于是有

$$\frac{\tau_{\mathrm{f}}}{\tau} = \mathrm{Kn} \cdot S_{\mathrm{tr}} \tag{2.6.13}$$

在省略了作用力项后，无量纲的 Boltzmann 方程为

$$S_{tr}\frac{\partial f}{\partial t}+\boldsymbol{v}\cdot\frac{\partial f}{\partial \boldsymbol{r}}=\frac{1}{\mathrm{Kn}}\iint[f'f_1'-ff_1]g\sigma\mathrm{d}\boldsymbol{\Omega}\mathrm{d}\boldsymbol{v}_1 \tag{2.6.14}$$

注意到 Kn 的变化范围为 $0\sim\infty$，显然当 Kn 很大时，则 $J(ff_1)$ 项可以忽略，这时有量纲的 Boltzmann 方程变为

$$\frac{\partial f}{\partial t}+\boldsymbol{v}\cdot\frac{\partial f}{\partial \boldsymbol{r}}+\frac{\boldsymbol{F}}{m}\cdot\frac{\partial f}{\partial \boldsymbol{v}}=0 \tag{2.6.15}$$

这就是自由分子流的 Boltzmann 方程。而当 $\mathrm{Kn}\to 0$ 时，气体分子间的相互碰撞起着主要作用，这时就应该用流体力学的基本方程[8],[10]去描述这种情况下气体的运动。

2.6.2　Chapman - Enskog 的逐级逼近解法

由前面的分析可知，Boltzmann 方程左边项与右边碰撞积分项之比在数量上与 Kn 数的量级密切相关，因此当 Kn 很小时，如果用 ε 表示 Kn 数，这样无量纲的 Boltzmann 方程（在取 $S_{tr}=1$ 时）可写为

$$\Theta f=\frac{1}{\varepsilon}J(ff_1) \tag{2.6.16}$$

式中：Θf 的含义同(2.6.2a)式。于是，可令

$$f=f^{(0)}+\varepsilon f^{(1)}+\varepsilon^2 f^{(2)}+\cdots=\sum_{r=0}^{\infty}(\varepsilon^r f^{(r)}) \tag{2.6.17}$$

显然，这里对 f 的求解便可以用摄动理论去完成。对于任意一个宏观物理量 $\widetilde{\Phi}$，便可写为

$$\widetilde{\Phi}=\widetilde{\Phi}^{(0)}+\varepsilon\widetilde{\Phi}^{(1)}+\varepsilon^2\widetilde{\Phi}^{(2)}+\cdots=\sum_{r=0}^{\infty}(\varepsilon^r\widetilde{\Phi}^{(r)}) \tag{2.6.18}$$

Chapman - Enskog 方法的一个显著特点是假设分布函数 f 只是 r、$\boldsymbol{v}$、$\boldsymbol{V}$、ρ、T 的函数，即中不再显含时间 t，而是通过 ρ、$\boldsymbol{V}$、T 与 t 发生关系（这里 ρ、$\boldsymbol{V}$、T 为宏观流体的密度、速度与温度）。也就是说

$$f(\boldsymbol{r},\boldsymbol{v},t)\to f(\boldsymbol{r},\boldsymbol{v};\rho,\boldsymbol{V},T) \tag{2.6.19}$$

因此有

$$\frac{\partial f}{\partial t}=\frac{\partial f}{\partial \rho}\frac{\partial \rho}{\partial t}+\frac{\partial f}{\partial \boldsymbol{V}}\cdot\frac{\partial \boldsymbol{V}}{\partial t}+\frac{\partial f}{\partial T}\frac{\partial T}{\partial t} \tag{2.6.20}$$

如果将(2.6.17)式代入到(2.6.16)式后，得

$$\begin{aligned}&(\Theta f)^{(0)}+\varepsilon(\Theta f)^{(1)}+\varepsilon^2(\Theta f)^{(2)}+\cdots=\\&\frac{1}{\varepsilon}\{J(f^{(0)}f_1^{(0)})+\varepsilon[J(f^{(0)}f_1^{(1)})+J(f^{(1)}f_1^{(0)})]+\\&\varepsilon^2[J(f^{(0)}f_1^{(2)})+J(f^{(1)}f_1^{(1)})+J(f^{(2)}f_1^{(0)})]+\cdots\}\end{aligned} \tag{2.6.21a}$$

即

$$\sum_{r=0}^{\infty}[\varepsilon^r(\Theta f)^{(r)}]=\frac{1}{\varepsilon}\sum_{r=0}^{\infty}[\varepsilon^r(J(ff_1))^{(r)}] \tag{2.6.21b}$$

式中

$$(\Theta f)^{(r)} \equiv \frac{\partial_r f^{(0)}}{\partial t} + \cdots + \frac{\partial_0 f^{(r)}}{\partial t} + \boldsymbol{v} \cdot \frac{\partial f^{(r)}}{\partial \boldsymbol{r}} + \frac{\boldsymbol{F}}{m} \cdot \frac{\partial f^{(r)}}{\partial \boldsymbol{v}} \tag{2.6.22a}$$

$$(J(ff_1))^{(r)} \equiv J(f^{(0)} f_1^{(r)}) + J(f^{(1)} f_1^{(r-1)}) + \cdots + J(f^{(r-1)} f_1^{(1)}) + J(f^{(r)} f_1^{(0)}) \tag{2.6.22b}$$

注意这里对于时间的导数，利用了以下关系式，即

$$\frac{\partial}{\partial t} = \sum_{r=0}^{\infty} \left(\varepsilon^r \frac{\partial_r}{\partial t} \right) \tag{2.6.22c}$$

关于符号$\frac{\partial_r}{\partial t}$的定义式将在下文的式(2.6.43)给出；在式(2.6.22)中，$r=1,2,\cdots$；注意到式(2.6.21)中 ε 的同次幂项应相等，于是有

$$J(f^{(0)} f_1^{(0)}) = 0 \tag{2.6.23a}$$

$$(J(ff_1))^{(r)} = (\Theta f)^{(r-1)}, \quad (r = 1,2,\cdots) \tag{2.6.23b}$$

对于式(2.6.23b)又可以整理为

$$J(f^{(0)} f_1^{(r)}) + J(f^{(r)} f_1^{(0)}) = (\Theta f)^{(r-1)} - J(f^{(1)} f_1^{(r-1)}) - J(f^{(2)} f_1^{(r-2)}) - \cdots - J(f^{(r-2)} f_1^{(2)}) - J(f^{(r-1)} f_1^{(1)}) \tag{2.6.24}$$

式中：$r=1,2,\cdots$。

显然式(2.6.24)是关于未知函数 $f^{(r)}$ 的方程，在采用逐次逼近解法的过程中，在求解 r 次逼近（即解关于 $f^{(r)}$ 的方程时），$f^{(0)}$、$f^{(1)}$、$f^{(2)}$、$\cdots$、$f^{(r-1)}$ 认为已经求得。因此在求解式(2.6.24)时，方程的右端项是已知的。为了由式(2.6.24)求 $f^{(r)}$，通常采用 $f^{(r)}=f^{(0)}\varphi^{(r)}$ 的假设，将此 $f^{(r)}$ 代入到式(2.6.24)的左边，得

$$J(f^{(0)} f_1^{(r)}) + J(f^{(r)} f_1^{(0)}) = -\iint f^{(0)} f_1^{(0)} [\phi^{(r)} + \phi_1^{(r)} - \phi^{(r)'} - \phi_1{}^{(r)'}] g\sigma \, \mathrm{d}\boldsymbol{\Omega} \mathrm{d}\boldsymbol{v}_1 \tag{2.6.25}$$

今引进一个新的算符 L，并令 F 为一任意函数，则有

$$L(F) \equiv \frac{1}{n^2} \iint f^{(0)} f_1^{(0)} (F + F_1 - F' - F_1') g\sigma \, \mathrm{d}\boldsymbol{\Omega} \mathrm{d}\boldsymbol{v}_1 \tag{2.6.26}$$

这里 $L(F)$ 与 F 呈线性关系。在式(2.6.26)中 $f^{(0)}$ 与 $f_1^{(0)}$ 的含义同式(2.6.25)。借助于式(2.6.26)，则式(2.6.25)便可写为

$$J(f^{(0)} f_1^{(r)}) + J(f^{(r)} f_1^{(0)}) = -n^2 L(\phi^{(r)}) \tag{2.6.27}$$

又由式(2.6.24)，得

$$-n^2 L(\phi^{(r)}) = (\Theta f)^{(r-1)} - J(f^{(1)} f_1^{(r-1)}) - J(f^{(2)} f_1^{(r-2)}) - \cdots - J(f^{(r-2)} f_1^{(2)}) - J(f^{(r-1)} f_1^{(1)}) \tag{2.6.28}$$

令 $F(\boldsymbol{v})$ 与 $G(\boldsymbol{v})$ 为关于 $\boldsymbol{v}$ 的一任意函数，今引入双线性括号积分 $[F,G]$，其定义式为

$$[F,G] \equiv \frac{1}{4n^2} \iiint f^{(0)} f_1^{(0)} (F(\boldsymbol{v}) + F_1(\boldsymbol{v}_1) - F(\boldsymbol{v}') - F_1(\boldsymbol{v}'_1))$$

$$(G(\boldsymbol{v})+G_1(\boldsymbol{v}_1)-G(\boldsymbol{v}')-G_1(\boldsymbol{v}_1'))g\sigma\mathrm{d}\boldsymbol{\Omega}\mathrm{d}\boldsymbol{v}_1\mathrm{d}\boldsymbol{v} \tag{2.6.29a}$$

如果令

$$F\equiv F(\boldsymbol{v}),\qquad F_1\equiv F(\boldsymbol{v}_1) \tag{2.6.30a}$$

$$F'\equiv F(\boldsymbol{v}'),\qquad F'_1\equiv F(\boldsymbol{v}_1') \tag{2.6.30b}$$

$$G\equiv G(\boldsymbol{v}),\qquad G_1\equiv G(\boldsymbol{v}_1) \tag{2.6.30c}$$

$$G'\equiv G(\boldsymbol{v}'),\qquad G'_1\equiv G(v_1') \tag{2.6.30d}$$

于是式(2.6.29)可简写为

$$[F,G]\equiv\frac{1}{4n^2}\iiint f^{(0)}f_1^{(0)}(F+F_1-F'-F_1')(G+G_1-G'-G_1')g\sigma\mathrm{d}\boldsymbol{\Omega}\mathrm{d}\boldsymbol{v}_1\mathrm{d}\boldsymbol{v} \tag{2.6.29b}$$

很显然双线性括号积分是对称的，即

$$[F,G]=[G,F] \tag{2.6.31}$$

而且当 $G=F$ 时，则有

$$[F,F]\geqslant 0 \tag{2.6.32}$$

仅当 F 为守恒量时，则有

$$[F,F]=0 \tag{2.6.33}$$

这里三个守恒量为质量 m、动量 $m\boldsymbol{v}$ 与能量 $\frac{1}{2}m\boldsymbol{v}\cdot\boldsymbol{v}$。引入关于 F 的 Fredholm 第 2 类积分方程[29]，即

$$k_0(\boldsymbol{v})F(\boldsymbol{v})+\int k(\boldsymbol{v},\boldsymbol{v}_1)F(\boldsymbol{v}_1)\mathrm{d}\boldsymbol{v}_1=\tilde{h}(\boldsymbol{r},\boldsymbol{v},t) \tag{2.6.34}$$

这里非齐次项 $\tilde{h}$ 为已知函数。由积分方程理论，方程式(2.6.34)有解的充要条件为

$$\int\boldsymbol{\psi}\tilde{h}(\boldsymbol{r},\boldsymbol{v},t)\mathrm{d}\boldsymbol{v}=0 \tag{2.6.35}$$

这里 $\boldsymbol{\psi}$ 的分量就是式(2.6.34)所对应的齐次方程的解(即 $\tilde{h}=0$ 时方程(2.6.34)式的解)。由式(2.6.34)与式(2.6.35)的基本思想，于是在采用 $f^{(r)}=f^{(0)}\phi^{(r)}$ 的假设下，积分方程式(2.6.24)有解的充要条件为下式成立，即

$$\int\psi_i\{(\Theta f)^{(r-1)}-J(f^{(1)}f_1^{(r-1)})-\cdots-J(f^{(r-1)}f_1^{(1)})\}\mathrm{d}\boldsymbol{v}=0 \tag{2.6.36}$$

式中：$i=1\sim3$，于是当 ψ_1、ψ_2 与 ψ_3 分别为 m、$m\boldsymbol{v}$ 与 $\frac{1}{2}m\boldsymbol{v}\cdot\boldsymbol{v}$ 时使式(2.6.36)成立。容易证明：使式(2.6.36)成立等价于使

$$\int\psi_i(\Theta f)^{(r-1)}\mathrm{d}\boldsymbol{v}=0 \tag{2.6.37}$$

成立。式中 $(\Theta f)^{(r-1)}$ 的定义类似于式(2.6.22*a*)，即

$$(\Theta f)^{(r-1)}\equiv\frac{\partial_{r-1}f^{(0)}}{\partial t}+\frac{\partial_{r-2}f^{(1)}}{\partial t}\cdots+\frac{\partial_0 f^{(r-1)}}{\partial t}+\boldsymbol{v}\cdot\frac{\partial f^{(r-1)}}{\partial\boldsymbol{r}}+\frac{\boldsymbol{F}}{m}\cdot\frac{\partial f^{(r-1)}}{\partial\boldsymbol{v}} \tag{2.6.38}$$

式中：$r=1,2,\cdots$；注意到如果 ψ_i 为守恒量，ψ_i 的统计平均值满足方程

$$\frac{\partial(n\overline{\psi_i})}{\partial t}+\frac{\partial}{\partial \boldsymbol{r}}\cdot(n\overline{\boldsymbol{v}\,\psi_i})-n\frac{\boldsymbol{F}}{m}\cdot\overline{\frac{\partial\psi_i}{\partial \boldsymbol{v}}}=0 \tag{2.6.39}$$

借助于式(2.6.39)的基本思想，则式(2.6.37)可以变成

$$\frac{\partial_{r-1}(n\overline{\psi_i^{(0)}})}{\partial t}+\cdots+\frac{\partial_0(n\overline{\psi_i^{(r-1)}})}{\partial t}+\frac{\partial}{\partial \boldsymbol{r}}\cdot(n\overline{\boldsymbol{v}\,\psi_i^{(r-1)}})-n\frac{\boldsymbol{F}}{m}\cdot\overline{\frac{\partial\psi_i^{(r-1)}}{\partial \boldsymbol{v}}}=0 \tag{2.6.40}$$

式中：$r=1,2,\cdots$。在式(2.6.40)中，任意一个物理量 B 的 $\overline{B^{(r)}}$ 定义为

$$\overline{B^{(r)}}\equiv\frac{1}{n}\int Bf^{(r)}\mathrm{d}\boldsymbol{v} \tag{2.6.41}$$

注意到

$$n=\int f\mathrm{d}\boldsymbol{v} \tag{2.6.42a}$$

$$\rho\boldsymbol{V}=\int m\boldsymbol{v}f\mathrm{d}\boldsymbol{v} \tag{2.6.42b}$$

$$\frac{3}{2}nk_{\mathrm{B}}T=\int\frac{1}{2}m(\boldsymbol{v}-\boldsymbol{V})\cdot(\boldsymbol{v}-\boldsymbol{V})\mathrm{d}\boldsymbol{v} \tag{2.6.42c}$$

$$\int\psi_i f^{(r)}\mathrm{d}\boldsymbol{v}=0 \tag{2.6.42d}$$

式中：k_{B} 为 Boltzmann 常数。借助于式(2.6.42)，则由(2.6.40)式可得到如下一系列方程，即

$$\frac{\partial_0\rho}{\partial t}+\frac{\partial}{\partial \boldsymbol{r}}\cdot(\rho\boldsymbol{V})=0 \tag{2.6.43a}$$

$$\frac{\partial_r\rho}{\partial t}=0,\quad (r>0) \tag{2.6.43b}$$

$$\frac{\partial_0\boldsymbol{V}}{\partial t}+\left(\boldsymbol{V}\cdot\frac{\partial}{\partial \boldsymbol{r}}\right)\boldsymbol{V}+\frac{1}{\rho}\frac{\partial}{\partial \boldsymbol{r}}\cdot\boldsymbol{P}^{(0)}=\frac{\boldsymbol{F}}{m} \tag{2.6.43c}$$

$$\frac{\partial_r\boldsymbol{V}}{\partial t}=-\frac{1}{\rho}\frac{\partial}{\partial \boldsymbol{r}}\cdot\boldsymbol{P}^{(r)},\quad (r>0) \tag{2.6.43d}$$

$$\frac{\partial_0 T}{\partial t}=-\boldsymbol{V}\cdot\frac{\partial T}{\partial r}-\frac{2}{3k_{\mathrm{B}}n}\left\{\boldsymbol{P}^{(0)}:\frac{\partial\boldsymbol{V}}{\partial \boldsymbol{r}}+\frac{\partial}{\partial \boldsymbol{r}}\cdot\boldsymbol{q}^{(0)}\right\}=0 \tag{2.6.43e}$$

$$\frac{\partial_r T}{\partial t}=-\frac{2}{3k_{\mathrm{B}}n}\left\{\boldsymbol{P}^{(r)}:\frac{\partial\boldsymbol{V}}{\partial \boldsymbol{r}}+\frac{\partial}{\partial \boldsymbol{r}}\cdot\boldsymbol{q}^{(r)}\right\}=0 \tag{2.6.43f}$$

式(2.6.43)可以认为是 $\dfrac{\partial_r}{\partial t}$ 的定义式。在式(2.6.43)中，二阶张量 $\boldsymbol{P}^{(r)}$ 与一阶矢量 $\boldsymbol{q}^{(r)}$ 的定义为

$$\boldsymbol{P}^{(r)}\equiv\int m(\boldsymbol{v}-\boldsymbol{V})(\boldsymbol{v}-\boldsymbol{V})f^{(r)}\mathrm{d}\boldsymbol{v} \tag{2.6.44}$$

$$\boldsymbol{q}^{(r)}\equiv\int\frac{1}{2}m(\boldsymbol{v}-\boldsymbol{V})\cdot(\boldsymbol{v}-\boldsymbol{V})(\boldsymbol{v}-\boldsymbol{V})f^{(r)}\mathrm{d}\boldsymbol{v} \tag{2.6.45}$$

借助于式(2.6.22c)，便可合并式(2.6.43)中的一些项，最后可得到

$$\frac{\mathrm{d}\rho}{\mathrm{d}t}=-\rho\frac{\partial}{\partial\boldsymbol{r}}\cdot\boldsymbol{V}\tag{2.6.46}$$

$$\rho\frac{\mathrm{d}\boldsymbol{V}}{\mathrm{d}t}=\rho\frac{\boldsymbol{F}}{m}-\sum_{r=0}^{\infty}\left(\varepsilon^{r}\frac{\partial}{\partial\boldsymbol{r}}\cdot\boldsymbol{P}^{(r)}\right)\tag{2.6.47a}$$

或者

$$\rho\frac{\mathrm{d}\boldsymbol{V}}{\mathrm{d}t}=\rho\frac{\boldsymbol{F}}{m}-\frac{\partial}{\partial\boldsymbol{r}}\cdot\boldsymbol{P}=\rho\boldsymbol{X}-\frac{\partial}{\partial\boldsymbol{r}}\cdot\boldsymbol{P}\tag{2.6.47b}$$

$$\rho\frac{\mathrm{d}e}{\mathrm{d}t}=-\left\{\sum_{r=0}^{\infty}\left(\varepsilon^{r}\frac{\partial}{\partial\boldsymbol{r}}\cdot\boldsymbol{q}^{(r)}\right)+\sum_{r=0}^{\infty}\left[(\varepsilon^{r}\boldsymbol{P}^{(r)}):\frac{\partial\boldsymbol{V}}{\partial\boldsymbol{r}}\right]\right\}\tag{2.6.48a}$$

或者

$$\rho\frac{\mathrm{d}e}{\mathrm{d}t}=-\frac{\partial}{\partial\boldsymbol{r}}\cdot\boldsymbol{q}-\boldsymbol{P}:\frac{\partial\boldsymbol{V}}{\partial\boldsymbol{r}}\tag{2.6.48b}$$

或者

$$\frac{\partial T}{\partial t}+\boldsymbol{V}\cdot\frac{\partial T}{\partial\boldsymbol{r}}+\frac{2}{3nk_B}\left\{\frac{\partial}{\partial\boldsymbol{r}}\cdot\boldsymbol{q}+\boldsymbol{P}:\frac{\partial\boldsymbol{V}}{\partial\boldsymbol{r}}\right\}=0\tag{2.6.48c}$$

在上述式中，有

$$\frac{\mathrm{d}}{\mathrm{d}t}\equiv\frac{\partial}{\partial t}+\boldsymbol{V}\cdot\frac{\partial}{\partial\boldsymbol{r}}\tag{2.6.49}$$

$$\boldsymbol{P}=\sum_{r=0}^{\infty}(\varepsilon^{r}\boldsymbol{P}^{(r)}),\qquad\boldsymbol{q}=\sum_{r=0}^{\infty}(\varepsilon^{r}\boldsymbol{q}^{(r)})\tag{2.6.50}$$

$$e=c_vT=\frac{3k_BT}{2m}\tag{2.6.51}$$

$$\rho=nm\tag{2.6.52}$$

式中：n 与 m 分别代表分子密度与分子质量；$\boldsymbol{P}$ 称为协强张量，它与流体力学书[7~10]中常用的应力张量仅差一个负号；$\boldsymbol{P}$ 是个二阶张量；$\boldsymbol{q}$ 称为热流矢量，是一个一阶张量，即矢量。

如果假设

$$f=f^{(0)}+\varepsilon f^{(1)}+\varepsilon^{2}f^{(2)}+\cdots+\varepsilon^{N}f^{(N)}\tag{2.6.53}$$

这里仅取到 ε^N 项或称 f 取到 N 级近似，于是有

$$\frac{\mathrm{d}\rho}{\mathrm{d}t}=-\rho\frac{\partial}{\partial\boldsymbol{r}}\cdot\boldsymbol{V}\tag{2.6.54a}$$

$$\rho\frac{\mathrm{d}\boldsymbol{V}}{\mathrm{d}t}=\rho\boldsymbol{X}-\sum_{r=0}^{N}\left(\varepsilon^{r}\frac{\partial}{\partial\boldsymbol{r}}\cdot\boldsymbol{P}^{(r)}\right)\tag{2.6.54b}$$

$$\rho\frac{\mathrm{d}e}{\mathrm{d}t}=-\left\{\sum_{r=0}^{N}\left(\varepsilon^{r}\frac{\partial}{\partial\boldsymbol{r}}\cdot\boldsymbol{q}^{(r)}\right)+\sum_{r=0}^{N}\left[(\varepsilon^{r}\boldsymbol{P}^{(r)}):\frac{\partial\boldsymbol{V}}{\partial\boldsymbol{r}}\right]\right\}\tag{2.6.54c}$$

2.6.3　分布函数的零级近似解

如果取 $f=f^{(0)}$ 则得到零级近似解。这里 $f^{(0)}$ 满足式(2.6.23a)，即

$$f^{(0)} = n\left(\frac{m}{2\pi k_B T}\right)^{\frac{3}{2}} \exp\left(-\frac{m(\boldsymbol{v}-\boldsymbol{V})\cdot(\boldsymbol{v}-\boldsymbol{V})}{2k_B T}\right) \tag{2.6.55}$$

式中：$f^{(0)}$ 就是著名的 Maxwell-Boltzmann 分布。此时 $\boldsymbol{P}^{(0)}$ 与 $\boldsymbol{q}^{(0)}$ 分别为

$$\boldsymbol{P}^{(0)} = p\boldsymbol{I}, \qquad \boldsymbol{q}^{(0)} = 0 \tag{2.6.56}$$

取 $N=0$，则由式(2.6.54)，得

$$\frac{\mathrm{d}\rho}{\mathrm{d}t} = -\rho\frac{\partial}{\partial \boldsymbol{r}}\cdot\boldsymbol{V} \tag{2.6.57}$$

$$\rho\frac{\mathrm{d}V}{\mathrm{d}t} = \rho\boldsymbol{X} - \frac{\partial p}{\partial \boldsymbol{r}} \tag{2.6.58}$$

$$\frac{\mathrm{d}}{\mathrm{d}t}(\rho T^{-\frac{3}{2}}) = 0 \tag{2.6.59a}$$

或者

$$\frac{\mathrm{d}e}{\mathrm{d}t} + p\,\nabla\cdot\boldsymbol{V} = 0 \tag{2.6.59b}$$

或

$$\frac{\mathrm{d}T}{\mathrm{d}t} + \frac{2}{3}T\,\nabla\cdot\boldsymbol{V} = 0 \tag{2.6.59c}$$

显然式(2.6.57)～式(2.6.59)便是流体力学书中常称的 Euler 方程组[7]。

2.6.4 分布函数的一级近似解

所谓分布函数的一级近似就是取 $f=f^{(0)}+f^{(1)}$。必须要说明的是，式中用 $f^{(1)}$ 代表了在第 2.6.2 节中的 $\varepsilon f^{(1)}$；当时引入 ε 是为了明确各函数项的量级，并依据量级分析求得各量级量所满足的方程。显然在各量级量关系已清楚之后就不必标出 ε、ε^2、…。下文中，在不会引起混淆时就不再写出 ε、ε^2、…等符号。

由于 $f^{(0)}$ 已由式(2.6.55)得到，而 $f^{(1)}$ 所满足的方程可由式(2.6.24)中令 $r=1$ 时获得，即

$$J(f^{(0)}f_1^{(1)}) + J(f^{(1)}f_1^{(0)}) = (\Theta f)^{(0)} \tag{2.6.60}$$

令 $f^{(1)}=f^{(0)}\phi^{(1)}$ 代入到(2.6.60)式，得

$$-n^2L(\phi^{(1)}) = (\Theta f)^{(0)} \tag{2.6.61}$$

式中的算子 $L(*)$ 其定义同式(2.6.26)。仿照第 2.6.2 节所述的办法可以得到满足式(2.6.61)的 $\phi^{(1)}$ 为

$$\phi^{(1)} = -\frac{1}{n}a(U)\boldsymbol{U}\cdot\frac{\partial\ln T}{\partial\boldsymbol{r}} - \frac{2}{n}B(U)\left(\boldsymbol{U}\boldsymbol{U}-\frac{1}{3}\hat{U}^2\boldsymbol{I}\right):\frac{\partial\boldsymbol{V}}{\partial\boldsymbol{r}} \tag{2.6.62}$$

式中

$$\boldsymbol{U}\equiv\boldsymbol{v}-\boldsymbol{V},\quad U\equiv|\boldsymbol{U}| \tag{2.6.63a}$$

$$\hat{\boldsymbol{U}}\equiv\left(\frac{m}{2k_BT}\right)^{\frac{1}{2}}\boldsymbol{U},\quad \hat{U}\equiv|\hat{\boldsymbol{U}}| \tag{2.6.63b}$$

在式(2.6.62)中,$a(U)$与$B(U)$服从如下关系式

$$\boldsymbol{a}=a(U)\boldsymbol{U},\quad \boldsymbol{B}=B(U)\left(\hat{\boldsymbol{U}}\hat{\boldsymbol{U}}-\frac{1}{3}\hat{U}^2\boldsymbol{I}\right) \tag{2.6.64}$$

式中:$\boldsymbol{a}$为矢量,$\boldsymbol{B}$为二阶张量,它们又满足如下的方程

$$nL(\boldsymbol{a})=f^{(0)}\left(\hat{U}^2-\frac{5}{2}\right)\boldsymbol{U} \tag{2.6.65a}$$

$$nL(\boldsymbol{B})=f^{(0)}\left(\hat{\boldsymbol{U}}\hat{\boldsymbol{U}}-\frac{1}{3}\hat{U}^2\boldsymbol{I}\right) \tag{2.6.65b}$$

另外,需要附加的条件式(2.6.42f),可变成为

$$\int f^{(0)}a(U)U^2\,\mathrm{d}\boldsymbol{v}=0 \tag{2.6.66}$$

在一级近似中,胁强张量为

$$\boldsymbol{P}=\boldsymbol{P}^{(0)}+\boldsymbol{P}^{(1)}=p\boldsymbol{I}-2\eta\boldsymbol{S} \tag{2.6.67}$$

式中:η为粘性系数,$\boldsymbol{I}$为单位张量;$\boldsymbol{S}$为切变率张量,它是二阶张量,表达式为

$$\boldsymbol{S}=\frac{1}{2}\left(\frac{\partial\boldsymbol{V}}{\partial\boldsymbol{r}}+\left(\frac{\partial\boldsymbol{V}}{\partial\boldsymbol{r}}\right)^T\right)-\frac{1}{3}\left(\frac{\partial}{\partial\boldsymbol{r}}\cdot\boldsymbol{V}\right)\boldsymbol{I} \tag{2.6.68}$$

在一级近似中,热流矢量为

$$\boldsymbol{q}=\boldsymbol{q}^{(0)}+\boldsymbol{q}^{(1)}=-\lambda\frac{\partial T}{\partial\boldsymbol{r}} \tag{2.6.69}$$

式中:λ为热传导系数。

如果设$f=f^{(0)}+f^{(1)}$并将上面求得的$\boldsymbol{P}^{(0)}$、$\boldsymbol{P}^{(1)}$,$\boldsymbol{q}^{(0)}$与$\boldsymbol{q}^{(1)}$代入到方程组(2.6.54)中,得

$$\frac{\mathrm{d}\rho}{\mathrm{d}t}=-\rho\frac{\partial}{\partial\boldsymbol{r}}\cdot\boldsymbol{V} \tag{2.6.70a}$$

$$\rho\frac{\mathrm{d}\boldsymbol{V}}{\mathrm{d}t}=\rho\boldsymbol{X}-\frac{\partial p}{\partial\boldsymbol{r}}+2\eta\frac{\partial}{\partial\boldsymbol{r}}\cdot\boldsymbol{S} \tag{2.6.70b}$$

$$\rho\frac{\mathrm{d}T}{\mathrm{d}t}=-\frac{2m}{3k_B}\left[-\frac{\partial}{\partial\boldsymbol{r}}\cdot\left(\lambda\frac{\partial T}{\partial\boldsymbol{r}}\right)+p\frac{\partial}{\partial\boldsymbol{r}}\cdot\boldsymbol{V}-2\eta\boldsymbol{S}:\frac{\partial\boldsymbol{V}}{\partial\boldsymbol{r}}\right] \tag{2.6.70c}$$

式中:$\boldsymbol{X}$为单位质量上作用的外力。式(2.6.70)就是流体力学书[30,31,10]中常用的著名 Navier-Stokes 方程组。

2.6.5 分布函数的二级近似解

分布函数的二级近似,即令$f=f^{(0)}+f^{(1)}+f^{(2)}$,显然在这种情况下$f^{(0)}$与$f^{(1)}$是已知的,未知的是$f^{(2)}$,而$f^{(2)}$所满足的方程为

$$J(f^{(2)}f_1^{(0)})+J(f^{(0)}f_1^{(2)})=(\Theta f)^{(1)}-J(f^{(1)}f_1^{(1)}) \tag{2.6.71}$$

如果假设

$$f^{(2)}=f^{(0)}\phi^{(2)} \tag{2.6.72}$$

于是关于$\phi^{(2)}$的非齐次积分方程为

$$-n^2 L(\phi^{(2)}) = (\Theta f)^{(1)} - J(f^{(1)} f_1^{(1)}) \tag{2.6.73}$$

注意到 $f^{(1)} = f^{(0)}\phi^{(1)}$ 并且 $\phi^{(1)}$ 已由式(2.6.62)给出。但必须指出的是，在式(2.6.62)中 $a(U)$ 和 $B(U)$ 不能求得精确解。在一级近似解下，可以求得这时的 $a(U)$ 和 $B(U)$ 分别为

$$a(U) = -\frac{3\eta}{2k_B T}\left(\frac{5}{2} - \hat{U}^2\right) \tag{2.6.74a}$$

$$B(U) = \frac{\eta}{k_B T} \tag{2.6.74b}$$

于是 $f^{(1)}$ 可表示为

$$f^{(1)} = \tilde{a}(U)\boldsymbol{U}\cdot\frac{\partial T}{\partial \boldsymbol{r}} + \tilde{B}(U)\left(\boldsymbol{UU} - \frac{1}{3}\hat{U}^2\boldsymbol{I}\right):\frac{\partial \boldsymbol{V}}{\partial \boldsymbol{r}} \tag{2.6.75}$$

式中

$$\tilde{a}(U) = \left(\frac{m}{2\pi k_B T}\right)^{\frac{3}{2}} \frac{3\eta}{2k_B T^2}\left(\frac{5}{2} - \hat{U}^2\right)\exp(-\hat{U}^2) \tag{2.6.76a}$$

$$\tilde{B}(U) = -\left(\frac{m}{2\pi k_B T}\right)^{\frac{3}{2}} \frac{m\eta}{k_B^2 T^2}\exp(-\hat{U}^2) \tag{2.6.76b}$$

对于 $\boldsymbol{P}^{(2)}$ 和 $\boldsymbol{q}^{(2)}$ 的计算，可类似 $\boldsymbol{P}^{(1)}$ 和 $\boldsymbol{q}^{(1)}$ 的求法，得

$$\boldsymbol{P}^{(2)} = \int m\boldsymbol{UU}f^{(2)}\,\mathrm{d}\boldsymbol{v} = 2p\int \boldsymbol{B}L(\phi^{(2)})\,\mathrm{d}\boldsymbol{v} \tag{2.6.77}$$

$$\boldsymbol{q}^{(2)} = \int \frac{1}{2}mU^2\boldsymbol{U}f^{(2)}\,\mathrm{d}\boldsymbol{v} \tag{2.6.78}$$

关于 $\boldsymbol{P}^{(2)}$ 与 $\boldsymbol{q}^{(2)}$ 的详细表达式，这里因篇幅所限不再给出。此外，$f^{(2)}$ 还应满足附加条件

$$\int \boldsymbol{\psi} f^{(2)}\,\mathrm{d}\boldsymbol{v} = 0 \tag{2.6.79}$$

这里 $\boldsymbol{\psi}$ 的分量为分别为 1、$m\boldsymbol{v}$ 与 $\frac{1}{2}m(\boldsymbol{v}-\boldsymbol{V})\cdot(\boldsymbol{v}-\boldsymbol{V})$；注意到当 f 计算到二级近似时，有

$$\boldsymbol{P} = p\boldsymbol{I} - 2\eta\boldsymbol{S} + \boldsymbol{P}^{(2)} \tag{2.6.80}$$

$$\boldsymbol{q} = -\lambda\frac{\partial T}{\partial \boldsymbol{r}} + \boldsymbol{q}^{(2)} \tag{2.6.81}$$

于是相应的流体力学方程组为

$$\frac{\mathrm{d}\rho}{\mathrm{d}t} = -\rho\left(\frac{\partial}{\partial \boldsymbol{r}}\cdot\boldsymbol{V}\right) \tag{2.6.82a}$$

$$\rho\frac{\mathrm{d}\boldsymbol{V}}{\mathrm{d}t} = \rho\boldsymbol{X} - \frac{\partial}{\partial \boldsymbol{r}}\cdot\boldsymbol{P} \tag{2.6.82b}$$

$$\rho\frac{\mathrm{d}e}{\mathrm{d}t} = -\frac{\partial}{\partial \boldsymbol{r}}\cdot\boldsymbol{q} + \boldsymbol{P}:\frac{\partial \boldsymbol{V}}{\partial \boldsymbol{r}} \tag{2.6.82c}$$

式(2.6.82)便是著名的 Burnett 方程组，是 D. Burnett 在 1935 年首先提出的。

另外，王承书先生和 G. E. Uhlenbeck 教授用 Chapman - Enskog 方法讨论了弱激波的宽度问题，他们还在 1952 年首次考虑了 $f^{(2)}$ 与 $f^{(3)}$ 的计算，得到了超 Burnett 方程而且做了实验去证实超 Burnett 方程对 Navier - Stokes 方程修正项的数量。

2.7　BGK 模型方程

在 Boltzmann 方程中，碰撞项是关于分布函数的非线性项，求解 Boltzmann 方程的难点最主要也是体现在对碰撞项的处理上。通常人们常用碰撞模型代替碰撞项，并将得到的方程称为模型方程。在模型方程中，以 1954 年 Bhatnagar、Gross 和 Krook 提出的 BGK 模型方程最为简单与常用，本节主要讨论这个方程。

2.7.1　碰撞模型应具备的主要性质

如果令 $Q(f)$代表一个简单的算子，欲用它代替 Boltzmann 方程的碰撞积分项 $\left(\frac{\partial f}{\partial t}\right)_{\text{coll}}$ 或者 $J(ff_1)$，那么 $Q(f)$必须具备以下两个性质：

(1) 令 ψ_i 代表碰撞守恒量(即碰撞前后质量守恒、动量守恒和能量守恒)，$J(ff_1)$ 的含义同式(2.6.2c)，于是应有

$$\int \psi_i J(ff_1)\mathrm{d}\boldsymbol{v} = 0, \quad (i = 1 \sim 5) \tag{2.7.1}$$

因此 $Q(f)$也应满足

$$\int \psi_i Q(f)\mathrm{d}\boldsymbol{v} = 0, \quad (i = 1 \sim 5) \tag{2.7.2}$$

(2) 引入 Boltzmann 总的 H 函数，其定义是

$$H = \iint f\ln f\mathrm{d}\boldsymbol{v}\mathrm{d}\boldsymbol{r} \tag{2.7.3}$$

于是

$$\frac{\mathrm{d}H}{\mathrm{d}t} = \iint \frac{\partial f}{\partial t}\ln f\mathrm{d}\boldsymbol{v}\mathrm{d}\boldsymbol{r} + \iint \frac{\partial f}{\partial t}\mathrm{d}\boldsymbol{r}\mathrm{d}\boldsymbol{v} \tag{2.7.4}$$

由于分子数是个常数，因此式(2.7.4)右边最后一项为零。借助于式(2.6.1b)，则式(2.7.4)变为

$$\frac{\mathrm{d}H}{\mathrm{d}t} = -\iint \boldsymbol{v}\cdot(\nabla f)\ln f\mathrm{d}\boldsymbol{r}\mathrm{d}\boldsymbol{v} - \iint \frac{\boldsymbol{F}}{m}\cdot(\nabla_{\boldsymbol{v}} f)\ln f\mathrm{d}\boldsymbol{v}\mathrm{d}\boldsymbol{r} + \iint J(ff_1)\ln f\mathrm{d}\boldsymbol{v}\mathrm{d}\boldsymbol{r} \tag{2.7.5}$$

假设系统是固定在壁面上的孤立系统，则容易证明式(2.7.5)右边第一项积分为零。如果假设 $\boldsymbol{F}$ 仅仅是 $\boldsymbol{r}$ 的函数，则易证明式(2.7.5)右边第二项积分也为零。因此，式(2.7.5)可变为

$$\frac{\mathrm{d}H}{\mathrm{d}t} = \iint J(ff_1)\ln f\mathrm{d}\boldsymbol{v}\mathrm{d}\boldsymbol{r} =$$

$$\frac{1}{4}\iiint[\ln(ff_1)-\ln(f'f'_1)](f'f'_1-ff_1)g\mathrm{d}\sigma(\boldsymbol{v},\boldsymbol{v}_1\to\boldsymbol{v}',\boldsymbol{v}'_1)\mathrm{d}\boldsymbol{v}_1\mathrm{d}\boldsymbol{v}\mathrm{d}\boldsymbol{r} \tag{2.7.6}$$

如果令

$$a\equiv f'f'_1,\quad b\equiv ff_1 \tag{2.7.7a}$$

则在式(2.7.6)右边的被积函数中含有

$$\beta=(a-b)(\ln b-\ln a) \tag{2.7.7b}$$

显然对任意两个正数 a 与 b，则总有

$$\beta\leqslant 0 \tag{2.7.8}$$

式中：a、b 与 β 分别由式(2.7.7a)、式(2.7.7b)与式(2.7.8)定义。借助于式(2.7.8)，则式(2.7.6)可写为

$$\frac{\mathrm{d}H}{\mathrm{d}t}\leqslant 0 \tag{2.7.9}$$

或者

$$\iint J(ff_1)\ln f\mathrm{d}\boldsymbol{v}\mathrm{d}\boldsymbol{r}\leqslant 0 \tag{2.7.10}$$

因此，前面所假设的 $Q(f)$ 也应满足如下关系式

$$\iint Q(f)\ln f\mathrm{d}\boldsymbol{v}\mathrm{d}\boldsymbol{r}\leqslant 0 \tag{2.7.11a}$$

或者

$$\int Q(f)\ln f\mathrm{d}\boldsymbol{v}\leqslant 0 \tag{2.7.11b}$$

2.7.2 BGK 方程及其基本性质

BGK 模型是这样构建碰撞积分项的，它认为碰撞的效应是使 f 趋于 Maxwell－Boltzmann 平衡态 $f^{(0)}$，并认为改变率的大小与$(f-f^{(0)})$成正比；如果令这个比例系数为 ν，并假定它是一个与分子速度 $\boldsymbol{v}$ 无关的常数，于是有

$$Q(f)=\nu[f^{(0)}(\boldsymbol{r},\boldsymbol{v})-f(\boldsymbol{r},\boldsymbol{v},t)] \tag{2.7.12}$$

因此，BGK 模型方程为

$$\frac{\partial f}{\partial t}+\boldsymbol{v}\cdot\frac{\partial f}{\partial \boldsymbol{r}}+\boldsymbol{X}\cdot\frac{\partial f}{\partial \boldsymbol{v}}=\nu(f^{(0)}-f) \tag{2.7.13}$$

式中：ν 为碰撞频率；而矢量 $\boldsymbol{X}$ 的定义式为

$$\boldsymbol{X}=\frac{\boldsymbol{F}}{m} \tag{2.7.14}$$

在式(2.7.13)中，$f^{(0)}$ 可以用局部平均速度 $\mathbf{V}$ 与局部温度 T 表达式(见(2.6.55))；注意这里 $\mathbf{V}$ 与 T 都是用分布函数的矩来定义的，即

$$\rho\mathbf{V}=\int m\boldsymbol{v}f\mathrm{d}\boldsymbol{v} \tag{2.7.15a}$$

$$\frac{3}{2}nk_{\mathrm{B}}T=\int\frac{1}{2}m(\boldsymbol{v}-\boldsymbol{V})\cdot(\boldsymbol{v}-\boldsymbol{V})\mathrm{d}\boldsymbol{v} \tag{2.7.15b}$$

$$n=\int f\mathrm{d}\boldsymbol{v} \tag{2.7.15c}$$

所以式(2.7.13)仍然是非线性微分-积分方程。这个方程在形式上看好像变成了线性方程，好像比 Boltzmann 方程简单得多，然而实际上并非如此，欲得到它的解析解仍然非常困难。令 $\psi_i(i=1\sim5)$代表 5 个碰撞守恒量，即 m、$m\boldsymbol{v}$ 的三个分量以及 $\frac{1}{2}mU^2$，这里 U 为

$$U\equiv|\boldsymbol{U}|,\quad \boldsymbol{U}\equiv\boldsymbol{v}-\boldsymbol{V} \tag{2.7.16}$$

于是借助于(2.7.15)式很容易验证下式成立

$$\int\psi_i Q(f)\mathrm{d}\boldsymbol{v}=0 \tag{2.7.17a}$$

或者

$$\int\psi_i f^{(0)}(\boldsymbol{r},\boldsymbol{v})\mathrm{d}\boldsymbol{v}=\int\psi_i f(\boldsymbol{r},\boldsymbol{v},t)\mathrm{d}\boldsymbol{v} \tag{2.7.17b}$$

式中：$Q(f)$项由式(2.7.12)定义。另外，式(2.7.17b)给出了 $f^{(0)}(\boldsymbol{r},\boldsymbol{v})$与 $f(\boldsymbol{r},\boldsymbol{v},t)$之间的普遍关系，这里 $f^{(0)}$ 为局域 Maxwell - Boltzmann 平衡态分布。形式上看，好像 BGK 方程将 Boltzmann 方程变成了关于 f 的线性方程，然而实际上在 $f^{(0)}$ 中出现的宏观量 ρ、$\boldsymbol{V}$ 和 T 都是关于 f 的积分值。换句话说，$Q(f)$项按式(2.7.12)选取之后使得关于 f 的方程的非线性性质更强了。

对式(2.7.13)进行量纲分析后可知，ν 的量纲是时间的倒数。通常还有这样一种假设：如果认为用 $-\nu f$ 代替了 Boltzmann 方程等号右端碰撞积分项中的第 2 项时，即

$$-\nu f=-\iint ff_1 g\sigma\mathrm{d}\Omega\mathrm{d}\boldsymbol{v}_1 \tag{2.7.18a}$$

另外，还认为用 $\nu f^{(0)}$ 代替了 Boltzmann 方程右端碰撞积分项中的第一项，即

$$\nu f^{(0)}=\iint f'f'_1 g\sigma\mathrm{d}\Omega\mathrm{d}\boldsymbol{v}_1 \tag{2.7.18b}$$

这样便得到了(2.7.13)式。当然，(2.7.18)式仅是一种假设的看法或者说是某种近似，这里并不能给出理论上的严格证明。

下面分析 $\nu(f^{(0)}-f)$是否满足(2.7.11)式。对 BGK 模型的 $Q(f)$有

$$\int(\ln f)Q(f)\mathrm{d}\boldsymbol{v}=\int\left(\ln\frac{f}{f^{(0)}}\right)Q(f)\mathrm{d}\boldsymbol{v}+\int(\ln f^{(0)})Q(f)\mathrm{d}\boldsymbol{v} \tag{2.7.19}$$

注意到 $\ln f^{(0)}$ 是由守恒量组成的，因此得

$$\int Q(f)(\ln f^{(0)})\mathrm{d}\boldsymbol{v}=0 \tag{2.7.20}$$

于是(2.7.19)式变为

$$\int Q(f)(\ln f)\mathrm{d}v = \int\left(\ln\frac{f}{f^{(0)}}\right)Q(f)\mathrm{d}\boldsymbol{v} = \int\left(\ln\frac{f}{f^{(0)}}\right)(\nu f^{(0)} - \nu f)\mathrm{d}\boldsymbol{v} \tag{2.7.21}$$

借助于式(2.7.7)与式(2.7.8)，于是式(2.7.21)可得

$$\int(\ln f)Q(f)\mathrm{d}\boldsymbol{v} \leqslant 0 \tag{2.7.22}$$

这就是说，BGK 方程的 $Q(f)$ 项满足碰撞项的第二个性质。如果引入碰撞时间 τ 得

$$\tau \equiv \frac{1}{\upsilon} \tag{2.7.23}$$

这里 τ 为两次连续碰撞的平均时间间隔，也称弛豫时间或称松弛时间。在通常情况下，τ 是一个非常小的量，在 10^{-10} s 的量级上。由于 τ 很小，因此 $f-f^{(0)}$ 也是很小的量。

2.7.3 BGK 方程的局限性

正如 2.6 节所述，Chapman - Enskog 逐级逼近解法的最基本特点是：首先将方程写为无量纲形式，并注意量级分析，注意利用守恒量消去时间导数，最后使用同幂次项相等这一原则得到一系列各级近似下的方程以便求解。可以证明，将 Chapman - Enskog 方法应用于 BGK 方程后可以得到形式与 Navier - Stokes 方程一致的守恒型方程组，但这时的粘性系数 μ 以及热传导系数 λ 分别为

$$\mu_{\mathrm{BGK}} = \frac{nk_{\mathrm{B}}T}{\nu} \tag{2.7.24a}$$

$$\lambda_{\mathrm{BGK}} = \frac{5}{2}\left(\frac{k_{\mathrm{B}}}{m}\right)\frac{nk_{\mathrm{B}}T}{\nu} \tag{2.7.24b}$$

在式(2.7.24)中，ν 为碰撞频率。另外，BGK 方程的 Plandtl 数为

$$\mathrm{Pr}_{\mathrm{BGK}} = c_{\mathrm{p}}\frac{\mu_{\mathrm{BGK}}}{\lambda_{\mathrm{BGK}}} = 1 \tag{2.7.24c}$$

而对于 Boltzmann 方程，采用 Chapman - Enskog 方法时得到的 μ、λ 与 Pr 分别为

$$\mu = 0.499\rho\bar{U}l, \quad \bar{U} = \left(\frac{8k_{\mathrm{B}}T}{\pi m}\right)^{\frac{1}{2}} \tag{2.7.25a}$$

$$\lambda = \frac{15}{4}\frac{k_{\mathrm{B}}}{m}(0.499\rho\bar{U}l) \tag{2.7.25b}$$

$$\mathrm{Pr} = \frac{2}{3} \tag{2.7.25c}$$

在式(2.7.25)中，l 为分子的自由程，m 为分子的质量，k_{B} 为 Boltzmann 常数。显然，式(2.7.24)与式(2.7.25)所分别给出的输运系数并不相同，这一结果应引起高度的关注。粘性系数影响着动量交换，热传导系数影响着能量交换，Prandtl 数在高温边界层传热问题中起着重要作用，因此 BGK 方程的适用范围必须要针对具体的工程问题从实验中进行严格的界定与考验。补充说明的是，BGK 方程因其外形简

单，对于偏离平衡态不远的小扰动问题是可以应用的，但是在远离平衡时，则很难由BGK 模型方程去获得符合真实物理过程的气体输运系数的正确结果。

2.8　求解过渡区 Boltzmann 方程几种方法的概述

过渡区是指 Knudsen 数既不是很小，又不是很大的区域，这个区域的 Kn 数范围在 0.03～1.0 之间[3]。气体在这个区域的运动既不完全属于连续介质力学的范畴，也不属于近分子流运动的区域，而是介于两者间。1971 年参考文献[32]用电子束荧光法测量了圆柱间 Couette 流动的密度分布，证实了林同骥先生 1953 年发表的用 Burnett 方程加壁面高阶滑移条件所得结果更贴近实验值的结论是正确的。更准确地讲，当 Kn＜0.25 时，采用 Burnett 方程加壁面高阶滑移条件，要比用 Navier-Stokes 方程加壁面一阶滑移条件所得结果更加符合实验值，这意味着 Kn 数在 0.03～1.0 的过渡区中有部分区域（例如 Kn 数在 0.03～0.25 的区域）是可以采用 Burnett 或者 Navier-Stokes 方程加壁面滑移条件（如速度滑移、温度跳跃）去完成数值计算的。另外，1989 年间 Belikov A. E 等还对 Burnett 方程中的粘性与热流项等进行了直接的实验验证，从而使 Burnett 近似或 Chapman-Enskog 二阶近似得到了定性与定量的实验确认。

基于上述事实，并借鉴了国际上从事 DSMC 计算与 Navier-Stokes 方程计算学者们的经验，再加上几十年来我们团队进行 Navier-Stokes 计算与 DSMC 计算的实践，参考文献[33]中首次提出“小 Knudsen 数特征区”的概念，给出了这个区域的范围 Kn_1，Kn_2，提出了用广义 Navier-Stokes 程序与 DSMC 程序去完成高超声速飞行器整个再入飞行过程计算的总体框架；此外，参考文献[3]中还对此给出了更细致的讨论。

本节仅十分扼要的概述 3 种方法：

（1）Grad 的 13 矩方法；

（2）求解 Boltzmann 方程的 Monte Carlo 有限差分方法；

（3）广义 Boltzmann 方程的有限差分 Monte Carlo 方法。

2.8.1　Grad 的 13 矩方法

1949 年，H. Grad 在他的博士论文中采用了一种非正规的解法，他把分布函数 f 表示成了由 Hermite 张量多项式组成的级数之和。在 f 中只出现了 13 个独立的量，即 ρ，$\boldsymbol{V}$，T 以及协强张量 $\boldsymbol{P}$ 与热流矢量 $\boldsymbol{q}$。需特别说明的是：ρ，$\boldsymbol{V}$ 与 T 共 5 个矩；$\boldsymbol{P}$ 有 6 个独立的分量，然而由于 $p=nk_{\mathrm{B}}T$ 的关系，因此便仅有 5 个分量；而 $\boldsymbol{q}$ 有 3 个分量，因此 ρ，$\boldsymbol{V}$，T、$\boldsymbol{P}$ 与 $\boldsymbol{q}$ 总共有 13 个独立的量，便有 13 个矩，常称为 Grad 的 13 矩方程，因篇幅所限，不再给出具体的表达式，感兴趣者可参阅参考文献[34]。

2.8.2 求解 Boltzmann 方程的 Monte Carlo 有限差分方法

用有限差分方法求解 Boltzmann 方程，虽然因变量只有一个即分布函数 f，但在一般三维非定常情况下，f 是含 7 个自变量的函数。显然，如果在每一维布置 100 个网格点，那么求解一个三维非定常流动问题便要求 10^{14} 个网格点，而且速度空间的范围又是无限大的。另外，碰撞积分项的计算更是求解 Boltzmann 方程的难点。A. Nordsieck 等人发展了一种用 Monte Carlo 抽样技术求积代替了直接数值求积的方法，使得计算时间节省了一万倍[19]。

A. Nordsieck 等人用这种方法求解了一维定常问题，得到了令人满意的数值结果。由于这种方法是用有限差分离散 Boltzmann 方程的微分项，用 Monte Carlo 抽样技术去计算 Boltzmann 方程的碰撞积分项，因此这种求解 Boltzmann 方程的方法常称作 Monte Carlo 有限差分方法。另外，R. Monaco 和 L. Preziosi 在离散 Boltzmann 方程以及含化学反应的 Boltzmann 方程的求解方面做出了十分出色的工作，因篇幅所限，详细情况不再介绍。

2.8.3 广义 Boltzmann 方程的有限差分 Monte Carlo 方法

近 20 年来，以 V. V. Aristov、M. S. Ivanov 以及 V. A. Rykov 与 F. G. Tcheremissine 为首的几个团队成功地发展了用有限差分法求解 Boltzmann 方程和广义 Boltzmann 方程（简称 GBE）的算法。以参考文献[35]为例，该文献在计算碰撞项方面虽仍用 Monte Carlo 进行求积，但该文中进行了两点改进：

① 利用双体碰撞的对称性，使计算量减少了 8 倍；

② 利用随机化均匀分布节点代替在随机布置的节点上计算碰撞积分。因此，这些加速求解的过程使得利用 Boltzmann 方程求解一些非定常二维与三维问题得到了圆满完成。参考文献[3,36]强调指出：GBE 比 BGK 方程相比，它可以更多的反映“小 Knudsen 数特征区”物理过程的相关信息，更加贴近稀薄气体过渡区流动的真实过程。近年来，我们团队与 F. G. Tcheremissine 以及 R. K. Agarwal 教授合作，成功的用广义 Boltzmann 方程求解了考虑分子内部结构，同时考虑转动、振动、非平衡时二元混合气的一维流动问题[37]。在此基础，我们团队又将上述成果推广到二维流动[38,39]。应指出的是，截止到 2012 年 5 月初，用广义 Boltzmann 方程直接数值求解稀薄流场，计算中既考虑分子内部的结构，同时又要考虑分子转动、振动、非平衡时二元混合气问题的团队并不多见，当时国外也仅仅做到一维流动，没有看到关于上述二维流动问题的文章发表，而我们团队已经成功完成了考虑转动、振动、非平衡的混合气二维流动问题与三维问题 GBE（又称 WCU 方程）的直接解法，其成果已部分反映在参考文献[39]中。

2.9　格子 Boltzmann 模型及其发展

2.9.1　LGA 模型及其发展

在近 20 年来，格子 Boltzmann 方法(LBM)在多孔介质流、微/纳米尺度流、粒子悬浮流、化学反应流、多相介质流、磁流体、非牛顿流、晶体生长以及燃烧等问题中应用十分活跃且具有很好的发展前景。格子 Boltzmann 方法是由格子气自动机(Lattice Gas Automata，LGA)发展而来的，从某种角度上可以看作是连续 Boltzmann 方程的一种特殊的离散格式，这一离散包括速度离散、时间离散和空间离散。在理论物理中，宏观、微观和介观已有十分严格的概念，它们的尺度也规定了较严格的范围，在本书的讨论中严格地遵循了上述基本概念的规定，因此使用介观概念非常谨慎。20 世纪 70 年代，三位法国科学家 Hardy、de Pazzis 和 Pomeau 的姓氏命名的 HPP 模型是最简单的 LGA 模型，但它在宏观尺度上不满足 Navier-Stokes 方程，其原因是 HPP 模型的格子没有足够的对称性；1986 年 Frisch、Hasslacher 和 Pomeau 构造了一个 FHP 模型，它使用的格子是规则的六边形、每个格点处有 6 个粒子运动方向(即流体粒子具有 6 个离散速度)。FHP 模型的碰撞满足细致平衡(detailed balance)条件。另外，如果用统计力学的研究方式去考察 FHP 模型时可以发现：在按一定概率分布引入初始状态系综平均并按照 Liouville 方程演化概率分布，对 FHP 的微观动力学方程进行系综平均可以得到 Boltzmann 方程；根据 FHP 的守恒方程，可以得到平均量的质量守恒方程与动量守恒方程；另外，由细致平衡条件，可以定义出局部熵函数，并且这个函数在碰撞过程中不会减少。可以发现：当且仅当概率分布为 Boltzmann 分布时，这个熵函数才为常数。

应当指出的是，HPP 模型和 FHP 模型都属于 LGA 框架下的模型。值得注意的是，LGA 模型有许多固有的不足[40,41]，因此，1988 年 McNamara 与 Zanetti 提出了直接使用粒子分布函数代替 Bool 变量进行演化的 MZ 模型，1989 年 Higuera 与 Jimenez 通过引入平衡态分布函数将碰撞算子线性化，人们称之为 HJ 模型。同年，Higuera、Succi 与 Benzi 提出了 HSB 模型，该模型的碰撞矩阵不再依赖于 LGA 的碰撞规则。HJ 模型与 HSB 模型常称为矩阵模型，它们克服了指数复杂性，使得计算量与存储量大大降低，但这些模型依然使用 Fermi - Dirac 平衡态分布函数。总之，MZ、HJ 以及 HSB 模型都是 LGA 模型的直接发展，它们虽然都克服了 LGA 方法的统计噪声，但这 3 种模型都与基本的 LGA 模型有关，表现在前两种模型的碰撞项都源于 LGA 的碰撞规则，这 3 种模型的平衡态分布函数在本质上都源于 Fermi - Dirac 分布，因此这些特征便限制了它们的适用范围。

2.9.2 LBE 模型及其主要发展概述

前面介绍了 1990 年以前从格子气自动机(LGA)到格子 Boltzmann 方程(LBE)的一些模型,下面主要介绍 1990 年以后 LBE 模型的一些发展。1991 年左右,单松弛时间模型(LBGK 又称 SRT)是由几个不同的研究团队各自独立地提出的,这种模型的碰撞算子非常简单,可表示为

$$\widetilde{Q}_i(f) = -\frac{1}{\tau}[f_i - f_i^{(eq)}] \tag{2.9.1}$$

式中 $f_i^{(eq)}$ 是一个待确定的平衡态分布函数,τ 为松弛时间。在单松弛模型中,1992 年 Y. Qian 等人提出的 $DnQb$ 模型(这里 n 为空间维数,b 是离散速度的个数)最为通用。一个完整的格子 Boltzmann 模型通常由三个部分组成,即离散速度模型、平衡态分布函数以及分布函数的演化过程(evolution equation)。构造格子 Boltzmann 模型的关键是选择合适的平衡态分布函数而平衡态分布函数的具体形式又与离散速度模型的构造有关。1992 年,法国学者 D. d′Humieres 提出了广义 LBE 模型(即 GLBE)的概念,GLBE 与 LBGK 模型(即单松弛模型或者格子 BGK 模型)的主要区别是它的碰撞过程使用了多个松弛时间,因此 GLBE 模型也称多松弛时间(MRT)模型。另外,2000 年与 2006 年左右 S. Ansumali 与 M. Geier 等人又分别提出了熵格子 Boltzmann 方法(Entropy lattice Boltzmann,ELB)与级联格子 Boltzmann 方法(Cascaded lattice Boltzmann,CLB)。ELB 方法是为了提高单松弛时间模型的数值稳定性而将 Boltzmann 的 H 函数引入,通过 H 的极大值求解平衡分布函数,并且通过限制 H 值不增大即熵值不减小来保证格子 Boltzmann 方法的稳定性。另外,M. Geier 等人认为格子 Boltzmann 方法的稳定性欠佳是由于 Galileo 不变性的不足所引起,而这样的不足一部分原因是由于使用了对称度不够的离散速度模型,而使得高阶矩没有得到充分的考虑,因此,按照 CLB 方法,高阶矩可以通过低阶矩构建,用碰撞后的低阶矩去构建碰撞后的高阶矩,整个松弛过程就像多能级串联一样进行下去,这就是 CLB 方法的基本思想。此外,从 LBE 源程序的结构上讲,无论是 LBGK 模型还是 GLBE 模型,LBE 的演化过程都可以分解为碰撞与迁移两个子过程,其程序实现都较为简单,这里不妨给出它们编制源程序时要用的计算流程如下:

(1) 初始化分布函数 $f_i(\boldsymbol{x},0)(i=1,2,\cdots,b)$;

(2) 在 t 时刻完成碰撞计算

$$f'_i(\boldsymbol{x},t) = f_i(\boldsymbol{x},t) + \widetilde{Q}_i(\boldsymbol{x},t) \tag{2.9.2a}$$

(3) 完成迁移计算

$$f_i(\boldsymbol{x}+\boldsymbol{c}_i\delta t, t+\delta t) = f'_i(\boldsymbol{x},t) \tag{2.9.2b}$$

(4) 计算宏观量

$$\rho(\boldsymbol{x},t+\delta t) = \sum_i f_i(\boldsymbol{x},t+\delta t) \tag{2.9.2c}$$

$$\rho \boldsymbol{V}(\boldsymbol{x},t+\delta t)=\sum_{i}[\boldsymbol{c}_i f_i(\boldsymbol{x},t+\delta t)] \tag{2.9.2d}$$

(5) 重复前面的步骤(2)～(4)直到满足终止条件。注意在上述几个式子中，上标“′”表示碰撞后，$\widetilde{Q}_i$ 表示碰撞项，b 表示离散速度的个数，$\boldsymbol{c}_i$ 为离散速度矢量。

另外，还要特别说明的是：在使用 Chapman-Enskog 展开来推导格子 Boltzmann 方程的宏观方程时必须注意到时间的多尺度，即粒子的碰撞过程是非常迅速的、对流过程则慢于粒子碰撞过程，而扩散过程又慢于对流过程，而 Chapman-Enskog 展开正是基于上述多尺度的概念对分布函数进行幂级次展开的。

最近 20 年来，格子 Boltzmann 方法无论在建模理论方面还是在应用研究上都有了很快的发展，本节因受篇幅所限不再多做讨论，感兴趣者可参考文献[42,43]等，尤其是陶文铨院士所领导的团队在这方面所完成的一系工作[43]。对于格子 Boltzmann 方法，我们是国内最早开展这方面研究的团队之一，尤其是高速可压缩流动[44～51]。目前，我们主攻的方向是高超声速连续流[3,52,53]以及高超声速稀薄气体的流动[3,54,55]问题，面对的主要对象是国外著名 18 种航天器的高超声速再入飞行问题，其中包括再入地球大气层、进入火星大气层以及进入土卫六大气层等[3]。因此对我们团队来讲，发展 RANS 方法、DSMC 方法以及多原子分子、多组元的广义 Boltzmann 方程(即 GBE)的直接数值求解方法更为迫切。

最后还应说明的是：近几年，我们 AMME Lab(Aerothermodynamics and Man Machine Environment Laboratory，中文简称为高速气动热与人机工程中心)团队还与美国 Washington 大学 R. K. Agarwal 教授合作开展了对 GBE 直接数值求解算法的探索性研究并用 FORTRAN 语言进行了 GBE 直接数值求解源程序的编写工作，已取得了可喜的进展，并发表了多篇重要的学术论文(例如参考文献[39]等)。广义 Boltzmann 方程可以考虑气体内部量子数以及简并度，可以考虑弹性与非弹性碰撞，可以考虑粒子间的化学反应，也可以考虑气体的离解与电离等方面的问题，因此它要比 BGK 方程更多地反映“小 Knudsen 数特征区”物理过程的相关信息，对稀薄气体过渡区的流动问题描述的更加细致、更加贴近真实过程；另外，它与微机电系统(即 MEMS)和纳米机电系统(即 NEMS)中常用的格子 Boltzmann 方程相比也更加富有挑战性。

第3章 DSMC算法及其典型算例分析

本章主要讨论 DSMC(Direct Simulation Monte Carlo)算法,其中包括二维与三维稀薄流的流动问题。下面分9节叙述:

① 非结构网格下模拟分子的追踪办法;

② 热力学碰撞传能与化学反应的几种类型;

③ 三维 DSMC 算法以及源程序的总框图;

④ Ballute 减速装置再入地球大气层的飞行问题;

⑤ Ballute 减速装置进入火星大气层的飞行问题;

⑥ Apollo 再入地球大气层的三维绕流计算与分析;

⑦ Orion 再入地球大气层的三维绕流计算与分析;

⑧ Mars Pathfinder 进入火星大气层的三维绕流计算与分析;

⑨ Mars Microprobe 进入火星大气层的三维绕流计算与分析。

3.1 非结构网格下模拟分子的追踪办法

对于非结构网格的生成采用了阵面推进方法,以二维平面问题为例,对计算域进行非结构三角形剖分,得到了计算区域内三角网格的节点和网格坐标。

在 DSMC 方法中,如何快速追踪到模拟分子的运动轨迹,是决定流场模拟算法可行性的关键问题。与结构网格相比,非结构网格无法以给定的坐标去确定该坐标所在网格的编号。为解决这个困难,这里应用一组二维数组来预先设置流场中网格-网格、网格-壁面相互位置,从而减少了模拟分子运动过程中追踪模拟分子的计算量,并能迅速判断模拟分子是否与壁面发生碰撞,从而减少分子运动过程中追踪模拟分子的计算量。

图 3.1 和图 3.2 分别给出了非结构网格中模拟分子运动子程序的框图和描述分子在网格中运动轨迹的示意图。可以看出在对于分子运动轨迹的追踪方面采用了如下几个步骤:

(1) 首先确定模拟分子的起始位置 P_1 以及所在网格①的编号(见图 3.2)。在无碰撞的假设下,采取匀速直线运动求出模拟分子以各自速度在 Δt 时间内运动的距离,确定模拟分子新的位置 P_2。判断点 P_2 是否在原始网格①内,如果在原网格内则存储模拟分子新的坐标并追踪下一个模拟分子。

(2) 若模拟分子的新位置 P_2 不在原始网格①内,则从设定数组中读取原始网格

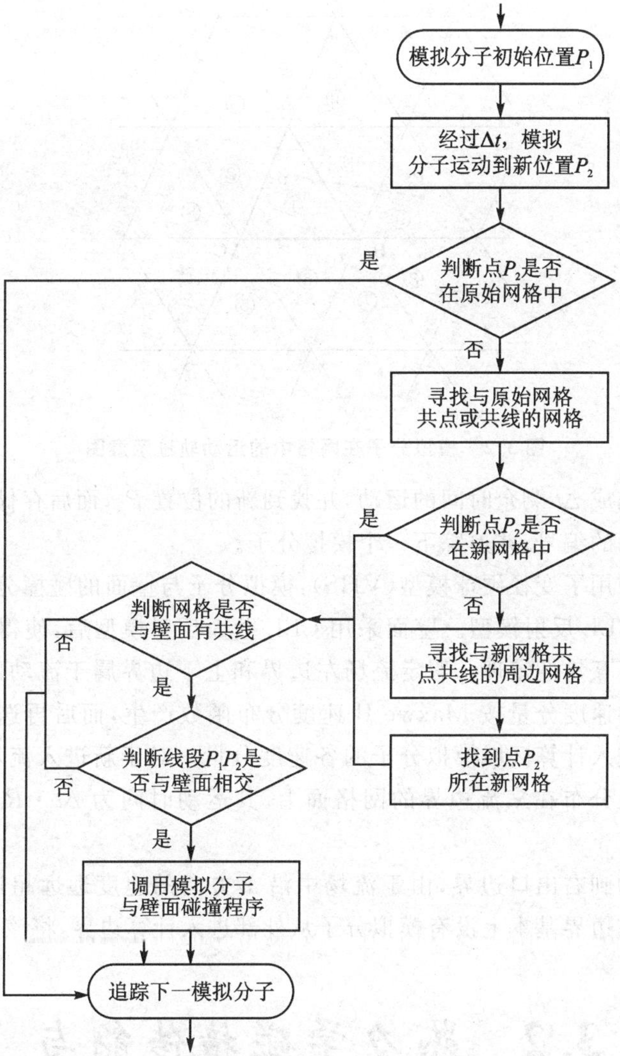

图 3.1　非结构网格中模拟分子运动的子程序框图

所有相邻网格(②～⑬)的编号，在这些相邻网格中找出模拟分子的新位置 P_2 所对应的网格。判断原始网格和新位置 P_2 所在网格是否与壁面(包括流场边界壁面和物体壁面)共线，若无共线则存储模拟分子新的坐标和所在网格编号，并追踪下一个模拟分子。

(3) 若所在网格有边在壁面上，则需要判断分子是否与壁面发生碰撞。假设已知网格有边 AB 在壁面上，连接模拟分子原始位置 P_1 和新位置 P_2。通过几何算法判断共边 AB 和线段 P_1P_2 是否有交点，若无交点则存储模拟分子新的坐标以及所在网格编号，并追踪下一个模拟分子。若有交点则模拟分子和壁面发生碰撞，这时可调用模拟分子与壁面碰撞的子程序进行模拟分子碰撞的处理。然后从碰撞点出发，

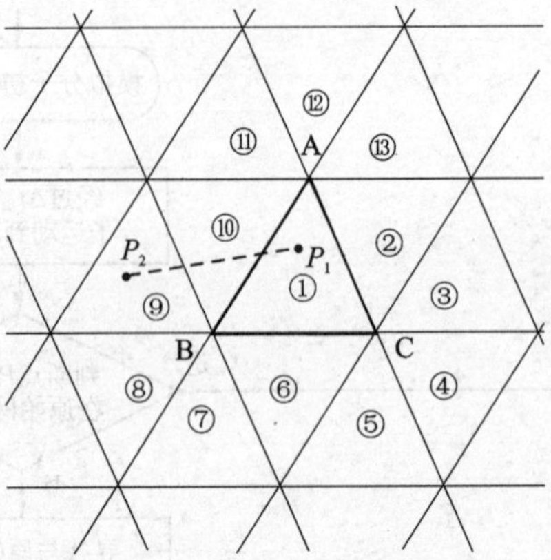

图 3.2 模拟分子在网格中的运动轨迹示意图

模拟分子继续完成 Δt 剩余时间的运动，并找到新的位置 P_2，而后存储模拟分子新的坐标和所在网格的编号，并追踪下一个模拟分子。

模拟分子采用了变径硬球模型(VHS)，模拟分子与壁面的碰撞分别采用了漫反射碰撞模型和 CLL 反射模型。壁面采用 CLL 壁面反射模型后，使得模拟分子在壁面很好地满足了互易性定理。假定流场左边界和上下边界属于流动区域，进入边界的分子热运动的速度分量按 Maxwe ll 速度分布函数产生，而后再迭加各方向的宏观速度便得到进入计算区域模拟分子的各速度分量。对于新进入流场的模拟分子，则认为均匀随机分布在来流边界的网格面上，其运动时间为 $\Delta t \cdot R_f$，这里 R_f 为随机数。

当分子运动到右出口边界，由于流场中沿 x 方向的速度远远超过热运动速度，所以可以认为右边界基本上没有模拟分子从外部进入计算边界，将该边界处理为"真空"边界。

3.2 热力学碰撞传能与化学反应的几种类型

对于气体分子之间的热力学碰撞传能，通常包括 6 种类型：分子平动能与分子平动能之间的能量交换(简称为 T－T 传能，通常也简称为弹性碰撞传能)、分子平动能与分子转动能之间的能量交换(简称为 T－R 传能，即分子转动弹性碰撞)、分子转动能与分子转动能之间的能量交换(简称为 R－R 传能，注意这种传能仅发生在双原子分子之间)、分子振动能与分子振动能之间的能量交换(简称为 V－V 传能，注意当 $T<4\,000$ K 时 V－V 传能决定了气体分子振动能的松弛过程)、分子平动能与分子振动能之间的能量交换(简称为 T－V 传能，注意当 $T>4\,000$ K 时 T－V 传能决定了气体分子振动能的松弛过程)以及转动能与分子振动能之间的能量交换(简称为 R－V

传能，注意在 R—V 传能过程中，碰撞分子各自由度上的平动能保持着守恒性质）。

图 3.3 给出了热力学碰撞传能的子程序框图。图中 R_f 为随机数，P_c，P_r 与 P_v 分别代表碰撞几率、转动能松弛几率与振动能松弛几率。应当指出，热力学碰撞传能是一类不改变碰撞分子组分也不改变碰撞分子结构的二元碰撞，然而当碰撞分子的热力学总能量大于化学反应活化能 E_a 时，便可能发生化学反应碰撞。一旦这类碰撞发生，它使得参与碰撞的分子成分或者分子结构发生了改变。在高超声速飞行器再入大气层的流场计算中，常遇到 8 种化学反应的碰撞类型[3]：

① 离解反应；

② 单原子的复合反应；

③ 交换原子反应（又称置换反应）；

④ 单原子的缔合电离反应；

⑤ 离子与电子之间发生的离解式复合反应；

⑥ 由电子所激发的电离反应；

⑦ 离子与电子间发生的三体复合反应；

⑧ 电荷交换反应。

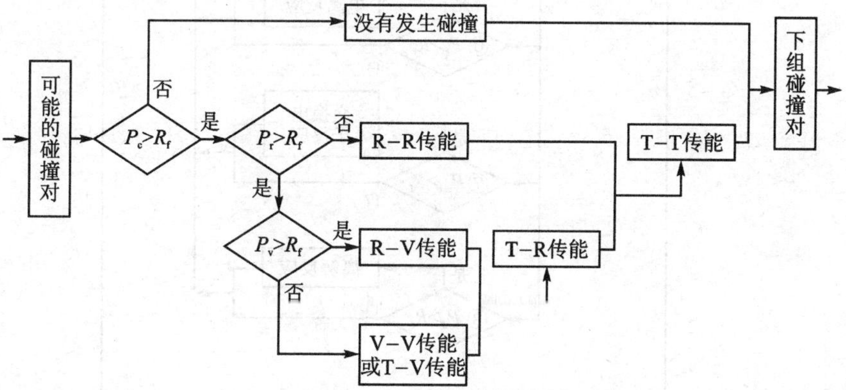

图 3.3 热力学碰撞传能的子程序框图

显然，在 DSMC 方法中如果要细致的描述上述 8 类化学反应的碰撞过程，则图 3.4 给出了这时化学反应的子程序框图[3]，图中 R_f 为随机数，P_c 为碰撞几率，P_{re}，P_{di}，P_{ex}，P_{ri}，P_{ei} 与 P_{exe} 分别代表有关化学反应的抽样几率函数。

在本章的计算中，模拟分子碰撞后的平动能、转动能和振动能的分配采用了 Borgnakke-Larsen 的唯象模型。因此在 DSMC 计算中弹性碰撞次数、转动非弹性碰撞次数与振动非弹性碰撞次数之比为 $\left(1-\frac{1}{Z_r}-\frac{1}{Z_V}\right):\left(\frac{1}{Z_r}\right):\left(\frac{1}{Z_V}\right)$，这里 Z_r 为转动松弛碰撞数，Z_V 为振动松弛碰撞数，通常可取 $Z_r=5$，而 Z_V 采用了 G. A. Bird 在给出的表达式，即

$$Z_V=(C_1/T^{\omega})\exp(C_2T^{-1/3}) \tag{3.2.1}$$

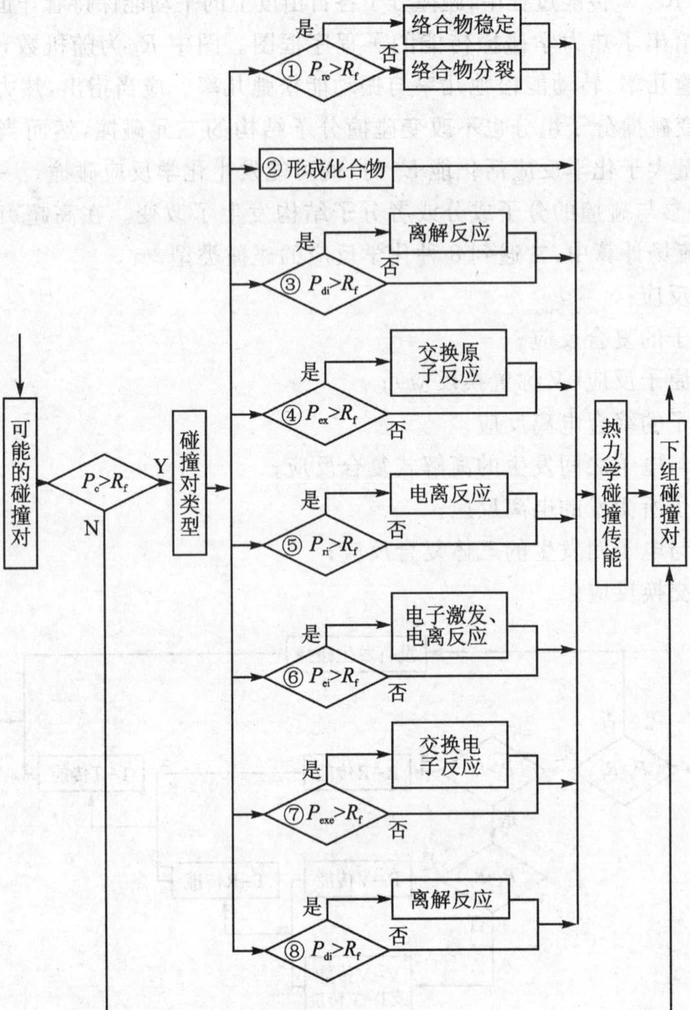

图 3.4　化学反应碰撞过程的子程序框图

式中：C_1 和 C_2 是根据气体的不同组分对应的常数，ω 为粘性指数，T 是分子碰撞的有效温度。在上述计算中，对于非弹性碰撞中能量的分配采取了平动能 E_t 和振动能 E_V 以及转动能 E_r 分别进行分配的办法。当振动能被激发，令 $E'_V = R_f E'_c$，式中 R_f 是 0～1 的随机数。而振动能的最大值占总能量的概率

$$P_{\max} = \left(1 - \frac{E'_V}{E_t + E_V}\right)^{\frac{3}{2} - \omega_{12}} \tag{3.2.2}$$

式(3.2.2)中 ω_{12} 是气体粘性系数的温度幂指数。若 $R_f < P_{\max}$，则碰撞后的振动能 $E_V^* = E_V$，否则重新选择随机数 R_f，直到满足 $R_f < P_{\max}$ 为止。

当转动能被激发，碰撞后的转动能

$$E_r^* = (1 - R_f^{\frac{5}{2}-\omega_{12}})(E_t + E_r) \tag{3.2.3}$$

对于化学反应，采用了 G. A. Bird 的化学反应几率模型。在这种模型中，碰撞分子发生化学反应的几率由化学反应速率推出，在本章的计算中，考虑了飞行器再入的两种大气层中的化学反应，一种是再入地球大气层时所发生的 5 组元 17 基元反应，另一种是进入火星大气层时所发生的 8 组元 44 基元反应。对于地球大气，化学反应机制选取如表 3.1 所列的 5 组元(N_2、O_2、NO、N 和 O)、17 基元反应模型，其中 M 为反应碰撞单元。

表 3.1　地球大气化学反应机制

序　号	化学反应	反应碰撞单元 M
1	$N_2+M\leftrightarrow N+N+M$	N_2,O_2,NO,N,O
2	$O_2+M\leftrightarrow O+O+M$	N_2,O_2,NO,N,O
3	$NO+M\leftrightarrow N+O+M$	N_2,O_2,NO,N,O
4	$NO+O\leftrightarrow N+O_2$	无
5	$N_2+O\leftrightarrow NO+N$	无

当组分 A 的分子与组分 B 的分子碰撞时，以一定的几率发生化学反应，通常引入反应截面 σ_r 与总碰撞截面 σ_t 之比来代表由于碰撞所导致的化学反应发生的概率。借助于 Bird 的唯象化学反应模型，这时$\frac{\sigma_r}{\sigma_t}$的表达式为

$$\frac{\sigma_r}{\sigma_t} = \frac{\varepsilon a \pi^{1/2} T_{ref}^b}{2\sigma_{ref}(kT_{ref})^{b-1+\omega_{AB}}} \frac{\Gamma\left(\bar{\zeta} + \frac{5}{2} - \omega_{AB}\right)}{\Gamma\left(\bar{\zeta} + b + \frac{3}{2}\right)} \left(\frac{m_r}{2kT_{ref}}\right)^{1/2} \frac{(E_c - E_a)^{b+\bar{\zeta}+\frac{1}{2}}}{E_c^{\bar{\zeta}+\frac{3}{2}-\omega_{AB}}} \tag{3.2.4}$$

式中：ε 为对称因子，对于不同类分子则取 $\varepsilon=1$，对同类分子则取 $\varepsilon=2$。$\bar{\zeta}$为内自由度的平均值，ω_{AB} 是气体粘性系数的温度幂指数，E_a 和 E_c 分别代表活化能与碰撞的总能量，m_r 代表折合质量，$\Gamma(*)$为 Gamma 函数，a 和 b 分别是化学反应速率公式中的常数，a 和 b 与化学反应速率的关系式为

$$K(T) \equiv \frac{K_f}{K_b} = aT^b \exp(-E_a/kT) \tag{3.2.5}$$

式中：E_a 为活化能，$K(T)$为化学反应速率，K_f 与 K_b 分别为正向与逆向反应速率常数。

注意式(3.2.5)等号右边的 k 代表 Boltzmann 常数；图 3.5 给出了一种简化处理热力学传能与化学反应碰撞过程的子程序框图并用它完成了一些工况下的流场计算，并获得了许多典型算例的数值结果。

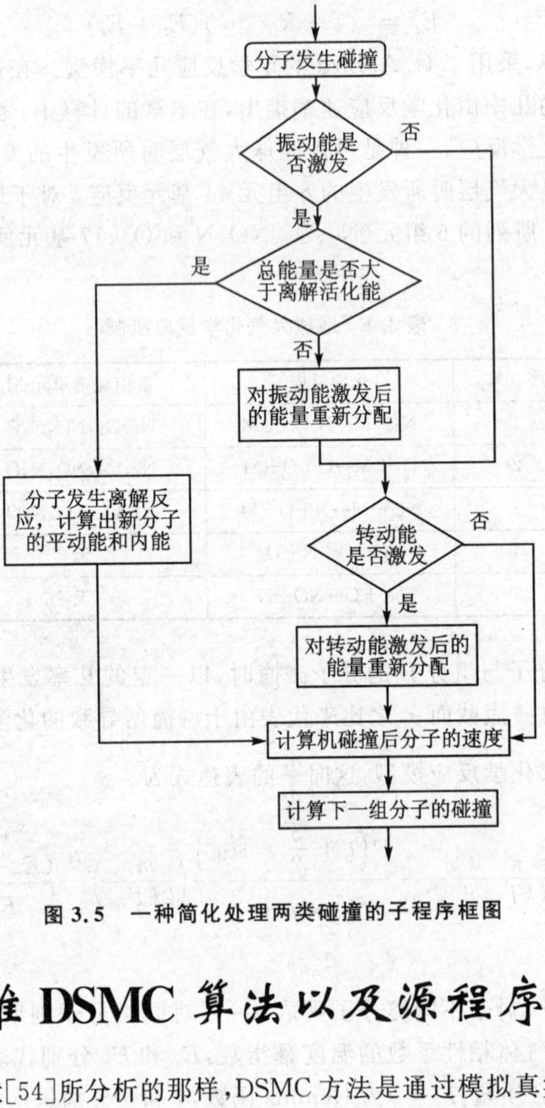

图 3.5　一种简化处理两类碰撞的子程序框图

3.3　三维 DSMC 算法以及源程序的总框图

正如参考文献[54]所分析的那样，DSMC 方法是通过模拟真实的物理过程而不是直接求解 Boltzmann 方程或者 Wang Chang-Uhlenbeck 方程。它是用若干个模拟分子代替真实气体的分子(注意，这里通常一个模拟分子代表着巨大数目的真实分子)，并在计算机上存储每一个模拟分子的位置坐标、速度分量以及内能。这些量是随着分子的运动、与边界的碰撞以及分子之间的碰撞而不断的随时间改变。模拟中的时间参数应与真实流动中的物理时间等同。上述所有的计算都是非定常的，定常流是长时间模拟后稳定状态的统计平均结果。DMSC 方法的关键是在时间步长 Δt 内将分子的运动与分子间的碰撞解耦。另外，参考文献[54]分别从非结构网格的生成、模拟分子追踪的方法、来流参数的设定、热力学碰撞传能 6 种类型的计算以及 8 种化学反应类型的实现等 5 个方面对 DSMC 算法进行了详细讨论，因此仅给出在实现三维 DSMC 方法时程序的总框图(见图 3.6)，其中 I 是当前循环数，J 是模拟分子运动次数相关的循环变数，N_S 是额定取样数，N_T 是总循环数。从图 3.6 中可以看出 DSMC 数值模拟过程大致可以分为以下几个步骤：

(1) 读入参数并对流场计算域进行初始化。读入的参数主要包括来流速度、大气参数、混合气体各组元的摩尔分数和各组元分子的特征量、化学反应模型参数以及各种参考量等。计算域初始化的内容有生成网格和确定计算域边界、将飞行器壁面所在网格定位、根据总的模拟分子数在每个网格中均匀随机分布若干模拟分子并记录每个模拟分子的初始状态(位置和速度)最后将计算中所需的变量设置初值。

(2) 分子的运动模拟和追踪。在无碰撞假设下，按照匀速直线运动求出各模拟分子以各自速度在 Δt 时间内运动的距离，确定模拟分子新的位置坐标。

(3) 边界的处理。模拟分子运动后到达的新位置可能超越所设定的边界，此时必须计算模拟分子与边界间的相互作用。若边界为对称面，模拟分子在对称面上做镜面反射；若模拟分子与物面相互作用，则按给定的壁面反射模型进行计算；若模拟分子运动到出口边界外面或者从入口边界逃逸出去，则将模拟分子作逸出处理，并删除该分子的编号；在入口边界处，按照来流条件确定在时间步长 Δt 内进入计算区域的新分子数以及它们的运动状态。

(4) 重新给模拟分子编号。在经过 Δt 时间的运动后，模拟分子到达新位置有可能处于新的网格，还有新进入计算域的模拟分子以及逸出计算区域的模拟分子，此时必须重新对处于计算域的模拟分子根据所在的新的网格按顺序重新编号，并记录新编号分子的位置和速度。

(5) 分子碰撞计算。这是 DSMC 方法中至关重要的一个步骤，根据选用的碰撞抽样方法，在子网格内选取可能的碰撞分子对，根据碰撞概率判断分子对是否发生碰撞，若发生碰撞则计算碰撞后的分子速度。如果考虑气体的热化学非平衡，碰撞计算时还要考虑分子的非弹性碰撞、内能交换和化学反应过程等。

(6) 按照步骤(2)～(5)的做法让程序重复运行 N 个时间步长后，判断计算时间是否达到抽样时间($J > N_S$)，如果成立则对各网格内的模拟分子开始进行参数统计，求得流场各宏观物理量在网格中心的值。流动是否达到稳定状态，一般根据流场中的分子总数来判断，当分子总数达到某个值时，分子总数会在这个值上下小幅度波动，不会变化很大，这时可以认为流场已经稳定。这时对各宏观物理量在网格中心的值进行存储。

(7) 由于受计算机内存的限制，在每个计算网格中分布的模拟分子数目是比较少的。因而必须采取重复运算增加统计样本数的方法，减少流场物理量的统计涨落，提高计算精度。若当前循环数大于总额定循环数($I > N_T$)，将每个网格多次统计存储的结果进行平均后，就得到流场中各宏观物理量在网格中心位置的分布。

在 DSMC 方法中，采用了如下将气体分子运动与分子间碰撞解耦的方法，即认为分子间碰撞是瞬时完成的，它不改变气体分子的运动轨迹，而在相邻两次碰撞之间的分子做匀速直线运动，这就大大提高了 DSMC 方法的计算效率，实现了对流动的模拟。

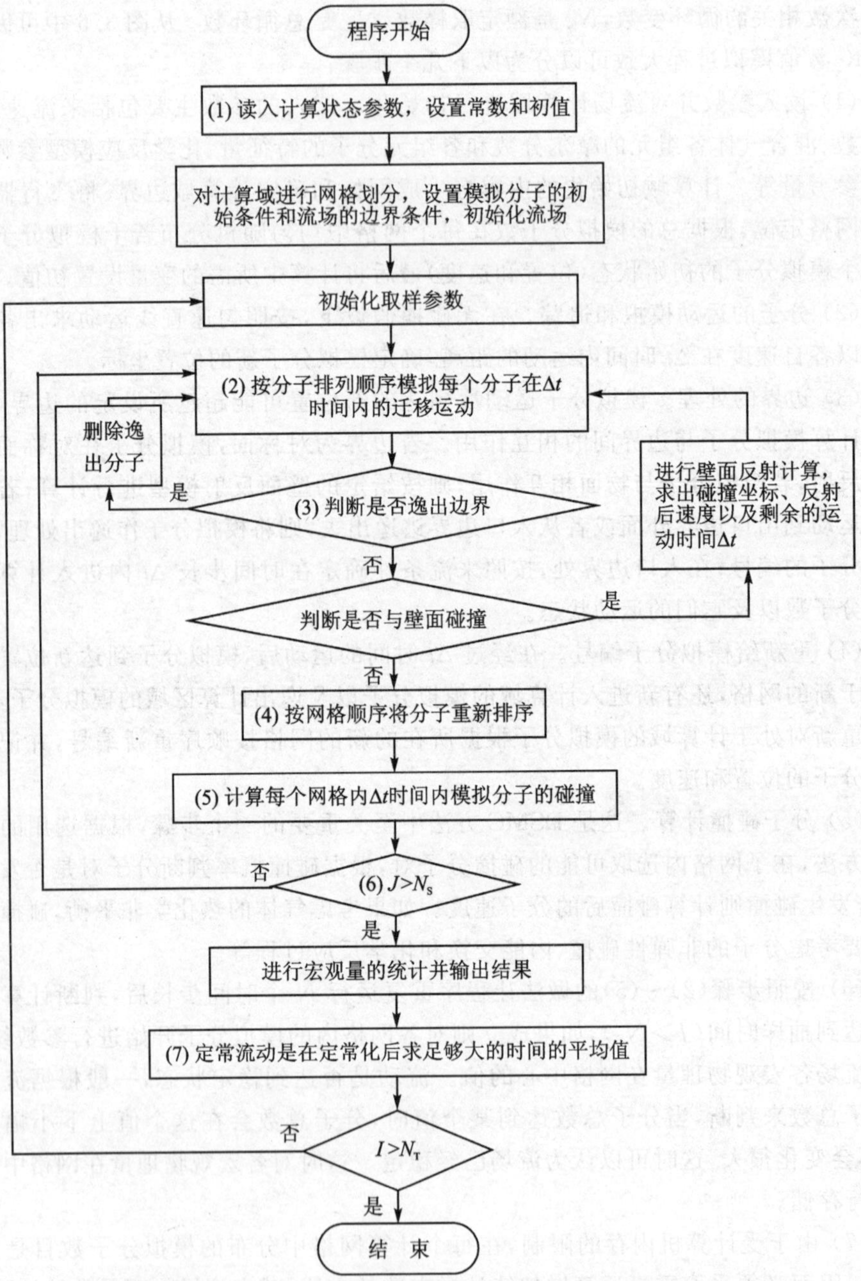

图 3.6 DSMC 计算的总框图

这里在非结构网格的框架下，在可变硬球(VHS)分子模型、Borgnakke-Larse 唯象模型、Bird 的化学反应概率模型以及壁面 CLL 反射模型的基础上，进一步完善了参考文献[54]中用 Fortran 语言编制的 DSMC 源程序。该程序可以模拟内能松弛、热力学非平衡以及化学反应非平衡现象，可以计算高超声速流动时稀薄气体的二维与三维流场。大量的数值实践表明：文献[54]和文献[55]所编制的二维与三维 DSMC 源程序是可行的、有效的。

3.4 Ballute 减速装置再入地球大气层的飞行问题

Ballute 减速装置是目前飞行器进入目标星球飞行轨道的一种新型空中变轨技术的关键装置。该装置由探测器与环形气球组成，由图 3.7 给出了进入火星的 Mars Pathfinder 与环形气球构成的 Ballute 示意图。该气球总体直径 $D=52.0$ m，气球圆环截面直径 $D_{cs}=13.0$ m，探测器尾部和环形气球中心距离是 28.46 m。图 3.8 仅给出了火星探测器的结构尺寸图，详细几何数据见文献[54]。

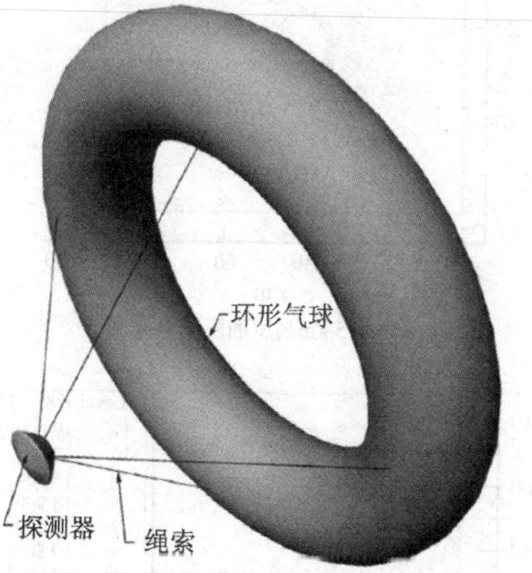

图 3.7 探测器和环形气球示意图

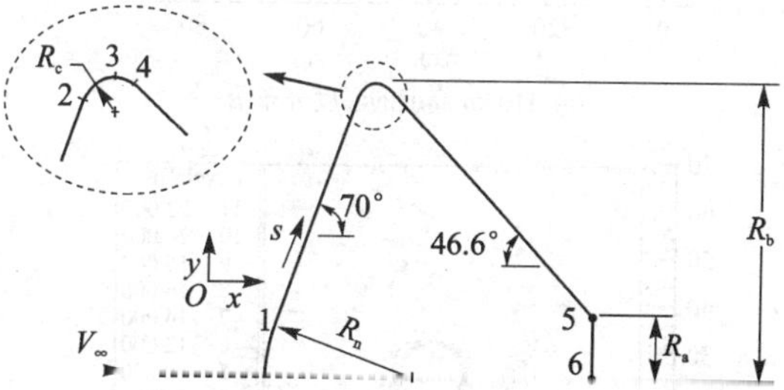

图 3.8 探测器的结构图

表 3.2 给出了距离地球表面 110～200 km 时来流分子的自由程 λ_∞、数密度 n_∞、温度 T_∞、各组分气体所占比例和气球特征长度(这里取为气球截面直径 D_{cs})所对应的 Knudsen 数。为方便讨论与分析，这里来流速度统一取 8.55 km/s，并计算了表 3.2 中所给出的 5 种工况的稀薄流场。

表 3.2 距离地面不同高度的自由来流参数

高度 h/km	λ_∞/m	n_∞/m^{-3}	T_∞/K	X_{O_2}	X_{N_2}	X_O	Kn	马赫(Ma)
200	389.9	8.9996×10^{15}	1 026	0.031 5	0.454 8	0.513 8	30.0	11.2
140	20.76	9.3526×10^{16}	625	0.061 8	0.651 7	0.286 5	1.60	15.8
120	3.03	5.2128×10^{17}	368	0.084 5	0.732 7	0.182 8	0.23	21.2
115	1.59	9.8565×10^{17}	305	0.097 8	0.753 9	0.148 3	0.12	23.4
110	0.64	2.1246×10^{18}	247	0.123 2	0.770 4	0.106 4	0.05	26.3

5 种工况下流场平动-转动温度 T 的分布如图 3.9(a)至图 3.9(e)所示。温度最高值出现在探测器和气球的头部驻点区域内，并且随着海拔高度的增加，峰值逐渐由 26 000 K 降低到 17 000 K。探测器头部与气球头部各自的脱体激波间相互作用使得在探测器的尾部后方存在着一个高温区，该区域的温度值均在 12 000 K 以上。

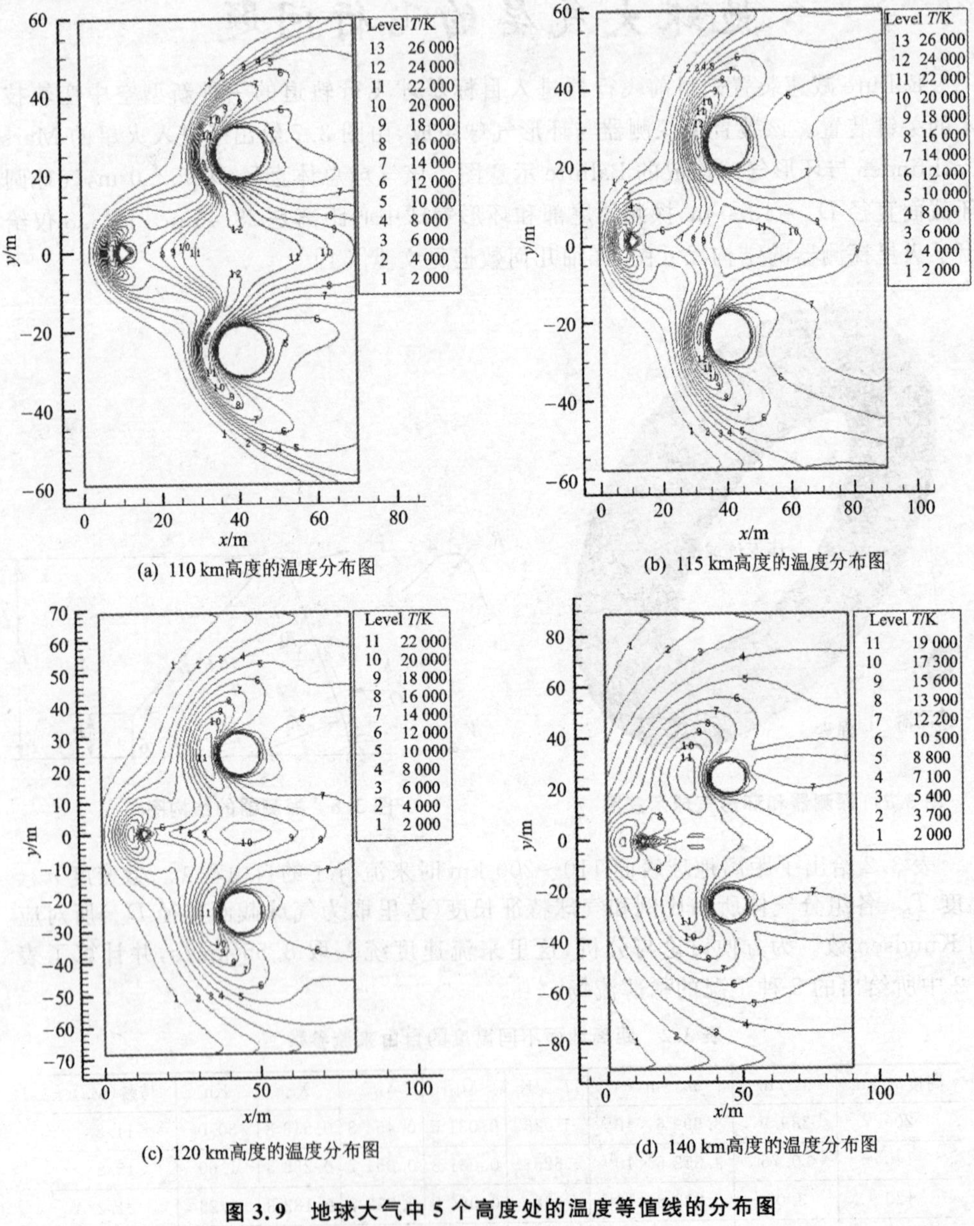

(a) 110 km高度的温度分布图

(b) 115 km高度的温度分布图

(c) 120 km高度的温度分布图

(d) 140 km高度的温度分布图

图 3.9 地球大气中 5 个高度处的温度等值线的分布图

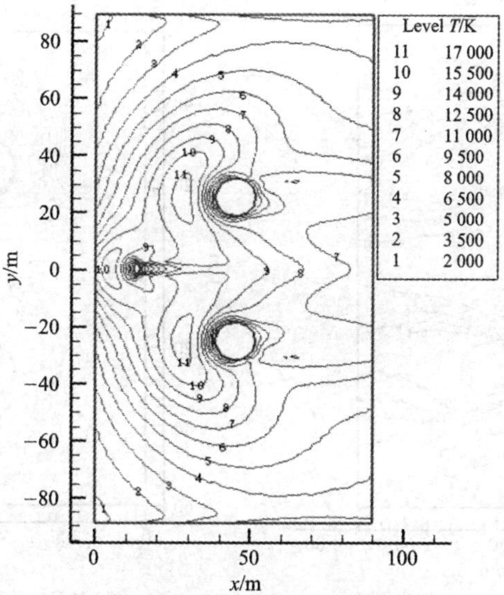

(e) 200 km高度的温度分布图

图 3.9 地球大气中 5 个高度处的温度等值线的分布图(续)

由探测器与气球头部温度等值线的分布可以看出，在稀薄大气空间内，随着海拔高度的上升，Knudsen 数由 0.05 增大到 30，激波层的厚度也有显著增加。在 110 km 处，由于 Knudsen 数较小，气体分子间的碰撞频率较大，从而导致温度的等值线分布的较密，激波层厚度较小。在海拔高度 200 km 处，此时 Knudsen 数为 30，这时大气已经极其稀薄，分子间的碰撞频率很低，激波本身的厚度已非常大，等值线的分布十分稀疏，温度的变化梯度很小。

由图 3.10 可知，四种工况下气球头部驻点区域内平动-转动温度 T 的值相比探测器头部驻点区域的值较大。在同一工况下，气球头部的驻点区域中 $|T-T_v|/T$ 的值较小，表明热力学非平衡态现象较弱，这是由于气球头部的驻点区域中，气体密度要大得多，分子碰撞频率较大，使得 T_v 的数值与 T 较为接近。另外，相比之下探测器头部驻点区域内 $|T-T_v|/T$ 的值大于气球头部区域的值，表明该处热力学非平衡态现象比气球的头部要强，这是由于气体密度较小，分子的碰撞频率较低，使得分子的热振动较弱，振动温度 T_v 的值较低的缘故。

从图 3.10 中可以看出，随着海拔高度的上升，整个流场区域内气体的分子平均自由程增大，分子间的碰撞频率减小，使得分子的热激发程度降低，分子的振动温度 T_v 很小，从而导致全流场内分子的振动温度均远小于平动-转动温度，即 $|T-T_v|/T$ 的值很大，流场内热力学非平衡态的剧烈程度和区域都逐渐增大，在海拔 140 km 处，绝大部分流场内 $|T-T_v|/T$ 的值已达到 0.9。

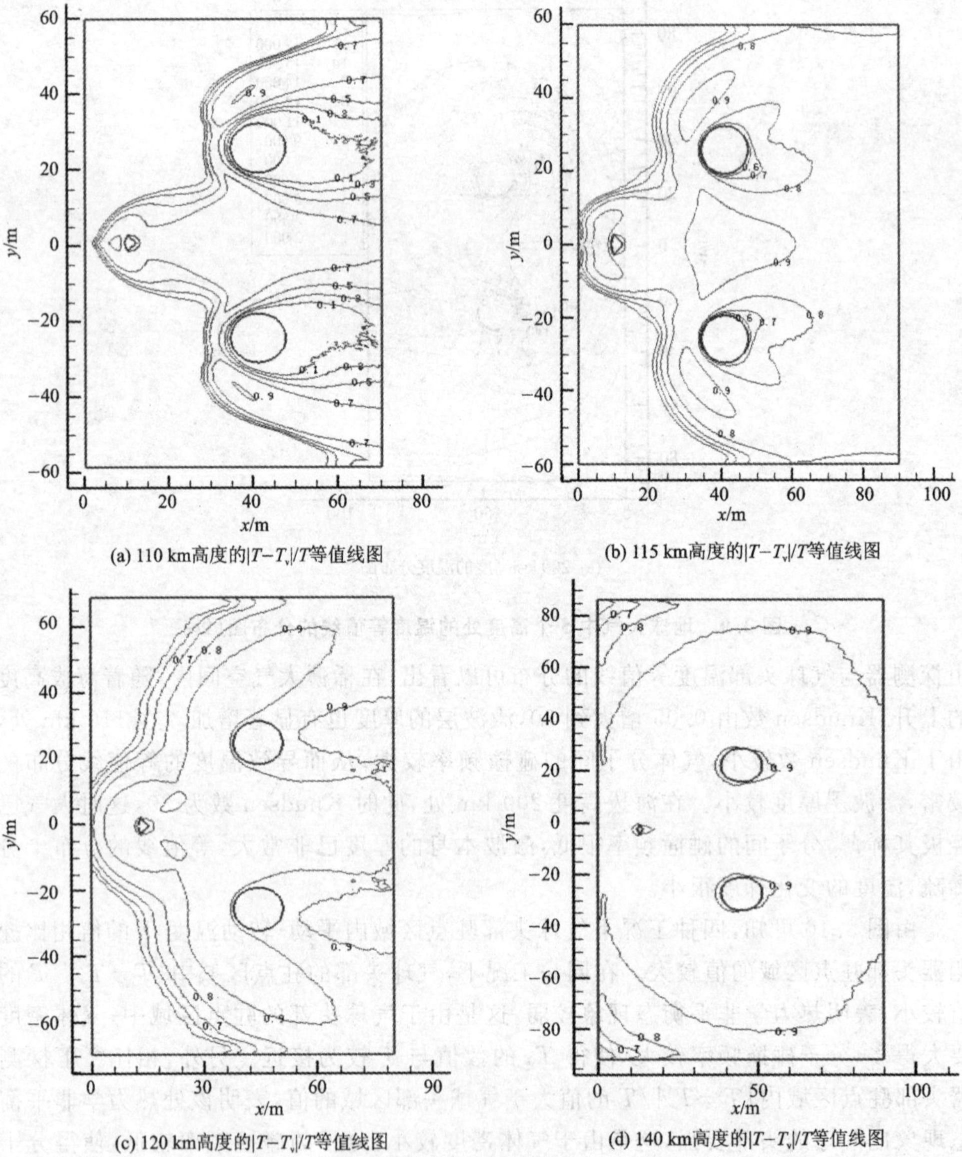

(a) 110 km高度的$|T-T_v|/T$等值线图

(b) 115 km高度的$|T-T_v|/T$等值线图

(c) 120 km高度的$|T-T_v|/T$等值线图

(d) 140 km高度的$|T-T_v|/T$等值线图

图 3.10 地球大气中 4 种工况时流场 $|T-T_v|/T$ 等值线的分布图

图 3.11 分别给出了距地面不同高度时环形气球表面热流密度沿表面圆周长 s 的分布图，将我们得到的高度为 110 km 和 120 km 时两种工况的的数值结果与参考文献[56]比较，二者吻合较好。从图 3.11 所给出的 5 种工况来看，气球表面热流密度开始随着 s 的增大逐渐增大，在驻点处达到最大值。过了驻点后热流密度又逐渐降低，在气球后部热流密度值很小。受稀薄程度的影响较大，随着高度的变化，热流密度峰值从海拔高度 110 km 处的 8 406 W/m^2 降低到 200 km 处的 98 W/m^2。

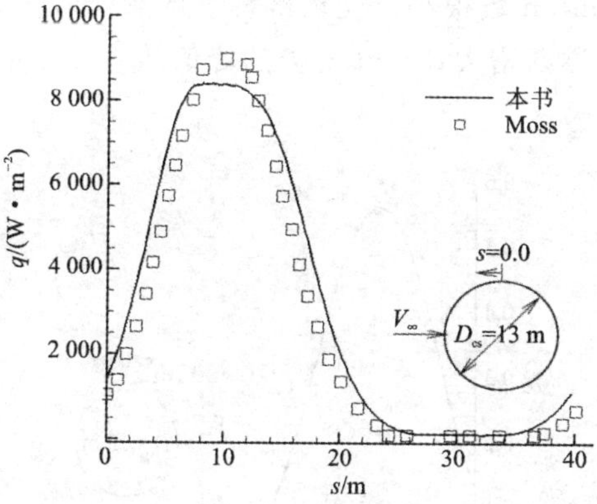

(a) 高度110 km

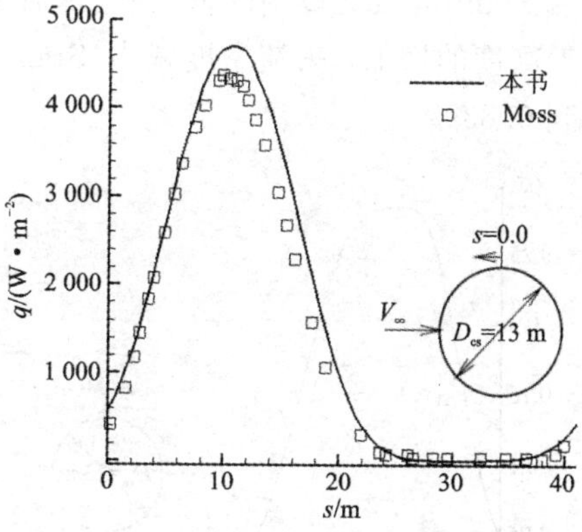

(b) 高度120 km

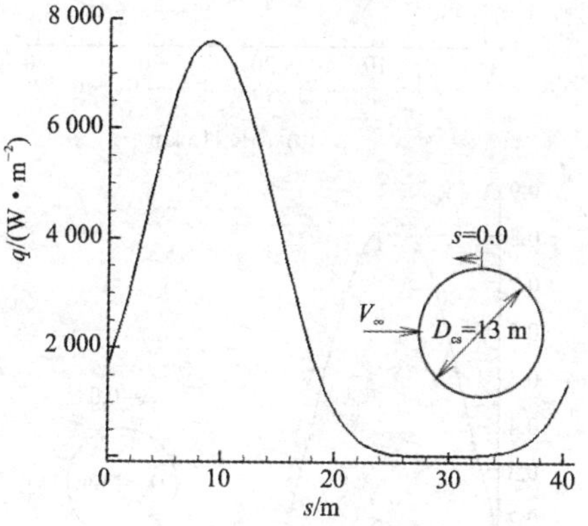

(c) 高度115 km

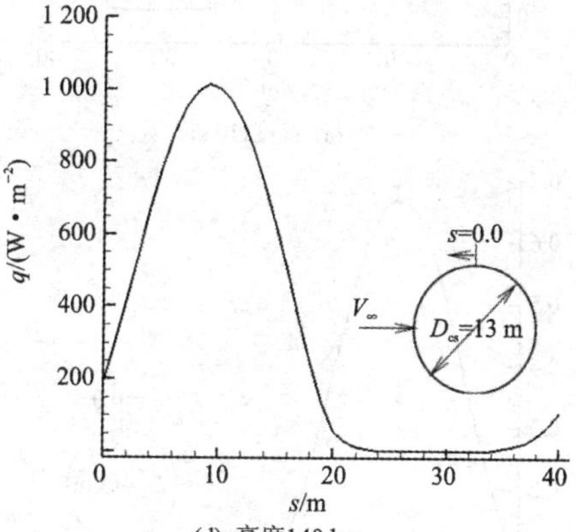

(d) 高度140 km

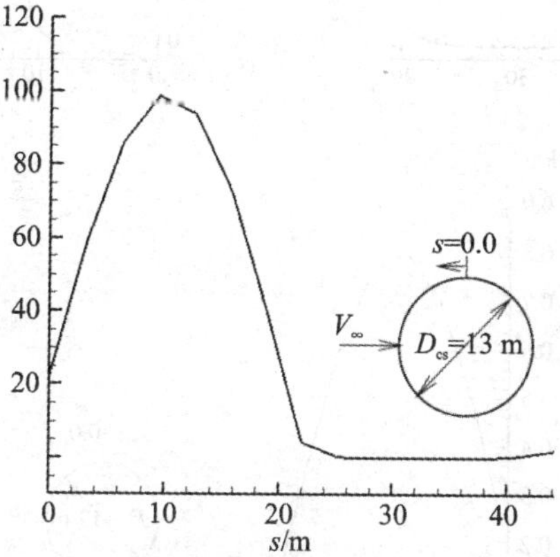

(e) 高度200 km

图 3.11　地球大气中 5 种工况时气球表面热流密度沿圆周 *s* 分布图

对于 Stanton 数的概念，参考文献[31,4]已给出定义。图 3.12 给出了上述 5 种工况时计算出的 Stanton 数沿壁面的分布，显然这时的分布与热流密度的分布很类似，气球表面 Stanton 数开始随着 *s* 的增大逐渐增大，在驻点处达到最大值。过了驻点后 Stanton 数又逐渐降低，在气球后部 Stanton 数很小。受稀薄程度的影响较大，随着高度的增加，来流密度减小，Stanton 数逐渐增大，Stanton 数的峰值从 0.285 增大到 0.839。

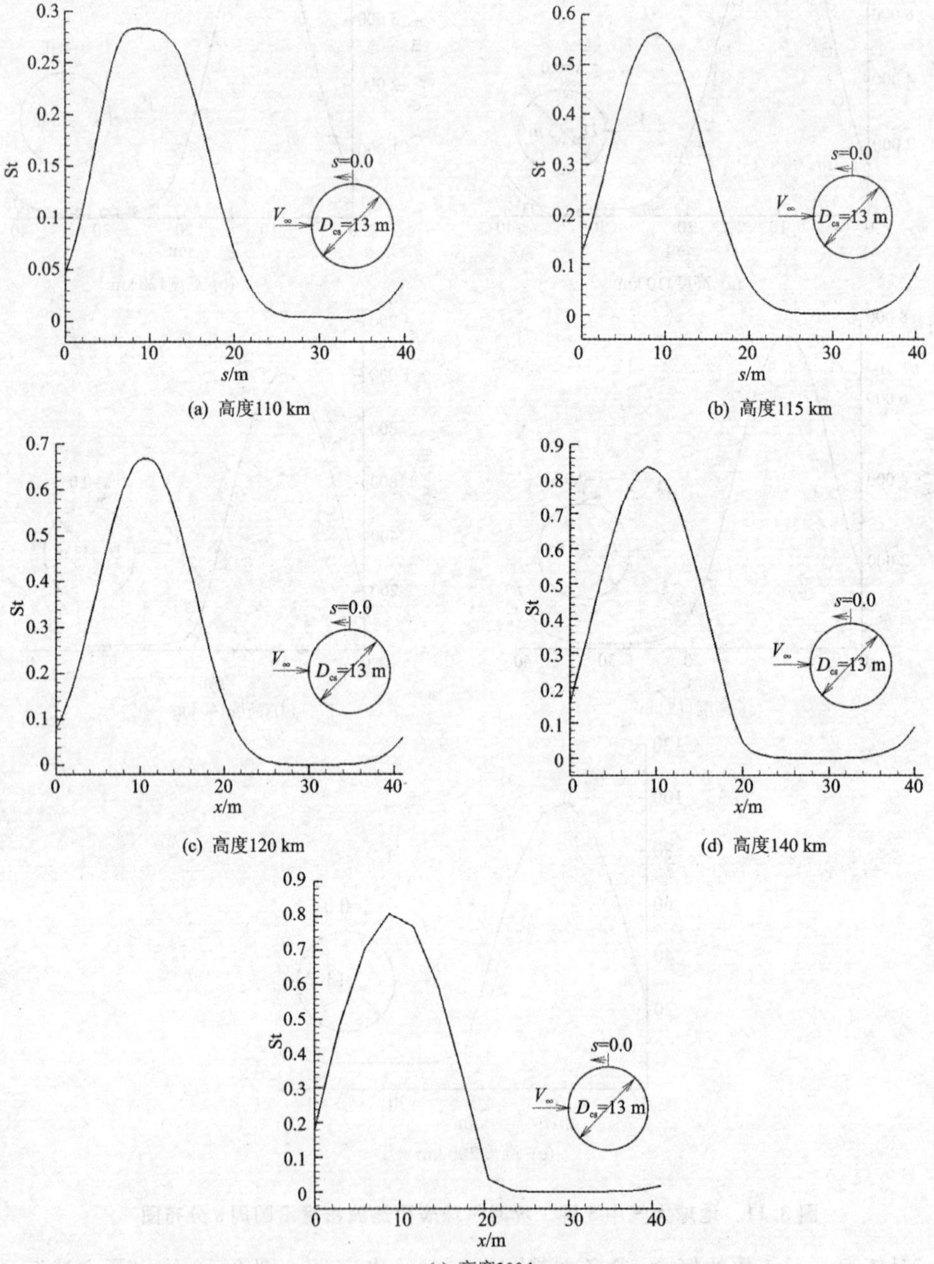

图 3.12 地球大气中 5 种工况处沿气球表面 Stanton 数分布图

将壁面气热流密度的模拟结果无量纲化，还可以得到壁面热流系数 C_H，即

$$C_H = \frac{q}{\frac{1}{2}\rho_\infty U_\infty^3} \tag{3.4.1}$$

式中：q 是热流密度，ρ_∞ 和 U_∞ 分别是自由来流的密度和速度。

表 3.3 给出了相同来流速度 8.55 km/s 和不同高度(即 110～200 km 范围)下，环形气球表面的气球壁面热流密度与热流密系数的峰值。从表 3.3 可以看出，壁面热流密度和热流系数受稀薄程度的影响较大，随着高度的变化，热流密度峰值从 8 406 W/m^2 降低到 98 W/m^2，与其相对应的热流系数 C_H 峰值从 0.280 变化到 0.961，并将我们的数值结果与文献[56]的结果相比，显然两者基本一致。

表 3.3　不同高度的气球表面热流密度、热流密系数的峰值

高度 h/km	来　自	q/W·m^{-2}	C_H
110	文献[54]	8 406	0.280
	J. N. Moss	9 300	0.310
120	文献[54]	4 705	0.628
	J. N. Moss	4 400	0.622
140	文献[54]	1 013	0.841
	J. N. Moss	1 020	0.847
200	文献[54]	98	0.961
	J. N. Moss	100	0.975

图 3.13(a)给出了 110 km 高空时沿气球头部驻点线组分的摩尔百分比的分布图。从这张图可以看出，激波后接近壁面的位置，由于气体分子密度增大，碰撞数目增大，气体分子化学反应最强烈。越靠近壁面，分子碰撞频率会逐渐增加，由于离解反应、置换反应和复合反应的发生，可以看出氮气与氧气组分逐渐降低，而氮原子和氧原子逐渐升高。值得注意的是，靠近壁面这时因冷壁效应导致了氮气与氧气组分略有升高，氮原子与氧原子略有降低。图 3.13 中给出了距离地面 110 km、115 km、120 km 和 140 km 高度下不同组分气体中所占的摩尔百分比，从这些图中可以看出整个流场的化学反应的变化过程。

另外，由图 3.13 还可以看出，随着高度从 110 km 增加到 140 km，气体稀薄程度增加，N_2 和 O_2 分子的分解趋势减弱，这表明流场中的化学反应程度降低。当飞行高度达到 140 km 时，N_2 和 O_2 分子基本上没离解反应发生，流场化学反应已经变得很微弱，所以可以得出飞行器表面的化学反应程度随着高度的增加而减弱。当气体稀薄程度接近于自由分子区时，化学反应对流场的影响将十分有限。这主要是因为随着来流密度减少导致分子的碰撞频率减小，由于分子间化学反应发生主要是通过分子碰撞来实现的，对应的气体的化学反应程度减弱。

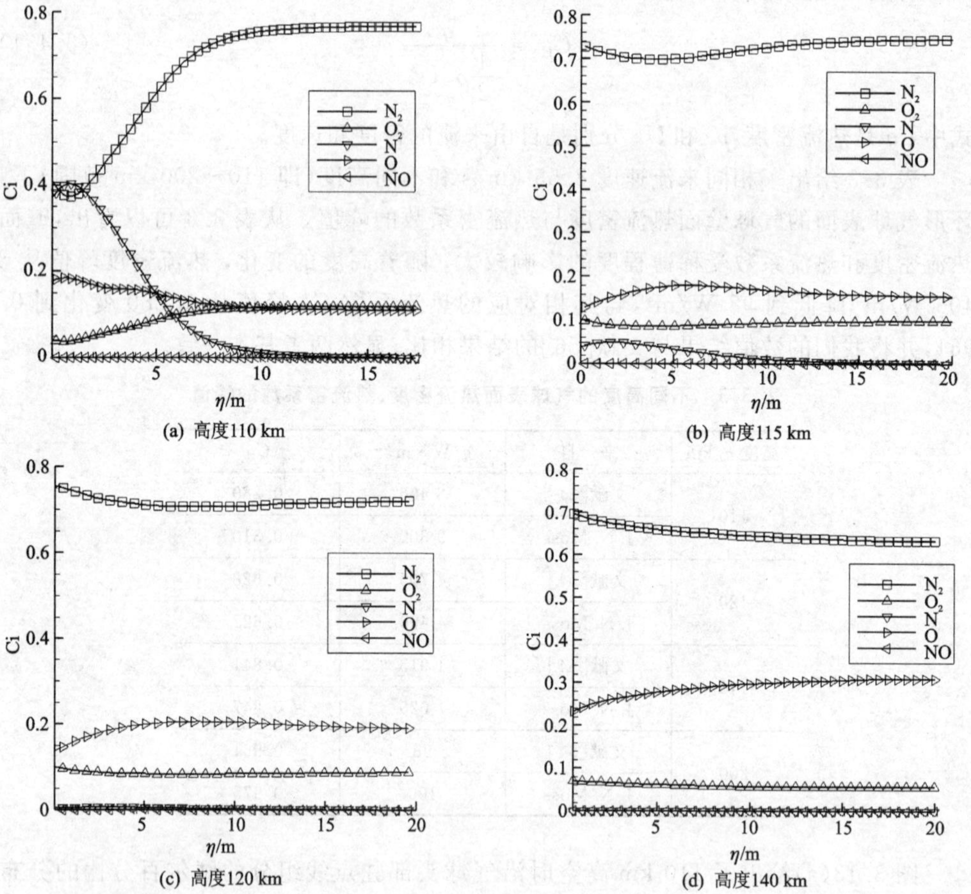

图 3.13 地球大气中 4 种工况下气体各组分沿气球头部驻点线的摩尔百分比分布图

为了更有效的定量描述流场中的化学非平衡态，引进 Damköhler 数（它是流动特征时间与化学反应特征松弛时间的比），并用 Da 来表示。对于同一反应，Da 数越大，则流场中的化学反应越强烈。对于 N_2 分子来讲，它在流场中的化学反应的程度用 $Da(N_2)$来表示，其表达式为

$$Da(N_2) = (L/U_\infty) k_{f,N_2} \rho_{N_2} / M_{N_2} \tag{3.4.2}$$

式中：L 是气球特征长度，U_∞ 是来流速度，k_{f,N_2}、ρ_{N_2}、M_{N_2} 分别是 N_2 分子分解的速率、密度和分子量。

图 3.14 给出了流场中 N_2 分子离解反应时对应的 Da 数的分布图。从图 3.14(a)中给出的流场 Da 数等值线的分布图可以看出，等值线主要集中在气球头部区域，这表明在气球头部局域化学反应较显著，相比而讲，探测器头部的化学反应较弱，因此图 3.14(b)～图 3.14(d)只给出气球部分的 Da 数等值线的分布图。在距离地面 4 种高度（分别为 110 km、115 km、120 km 和 140 km）时，Da 数的最大值分别为

4.2×10^{-2}、6.5×10^{-4}、2.0×10^{-6} 和 4.5×10^{-9}，可见随着来流稀薄程度的增加，Da 数值降低很快，这说明流场内的化学反应程度减弱。当高度达 140 km 时，化学反应已基本不发生，这与前面的分析是一致的。

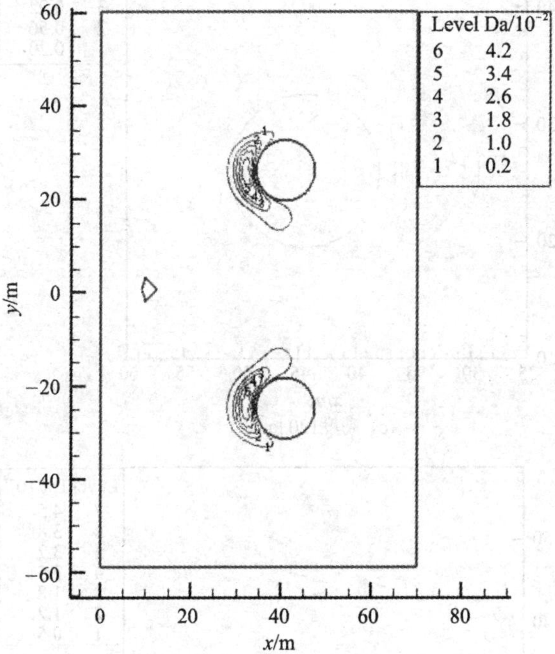

(a) 高度110 km

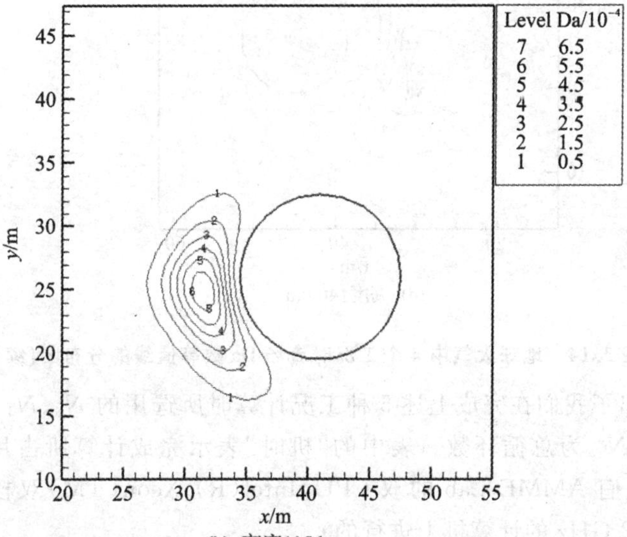

(b) 高度115 km

图 3.14　地球大气中 4 个工况时流场 Da 数等值线的分布图

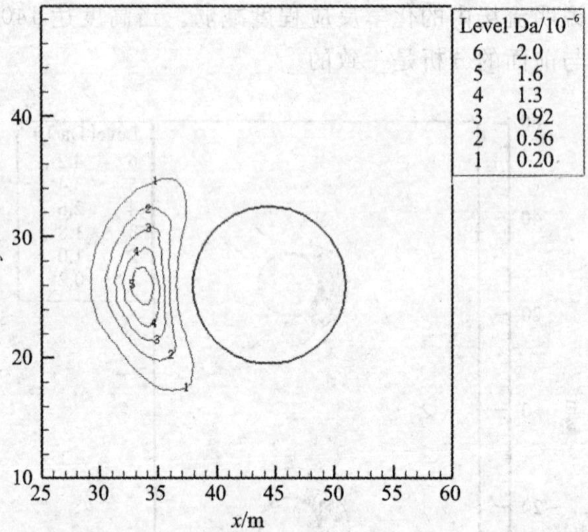

(c) 高度120 km

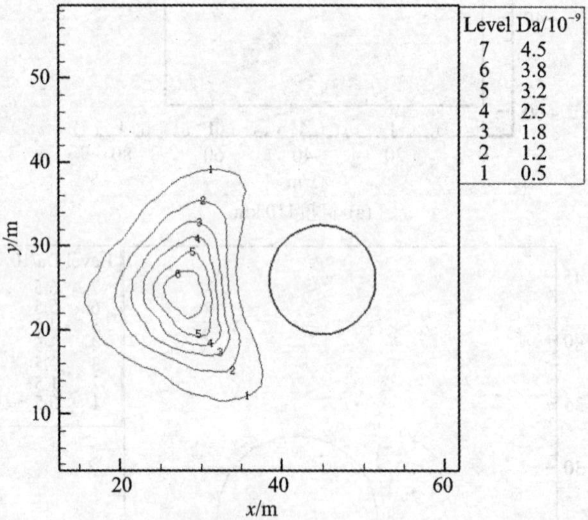

(d) 高度140 km

图 3.14 地球大气中 4 个工况时流场 Da 数等值线的分布图(续)

表 3.4 给出了我们在完成上述 5 种工况计算时所选用的 N_S、N_T 等值，这里 N_S 为额定取样数，N_T 为总循环数。表中的“机时”表示完成计算所占用的 CPU 时间(本计算是在我们 AMME Lab 的双 CPU，Intel(R) Xeon(TM) 双核处理器，主频 2.66 Hz，内存 2 GHz 的计算机上进行的)。

表3.4　程序中所选用的部分参数以及计算所占用的CPU时间

高度 h/km	N_S	N_T	机时(t/h)
110	100	250	67
115	100	250	32
120	100	250	18
140	100	300	9
200	100	500	5

3.5　Ballute减速装置进入火星大气层的飞行问题

火星是人类未来星际探索的重要目标之一。火星大气与地球大气相比，它要稀薄得多，而且火星大气中95%是CO_2。表3.5给出了距离火星表面100～130 km高度处来流分子的自由程λ_∞、数密度n_∞、各组分气体所占比例以及对应气球特征长度(取气球直径D_{cs})的Knudsen数。为方便分析，这里将来流速度统一取8.55 km/s。

表3.5　火星环境下不同高度处的来流参数

高度 h/km	λ_∞/m	n_∞/m^{-3}	X_{CO_2}	X_{N2}	Kn
130	44.3	1.61×10^{16}	0.954	0.046	3.41
110	2.83	2.52×10^{17}	0.954	0.046	0.22
100	0.74	9.60×10^{17}	0.954	0.046	0.057

Ballute装置在火星大气中运动时，在探测器的头部和环形气球的迎风面头部都将产生激波，激波后气体温度升高并将发生化学反应，其反应模型可用包含C、O、N、N_2、CO、CO_2、NO和O_2在内的8组元44个基元反应的模型来描述。令M为反应碰撞单元(这里M为C、O、N、N_2、CO、CO_2、NO和O_2的任意一个)。表3.6给出了在火星大气层做高超声速飞行时所发生化学反应的模型。

表3.6　火星大气层中所发生的化学反应机制模型

	化学反应	反应碰撞单元
1	$CO_2+M\leftrightarrow CO+O+M$	M=N_2,O_2,NO,CO_2,CO ,N,O,C
2	$CO+M\leftrightarrow C+O+M$	M=N_2,O_2,NO,CO_2,CO,N,O,C
3	$N_2+M\leftrightarrow N+N+M$	M=N_2,O_2,NO,CO_2,CO,N,O,C
4	$O_2+M\leftrightarrow O+O+M$	M=N_2,O_2,NO,CO_2,CO,N,O,C
5	$NO+M\leftrightarrow N+O+M$	M=N_2,O_2,CO,N,O,C,NO,CO_2
6	$NO+O\leftrightarrow N+O_2$	无
7	$N_2+O\leftrightarrow NO+N$	无
8	$CO+O\leftrightarrow C+O_2$	无
9	$CO_2+O\leftrightarrow CO+O_2$	无

为了比较 Ballute 装置在地球与火星两种大气层中的运动，我们对该装置在火星大气层飞行问题进行了数值计算，图 3.15 给出了距离火星表面 100 km 和距离地球表面 110 km 的温度等值线，两者的自由来流速度相同（都取为 8.55 km/s），这时两者的 Knudsen 数较为接近。从计算结果上可以看出，火星大气层的气球前沿部分的激波层厚度明显大于地球大气层的结果。对于火星大气层，其温度峰值达到了 30 000 K，而对于地球大气层为 26 000 K，显然两者具有很明显的差异。之所以这样是由于分子自由程的计算采用了硬球模型，即

$$\lambda = \frac{1}{\sqrt{2}\pi d^2 n} \tag{3.5.1}$$

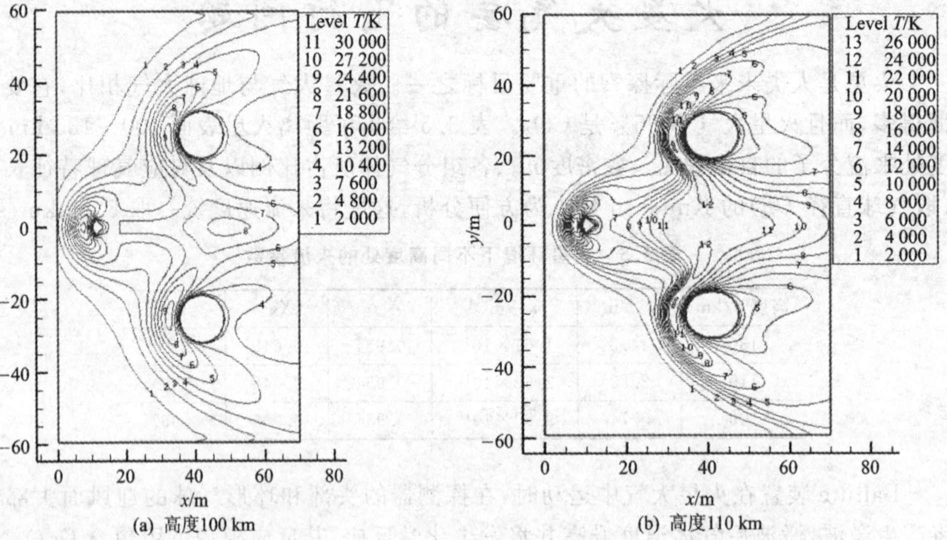

图 3.15 距离火星表面 100 km 和距离地球表面 110 km 处的温度等值线分布图

可以看出，对相同的分子自由程、数密度 n 和分子直径 d 的平方成反比。火星大气的主要组分是 CO_2 的分子直径 $d=5.62\times10^{-10}$ m，而地球大气的主要组分 N_2 分子（分子直径 $d=4.17\times10^{-10}$ m）和 O_2 分子（分子直径 $d=4.07\times10^{-10}$ m）相比 CO_2 的分子直径要小，对应的数密度就相对较大。所以在相同的 Knudsen 数下，火星大气相比地球大气更加稀薄。另外，流场的平动温度的计算公式为

$$T = \frac{m\overline{c'^2}}{3k} \tag{3.5.2}$$

式中，m 是分子质量，$\overline{c'^2}$ 是网格内分子相对速度的平方，k 是 Boltzmann 常数。

由(3.5.2)式可以看出平动温度 T 和分子质量成正比。火星大气的主要组分是 CO_2 的分子质量 $m=7.31\times10^{-26}$ kg，大于地球大气的主要组分 N_2 分子（$m=4.65\times10^{-26}$ kg）和 O_2 分子（$m=4.65\times10^{-26}$ kg）的分子质量，所以相同来流速度和相同 Knudsen 数情况下，火星大气工况下的总温要比地球大气的高。图 3.16 给出了来

流速度统一取 8.55 km/s,距离火星表面 110 km 和 130 km 高度下的计算得到的探测器和环形气球的温度分布图。从这些图中可以看出其分布特性与地球大气环境中的数值模拟结果相类似,随着距离火星表面高度的增加(当从 100 km 变到 130 km 时),大气稀薄程度增加,对应的 Knudsen 数从 0.057 增加到 3.41。另外,从 100 km 和 110 km 工况时的温度图可以发现激波相互作用的物理现象,这种现象是由于探测器的激波和环形气球的激波相互作用的结果,因此在探测器尾部区域和环形气球间的区域内存在着一个很明显的高温区,其最高温度为 21 600 K。

而在距离火星表面 130 km,稀薄程度接近自由分子区,探测器与气球的头部激波厚度增大,而且相应温度的峰值也降低到了(见图 3.16)。

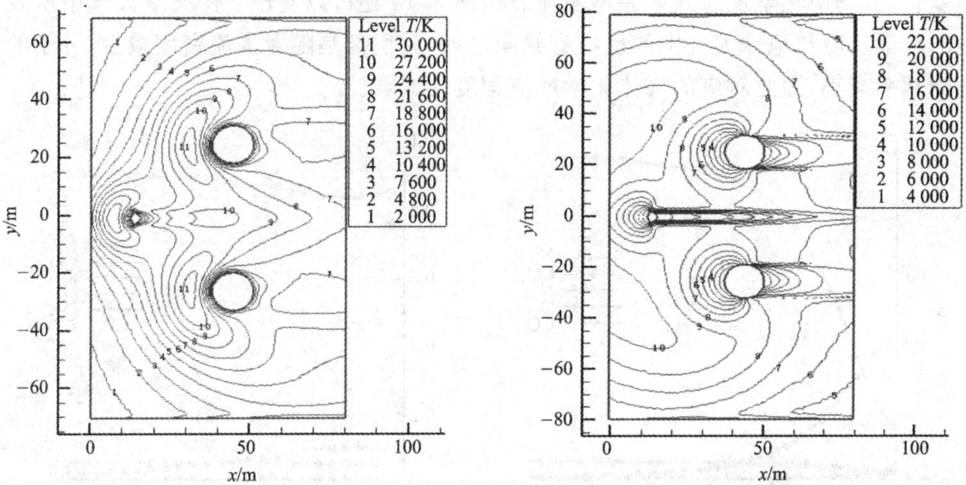

(a) 高度110 km　　(b) 高度130 km

图 3.16　Ballute 装置在距离火星表面 110 km 和 130 km 高度处的温度分布图

图 3.17 给出了火星大气环境中,不同高度三种工况时环形气球表面的热流密系数沿壁面的分布图。从这张图可以看出随着高度的降低,热流系数受稀薄程度的影响较大,其热流系数峰值从 0.45 增加到 0.91。图 3.18(a)给出了距离火星表面 110 km 高度处,气体不同组分分子沿驻点线的摩尔百分比的分布图。图中可以看出,由于 CO_2 分子的离解温度远远低于 N_2 的离解温度,所以 CO_2 的离解率远远大于 N_2 的值。另外,火星大气中的主要反应生成物是 O、N、

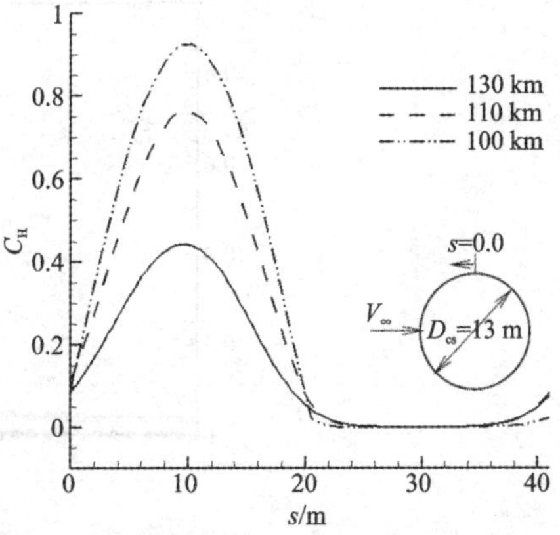

图 3.17　在火星大气中 3 个高度处沿环形气球壁面的热流系数分布图

CO,从图中可以看出作为 CO_2 分解的生成物 O 和 CO 在流场中的摩尔分数基本相同,这表明 CO 的离解温度很高,导致了 CO 的离解率很低。可以看出上述情况与地球大气中流场的化学反应趋势基本上是一致的,CO_2 与 N_2 的气组分越靠近壁面越低,而 O、N、CO 逐渐升高。此外,当靠近壁面时,由于冷壁效应的存在导致了 CO_2 与 N_2 组分略有升高,O、N、CO 略有降低。对比图 3.18 中的三种工况时气体的各组分分子沿驻点线的摩尔百分比分布图还可以看出:在距离火星表面 100 km 高度处,CO_2 的离解率最高,CO_2 所占的摩尔百分比从来流的 95%下降到了接近壁面附近的 15%,流场中的化学反应很强烈;在距离火星表面 110 km 处,CO_2 从来流的 95%下降到了接近壁面附近的 85%;距离火星表面 130 km 处,CO_2 的摩尔百分比基本不发生变化,流场中化学反应效果并不明显。由图 3.18 还可以看出:在火星大气中所发生的化学反应与地球大气中的反应有共同之处,它们都是随着来流密度减少,分子的碰撞频率减小,因此对应的气体化学反应程度便减弱。

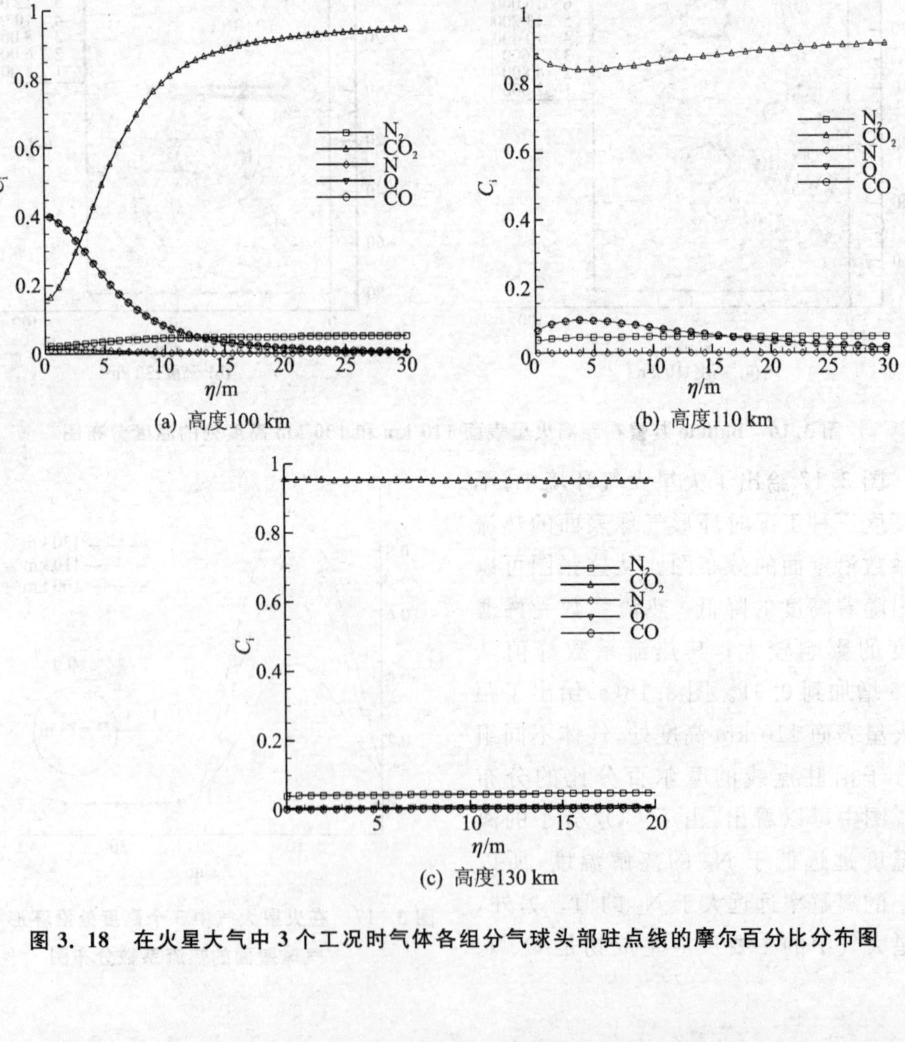

图 3.18　在火星大气中 3 个工况时气体各组分气球头部驻点线的摩尔百分比分布图

图 3.19 给出了火星大气层中两种工况(高度分别为 100 km 和 110 km)下流场的 $|T-T_v|/T$ 值的等值线分布图。由这些图可以看出:在火星大气层中 $|T-T_v|/T$ 值的等值线分布图与地球大气层中相应的结果类似,都是在同一工况下,气球头部的驻点区域中 $|T-T_v|/T$ 的值较小,表明热力学非平衡态现象较弱。另外,相比之下探测器头部驻点区域内 $|T-T_v|/T$ 的值大于气球头部区域的值,表明该处热力学非平衡态现象比气球的头部要强。此外,由图 3.19(a)可知,$|T-T_v|/T$ 值从 0.1 变化到 0.7;图 3.19(b)可知,$|T-T_v|/T$ 值从 0.5 变化到 0.9。还需说明的是,对于 130 km 高度的工况时流场的 $|T-T_v|/T$ 值的等值线分布图,由于它与图 3.19(b)相类似,这里因篇幅所限不再给出。

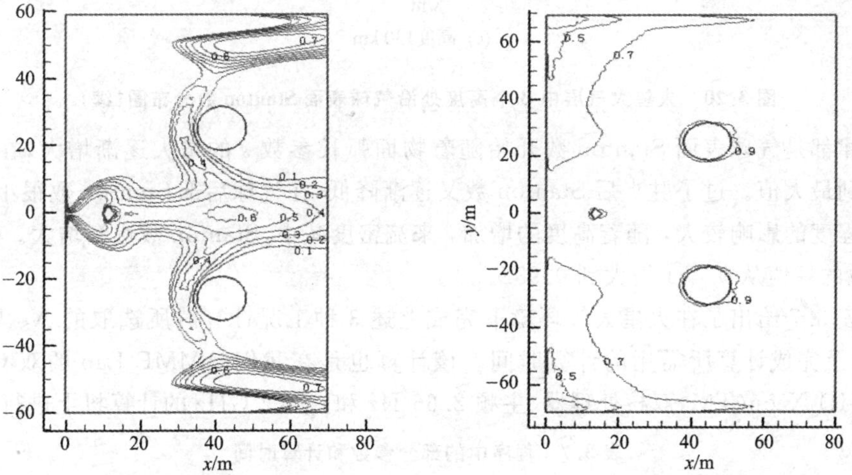

(a) 高度100 km　　(b) 高度120 km

图 3.19　在火星大气层中 2 个高度处流场 $|T \quad T_v|/T$ 等值线的分布图

图 3.20 给出了 100 km、110 km 和 130 km 高空处 3 种工况时的 Stanton 数沿壁面的分布图。很显然在火星大气层中的分布与图 3.12 在地球大气层的结果相类似,

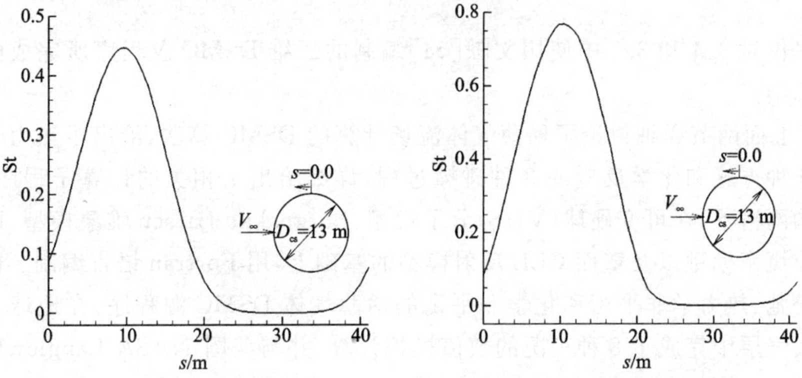

(a) 高度100 km　　(b) 高度110 km

图 3.20　火星大气层中 3 个高度处沿气球表面 Stanton 数分布图

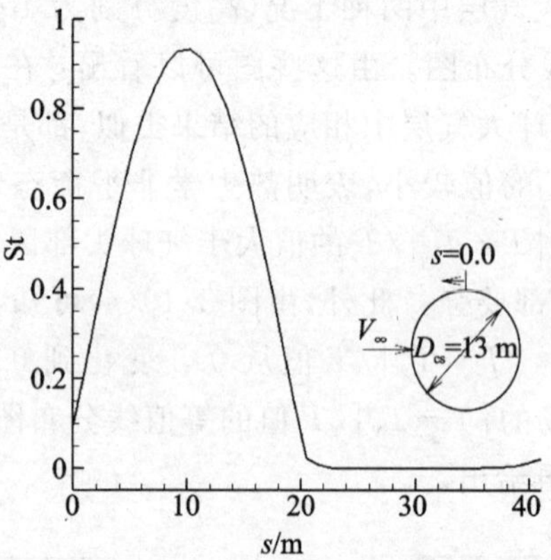

(c) 高度130 km

图 3.20 火星大气层中 3 个高度处沿气球表面 Stanton 数分布图(续)

其规律都是气球表面 Stanton 数开始随着物面弧长参数 s 的增大逐渐增大,在驻点处达到最大值。过了驻点后 Stanton 数又逐渐降低,在气球后部 Stanton 数很小。受稀薄程度的影响较大,随着高度的增加,来流密度减小,Stanton 数逐渐增大。Stanton 数的峰值从 0.451 增大到 0.932。

表 3.7 给出了在火星大气环境下完成上述 3 种工况计算时所选取的 N_S 与 N_T 值,以及完成计算所需用的计算时间。该计算也是在我们 AMME Lab 的双 CPU,Intel(R) Xeon(TM)双核处理器、主频 2.66 Hz 和内存 2 GHz 的计算机上进行的。

表 3.7 程序中的部分参数和计算时间

高度 h/km	N_S	N_T	机时(t/h)
100	100	250	55
110	100	250	28
130	100	300	10

这里仅对 3.4 和 3.5 中使用文献[54]编制的二维 DSMC 源程序所完成的计算做一下总结:

(1) 上面两节详细讨论了稀薄气体流场计算的 DSMC 算法,给出了热力学碰撞传能的 6 种方式和化学反应的 8 种碰撞过程,详细给出了相关的计算子程序框图。在非结构网格下,在可变硬球(VHS)分子模型、Borgnakke-Larsen 唯象模型、Bird 的化学反应概率模型以及壁面 CLL 反射模型的基础上,用 Fortran 语言编制了能够模拟内能松弛、热力学非平衡和化学非平衡的稀薄气体 DSMC 源程序,在地球大气层和火星大气层中完成了 8 种工况的数值模拟计算,并与美国 NASA Langley 研究中心 J. N. Moss 先生在 2007 年发表的计算结果[56]做了比较,结果令人满意,从而初步显示了所编程序的可行性与有效性。

(2) 以 Ballute 减速装置(其中包括探测器与环形气球)为典型算例,完成了在两种大气环境下的数值计算:

① 在地球大气环境(高度从 200 km 降到 110 km,Knudsen 从 30.0 变到 0.05,飞行马赫数从 11.2 增加到 26.3)时 5 种飞行工况的 DSMC 计算;

② 在火星大气环境(高度从 130 km 降到 100 km,Knudsen 从 3.41 变到 0.057,来流速度为 8.55 km/s)时 3 种飞行工况的 DSMC 计算[54]。分别得到了 8 种工况下壁面热流密度和 Stanton 数的分布,这对飞行器的热防护以及 Ballute 减速装置的热防护设计提供了有效的分析工具。

(3) 在高温稀薄流场的热力学分析与传热学分析方面,注意了用 $|T-T_V|/T$ 去分析热力学非平衡,用 Damköhler 数去分析化学反应的非平衡,用壁面的 Stanton 数分布去分析壁面的传热效果,显然这些分析对高温部件的热防护分析与设计提供了坚实的理论分析基础。另外,以图 3.21 为例,该图给出了流场中 N_2 分子离解反应时对应的 Da 数的分布图。从图 3.21 所给的 Da 数等值线的分布图可以看出,这里的结果与图 3.14 地球大气层中的结果有相似之处,即等值线都主要集中在气球头部区域,这表明在气球头部局部化学反应较显著。在图 3.21 中,3 种工况(即飞行高度分别为 100 km,110 km,130 km)时,Da 数的最大值分别为 7.5×10^{-4}、2.6×10^{-4} 和 2.0×10^{-7}。从这些结果可以看出,随着来流稀薄程度的增加,Da 数的值降低很快,这说明随着高度的增大,流场内的化学反应程度逐渐变弱。显然,用 Da 数去分析化学反应的非平衡程度是十分有益的。

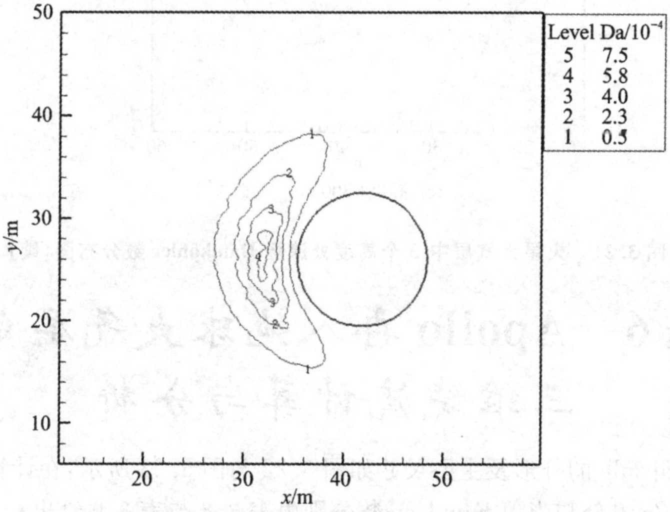

(a) 高度100 km

图 3.21　火星大气层中 3 个高度处流场 Damköhler 数分布图

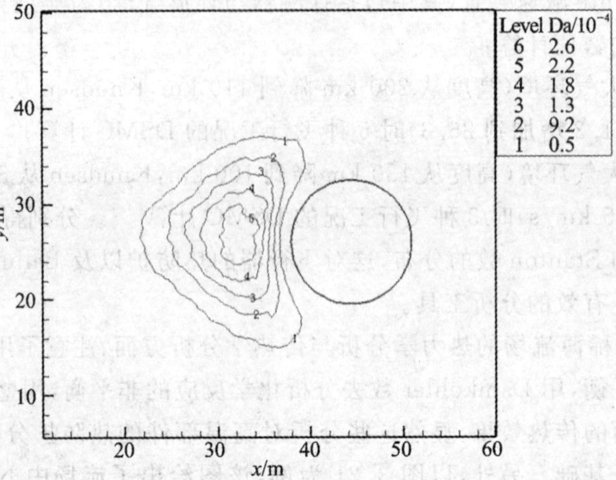

(b) 高度110 km

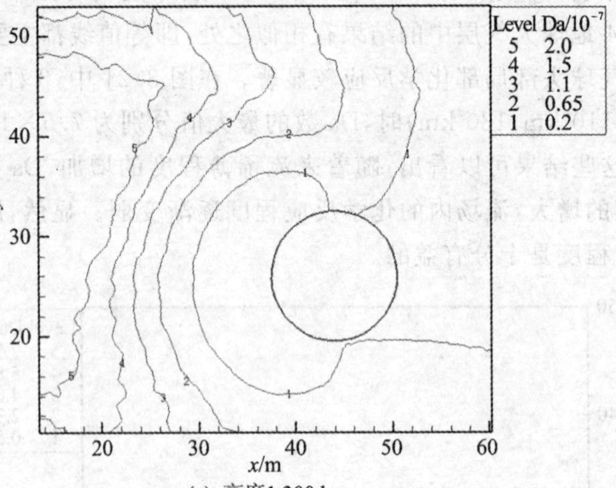

(c) 高度1 300 km

图 3.21 火星大气层中 3 个高度处流场 Damköhler 数分布图(续)

3.6 Apollo 再入地球大气层的三维绕流计算与分析

Apollo capsule 的外形及主要尺寸如图 3.22 与图 3.23 所示，在计算时选取的来流参数以及大气组分与当地 Knudsen 数分别由表 3.8 与表 3.9 给出。

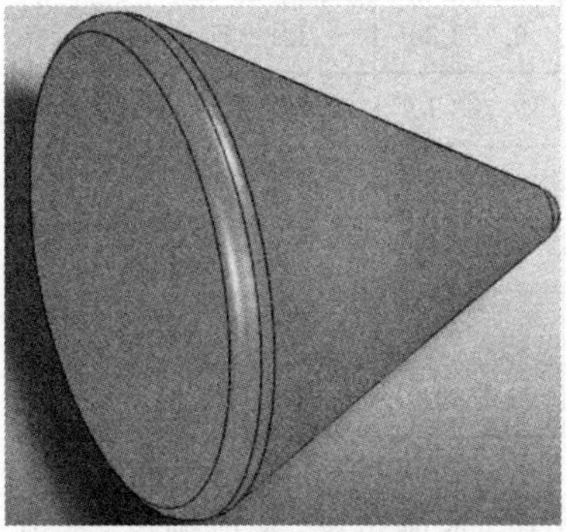

图 3.22　Apollo 的三维外形

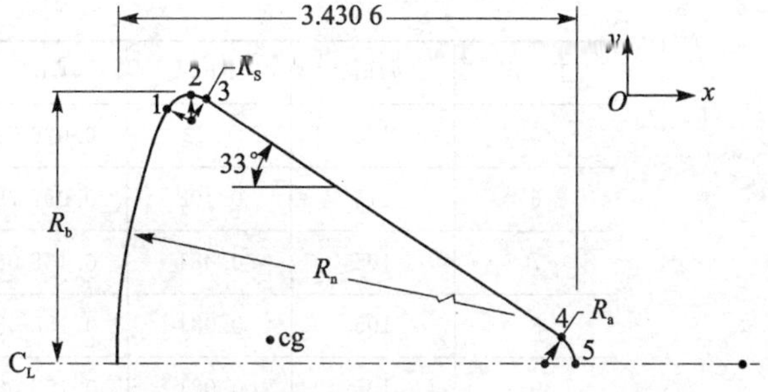

位置点	x	y	s
1	0.374 3	1.836 8	1.887 2
2	0.554 3	1.955 8	2.115 8
3	0.660 8	1.924 2	2.228 4
4	3.325 4	0.193 8	5.405 6
5	3.340 6	0.000 0	5.635 5
cg	1.145 5	0.160 0	

图 3.23　Apollo 的主要尺寸数据

表 3.8　Apollo 的来流参数

工　况	h/km	n_∞/m^{-3}	ρ_∞/kg/m^3	T_∞/K	T_w/K	α_∞
1	200	$8.999\,6\times10^{15}$	$3.282\,9\times10^{-10}$	1 026	234	−25°
2	170	$2.270\,2\times10^{16}$	$8.777\,7\times10^{-10}$	892	300	−25°
3	150	$5.305\,5\times10^{16}$	$2.138\,3\times10^{-9}$	733	373	−25°
4	135	$1.314\,9\times10^{17}$	$5.486\,2\times10^{-9}$	564	474	−25°
5	125	$3.059\,8\times10^{17}$	$1.310\,0\times10^{-8}$	433	589	−25°
6	115	$9.856\,2\times10^{17}$	$4.357\,5\times10^{-8}$	304	795	−25°
7	105	$5.094\,7\times10^{18}$	$2.364\,0\times10^{-7}$	208	1 029	0°
8	105	$5.094\,7\times10^{18}$	$2.364\,0\times10^{-7}$	208	1 029	10°
9	105	$5.094\,7\times10^{18}$	$2.364\,0\times10^{-7}$	208	1 029	45°
10	100	$1.189\,8\times10^{19}$	$5.582\,4\times10^{-7}$	194	1 146	−25°
11	90	$7.075\,5\times10^{19}$	$3.384\,8\times10^{-6}$	188	1 436	−25°

表 3.9　Apollo 再入的地球大气层的组成以及 Kn 数

工　况	h/km	Kn_∞	X_{O_2}	X_{N_2}	X_O
1	200	44.74	0.031 46	0.454 76	0.513 78
2	170	17.74	0.043 54	0.548 20	0.408 26
3	150	7.59	0.054 61	0.615 57	0.329 82
4	135	3.06	0.065 93	0.671 58	0.262 48

续表 3.9

工　况	h/km	Kn_{∞}	X_{O_2}	X_{N_2}	X_O
5	125	1.32	0.076 79	0.711 71	0.211 50
6	115	0.408	0.097 79	0.753 86	0.148 35
7	105	0.081	0.158 08	0.783 19	0.058 73
8	105	0.081	0.158 08	0.783 19	0.058 73
9	105	0.081	0.158 08	0.783 19	0.058 73
10	100	0.0338	0.176 83	0.78440	0.038 77
11	90	0.0057	0.209 05	0.78748	0.003 47

在表 3.8 中 n_{∞}、ρ_{∞}、T_{∞}、α_{∞}、h 分别代表来流数密度、来流密度、来流温度、来流攻角和飞行高度；T_w 为壁面温度。另外，在表 3.9 中 h 为飞行高度，Kn_{∞} 为来流的 Knudsen 数；X_{O_2}、X_{N_2}、X_O 分别代表 O_2、N_2 与 O 在地球大气中所占的比例。这里计算时所选取的 Apollo 来流速度是 9.6 km/s，表 3.8 给出了本算例计算所选用的 11 个飞行工况时的来流条件，表 3.9 给出了不同飞行工况下的 Knudsen 数。考虑到 Apollo 的飞行环境是在地球大气层中，因此化学反应仍采用了文献[54]中所选取的 5 组元（即 N_2，O_2，NO，N 和 O）17 基元反应模型，但在本节计算的基元反应取为 23 个，其反应式为

$$\left.\begin{aligned}
&N_2 + M \leftrightarrow N + N + M\\
&O_2 + M \leftrightarrow O + O + M\\
&NO + M \leftrightarrow N + O + M\\
&N_2 + O \leftrightarrow NO + N\\
&NO + O \leftrightarrow N + O_2\\
&O + O = O_2\\
&N + N + N_2 = N_2 + N_2\\
&N + N + O = N_2 + O\\
&N + N + O = N + NO
\end{aligned}\right\} \tag{3.6.1}$$

式中：M 代表反应碰撞单元，M=N_2，O_2，NO，N，O；显然，这与文献[54]的做法相比，本节除考虑组元间发生的离解反应与置换反应之外还考虑了复合反应。图 3.24(a)～图 3.24(k)分别给出 11 个飞行工况下子午面（即 $z=0$ 的截面）上总的（overall）动理学温度 T 等值线分布图。

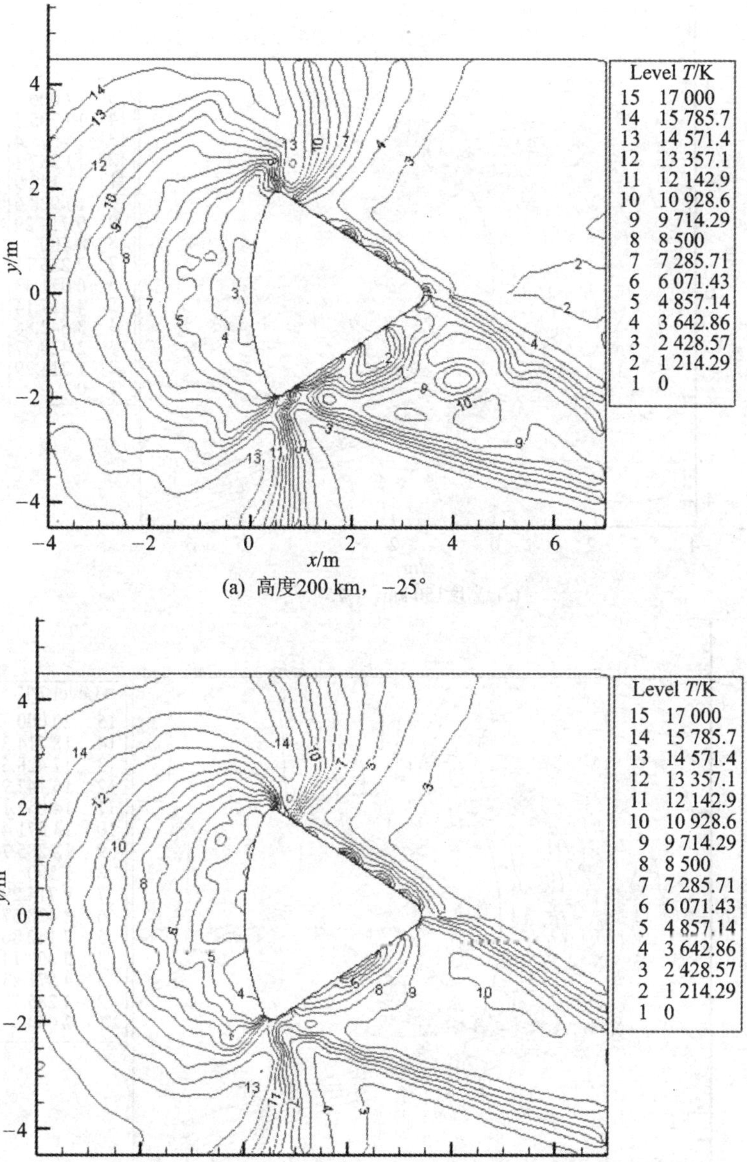

(a) 高度200 km，−25°

(b) 高度170 km，−25°

图 3.24　不同飞行工况下总的温度 T 等值线分布图

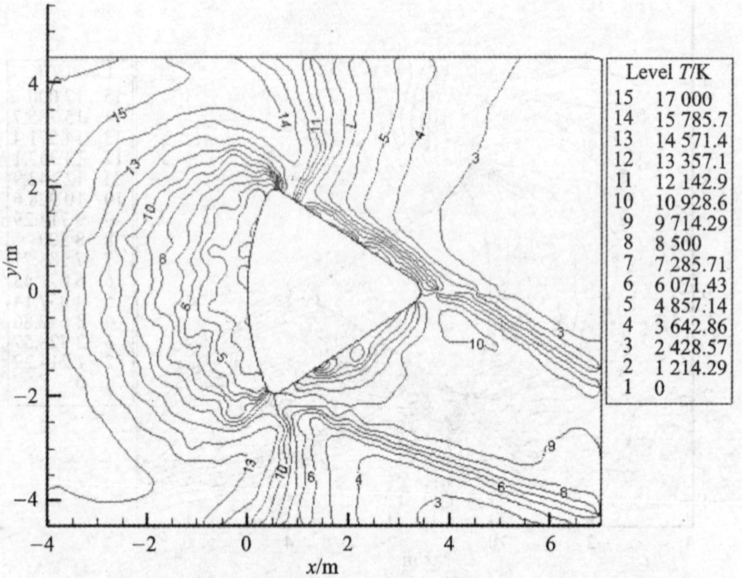

(c) 高度150 km，−25°

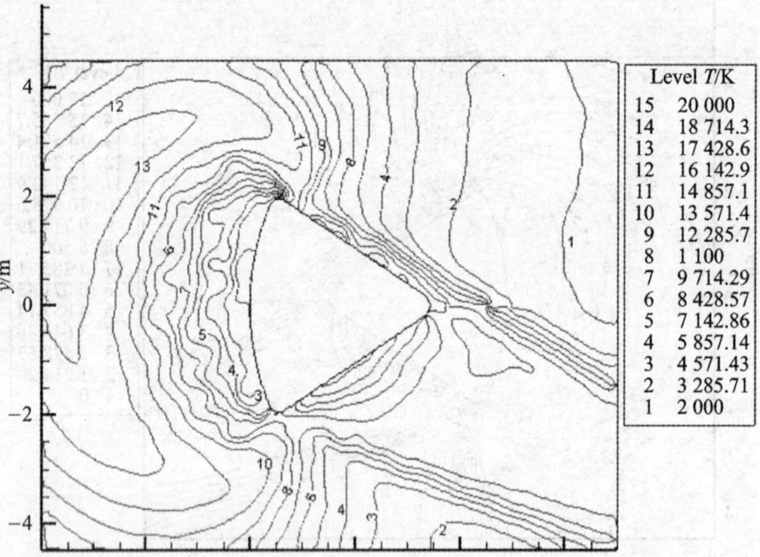

(d) 高度135 km，−25°

图 3.24 不同飞行工况下总的温度 *T* 等值线分布图(续)

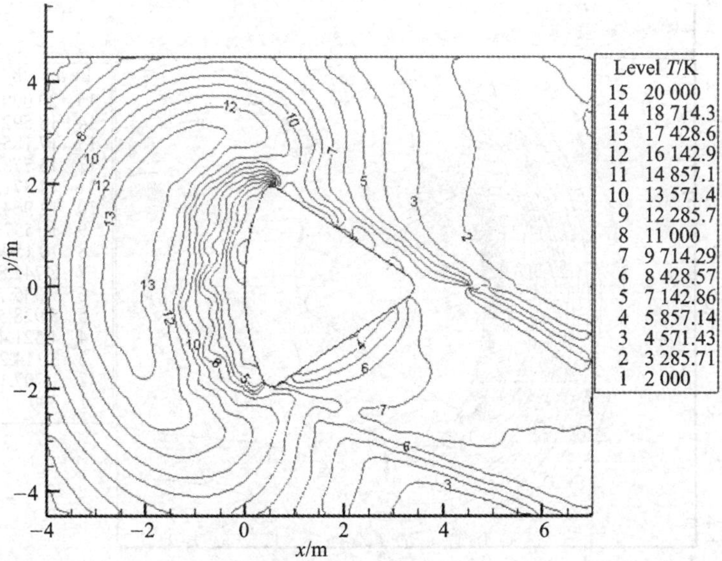

(e) 高度125 km，−25°

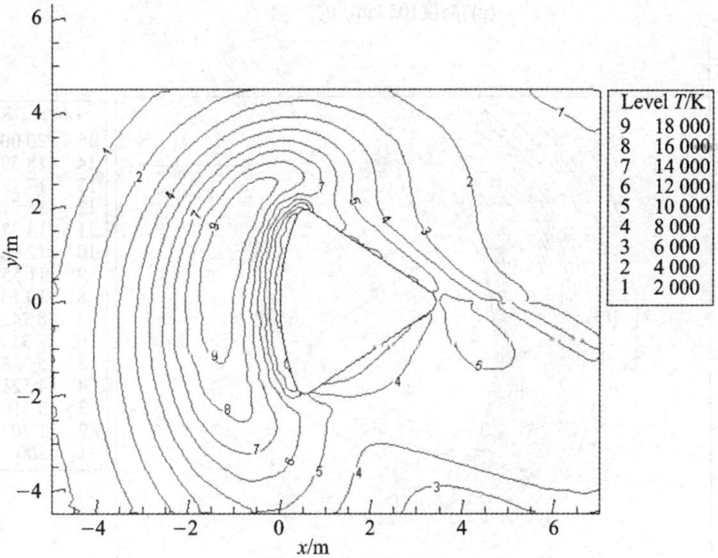

(f) 高度115 km，−25°

图 3.24　不同飞行工况下总的温度 *T* 等值线分布图(续)

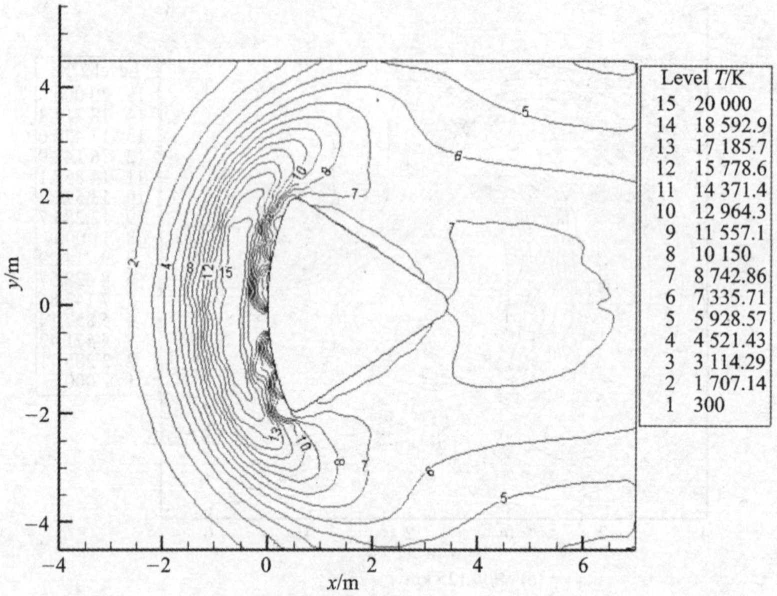

(g) 高度105 km，0°

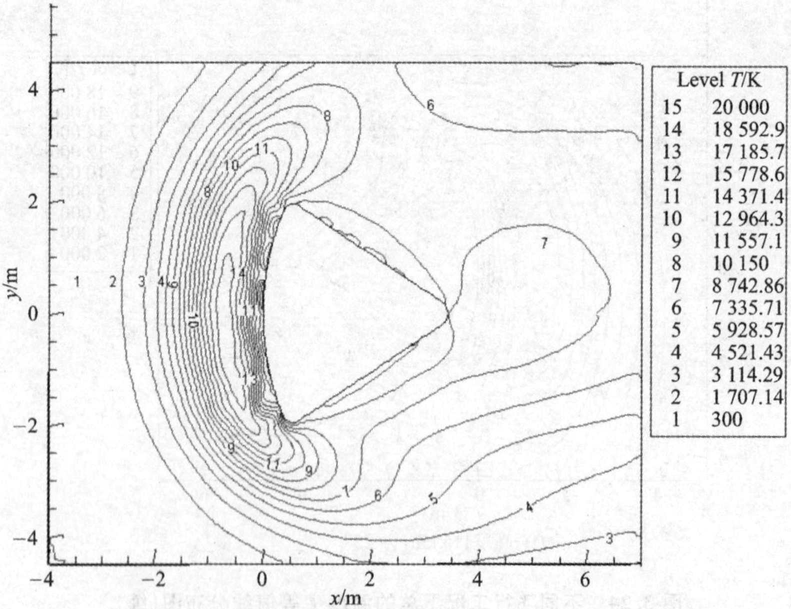

(h) 高度105 km，10°

图 3.24 不同飞行工况下总的温度 T 等值线分布图(续)

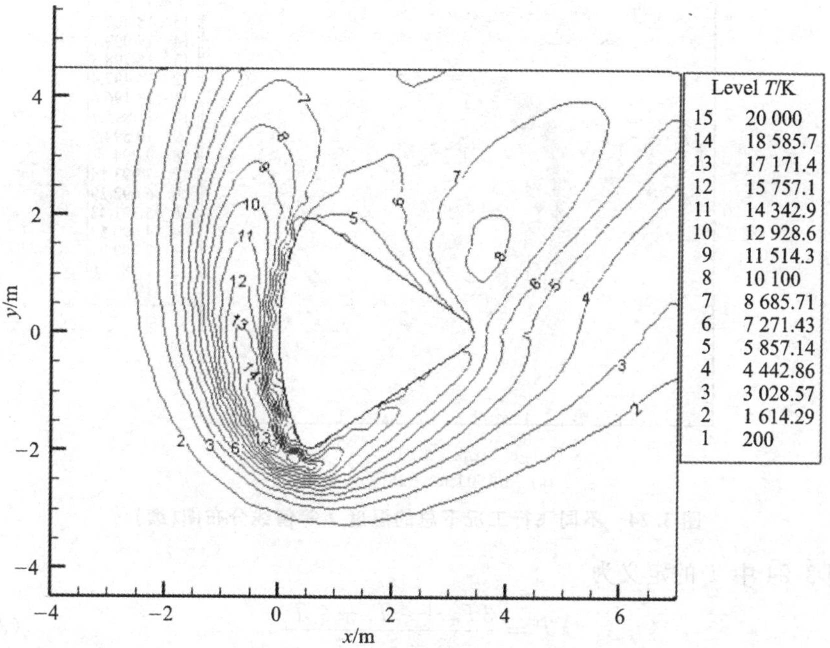

(i) 高度105 km，45°

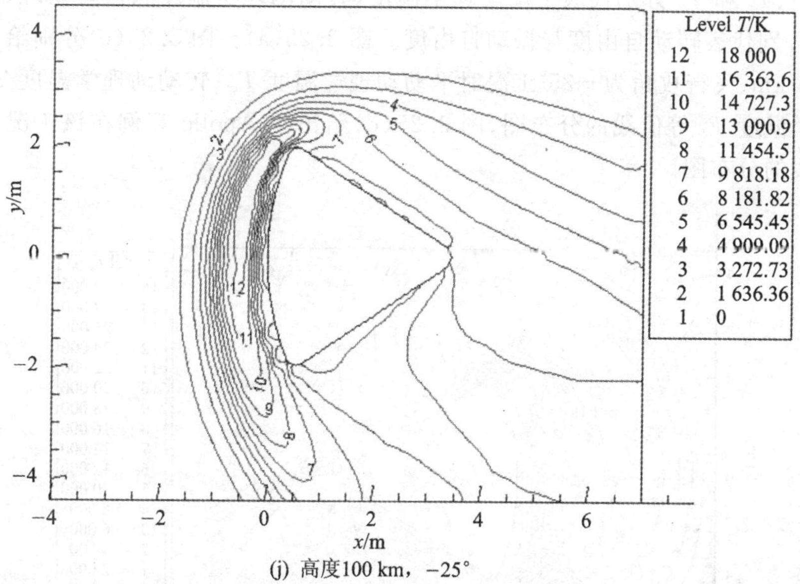

(j) 高度100 km，−25°

图 3.24　不同飞行工况下总的温度 T 等值线分布图(续)

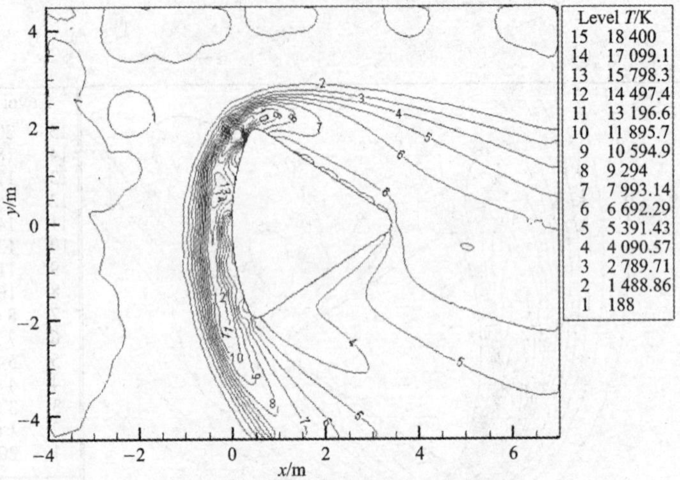

(k) 高度90 km，−25°

图 3.24　不同飞行工况下总的温度 *T* 等值线分布图(续)

图 3.24 中 T 的定义为

$$T=\frac{3T_{\mathrm{tr}}+\xi_{\mathrm{r}}T_{\mathrm{r}}+\xi_{\mathrm{v}}T_{\mathrm{v}}}{3+\xi_{\mathrm{r}}+\xi_{\mathrm{v}}} \tag{3.6.2}$$

式中：T_{tr}、T_{r} 和 T_{v} 分别代表平动动理学温度、转动动理学温度和振动动理学温度；ξ_{r} 与 ξ_{v} 分别代表转动自由度与振动自由度。图 3.25(a)～图 3.25(c)分别给出了高度为 125 km、飞行攻角为−25°工况时平动动理学温度 T_{tr}、转动动理学温度 T_{r} 和振动动理学温度 T_{v} 等值线的分布图，图 3.25(d)给出了 Apollo 算例在该工况时速度模等值线的分布图。

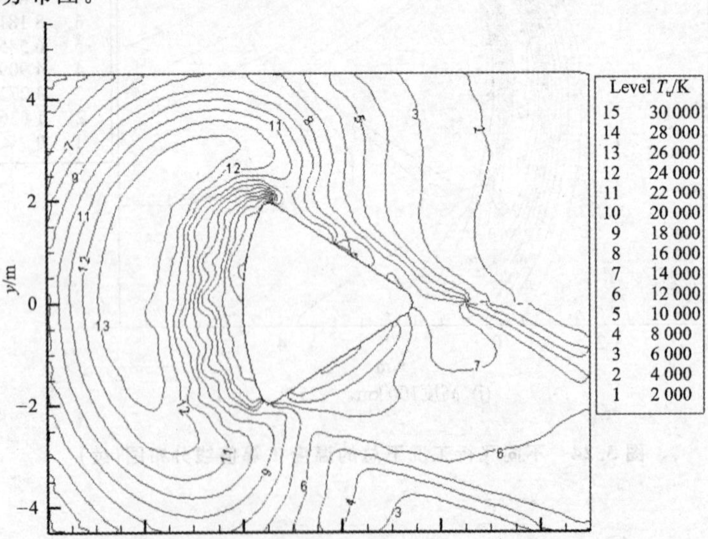

(a) 平动动理学温度 T_{tr} 等值线

图 3.25　高度 125 km、攻角为−25°工况时 T_{tr}、T_{r}、T_{v} 与速度模等值线分布

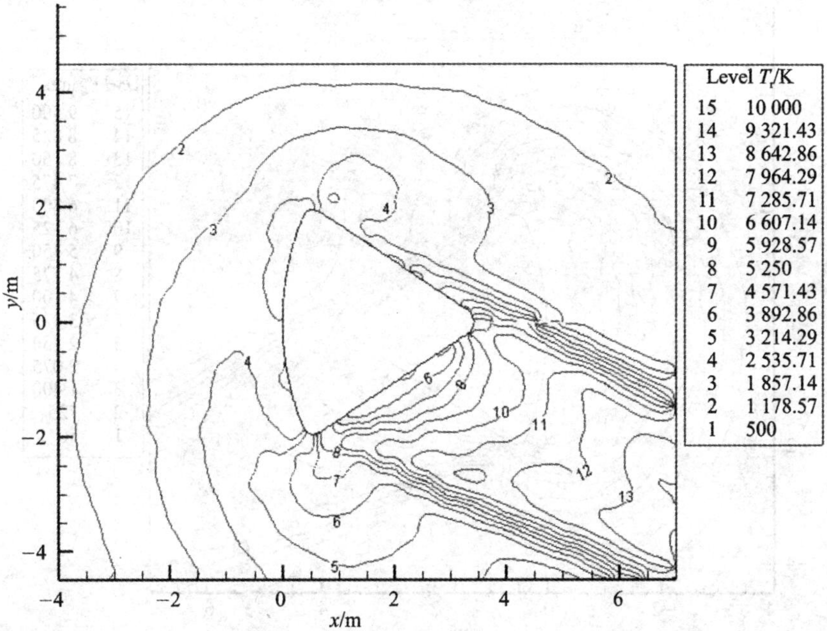

(b) 转动动理学温度T_r等值线

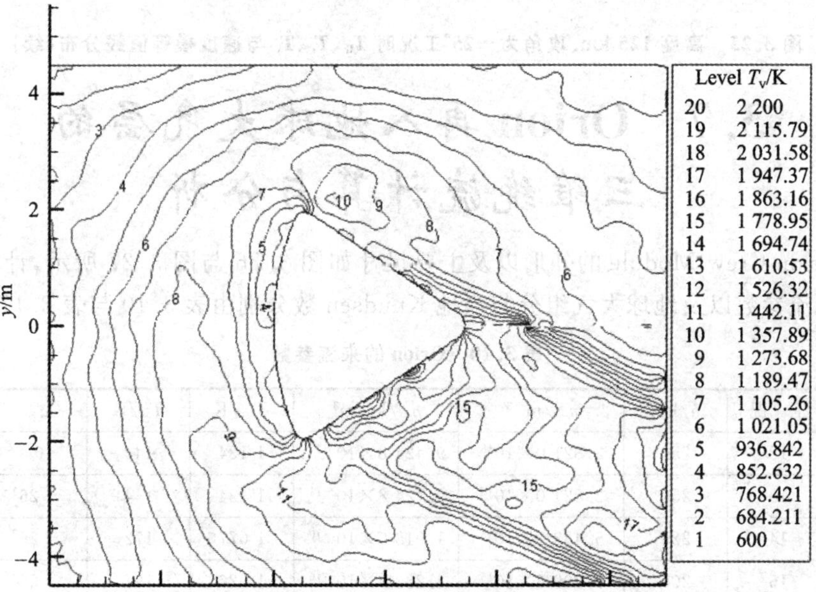

(c) 振动动理学温度T_v等值线

图 3.25　高度 125 km、攻角为 −25° 工况时 T_{tr}、T_r、T_v 与速度模等值线分布(续)

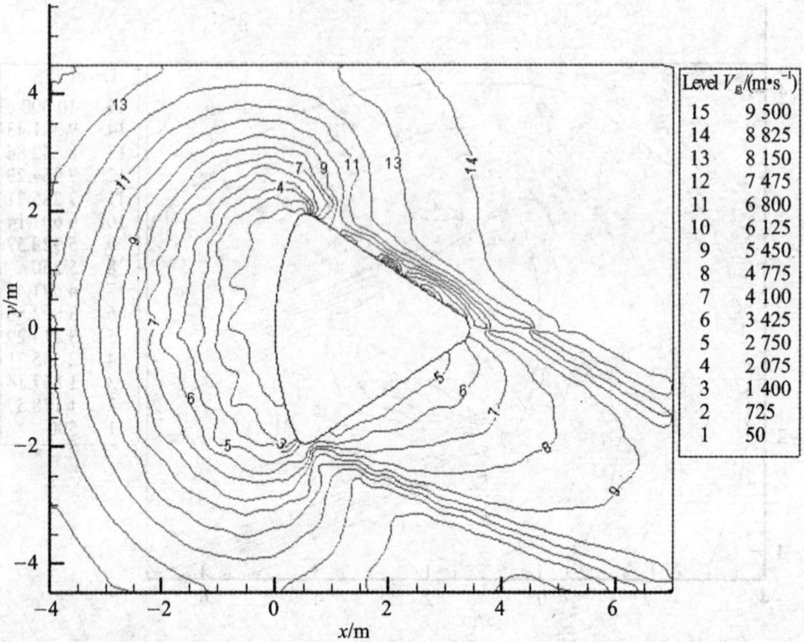

(d) 速度模等值线

图 3.25 高度 125 km、攻角为 −25°工况时 T_{tr}、T_r、T_v 与速度模等值线分布(续)

3.7 Orion 再入地球大气层的三维绕流计算与分析

Orion Crew Module 的外形以及主要尺寸如图 3.26 与图 3.27 所示，计算时选取的来流参数以及地球大气组分与当地 Knudsen 数分别由表 3.10 与表 3.11 给出。

表 3.10 Orion 的来流参数

工况	h/km	n_∞/m^{-3}	ρ_∞/kg/m^3	T_∞/K	T_w/K	α_∞
12	250	$2.821\,0\times10^{15}$	$9.424\,8\times10^{-11}$	1 124	144	0°
13	250	$2.821\,0\times10^{15}$	$9.424\,8\times10^{-11}$	1 124	144	−26°
14	220	$5.453\,2\times10^{15}$	$1.918\,0\times10^{-10}$	1 077	172	−26°
15	200	$8.999\,6\times10^{15}$	$3.282\,9\times10^{-10}$	1 026	197	−26°
16	180	$1.614\,6\times10^{16}$	$6.122\,0\times10^{-10}$	947	230	−26°
17	160	$3.347\,0\times10^{16}$	$1.320\,7\times10^{-9}$	822	278	−26°
18	140	$9.352\,6\times10^{16}$	$3.854\,8\times10^{-9}$	625	364	−26°
19	125	$3.059\,8\times10^{17}$	$1.310\,0\times10^{-8}$	433	494	−26°
20	115	$9.856\,2\times10^{17}$	$4.357\,5\times10^{-8}$	304	618	−26°

续表 3.10

工　况	h/km	n_∞/m^{-3}	ρ_∞/kg/m^3	T_∞/K	T_w/K	α_∞
21	105	4.9759×10^{18}	2.3004×10^{-7}	211	760	0°
22	105	4.9759×10^{18}	2.3004×10^{-7}	211	760	−26°
23	105	4.9759×10^{18}	2.3004×10^{-7}	211	760	−45°
24	100	1.1898×10^{19}	5.5824×10^{-7}	194	849	−26°

表 3.11　Orion 再入的地球大气层的组成以及 Kn 数

工　况	h/km	Kn_∞	X_{O_2}	X_{N_2}	X_O
12	250	111.0	0.018 01	0.318 86	0.663 13
13	250	111.0	0.018 01	0.318 86	0.663 13
14	220	57.44	0.025 26	0.397 51	0.577 23
15	200	34.80	0.031 46	0.454 76	0.513 78
16	180	19.40	0.039 08	0.516 35	0.444 57
17	160	9.36	0.048 68	0.581 21	0.370 11
18	140	3.35	0.061 81	0.651 73	0.286 46
19	125	1.02	0.076 79	0.711 71	0.211 50
20	115	0.318	0.097 79	0.753 86	0.148 35
21	105	0.0629	0.152 80	0.781 87	0.065 33
22	105	0.0629	0.152 80	0.781 87	0.065 33
23	105	0.0629	0.152 80	0.781 87	0.065 33
24	100	0.0263	0.176 82	0.784 40	0.038 77

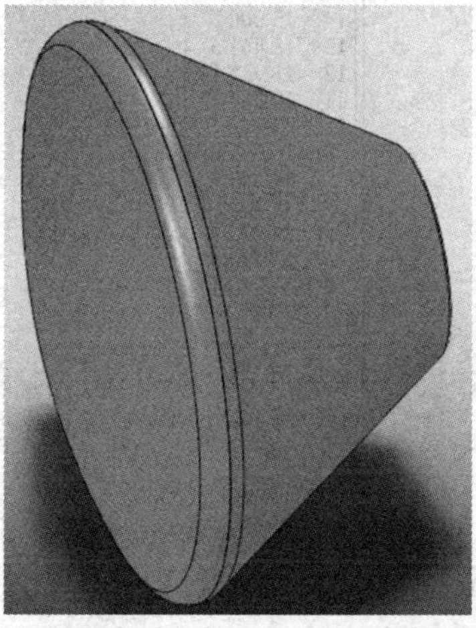

图 3.26　Orion 的三维外形

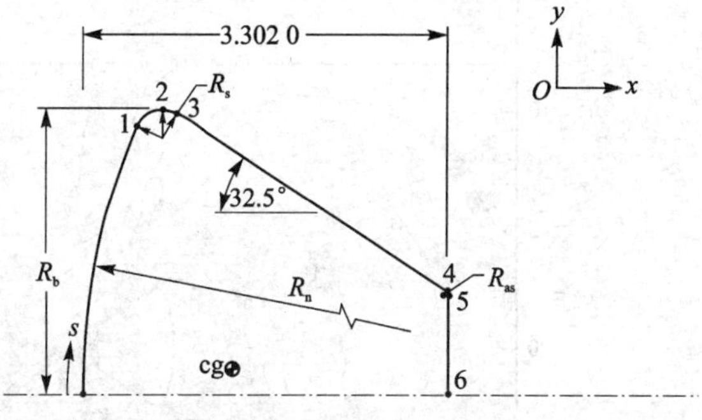

位置点	x	y	s
1	0.481 2	2.361 5	2.426 4
2	0.712 6	2.514 6	2.720 3
3	0.847 7	2.475 2	2.863 0
4	3.278 5	0.926 6	5.745 1
5	3.302 0	0.883 8	5.796 1
6	3.302 0	0.000 0	6.679 9
cg	1.333 3	0.241 4	

D_b=5.029 2
R_b=2.514 6
R_n=6.035 0
R_s=0.251 5
R_{as}=0.050 8

单位：m

图 3.27　Orion 的主要尺寸数据

在表 3.10 中符号 n_∞、ρ_∞、T_∞、α_∞、h、T_w 的含义同表 3.8；另外，在表 3.11 中符号 h、Kn_∞、X_{O_2}、X_{N_2}、X_O 的含义同表 3.9。在计算时所选取的 Orion 来流速度是 7.6 km/s，表 3.10 给出了算例计算所选用的 13 个飞行工况下的来流条件，表 3.11 给出了相应飞行工况下的 Knudsen 数。计算时选用的 5 组元 23 个基元反应的方程式由(3.6.1)式给出。图 3.28(a)～图 3.28(m)分别给出该算例 13 个飞行工况时子午面(即 $z=0$ 的截面)上总的动理学温度 T 等值线分布图，图中 T 的定义同(3.6.2)式。

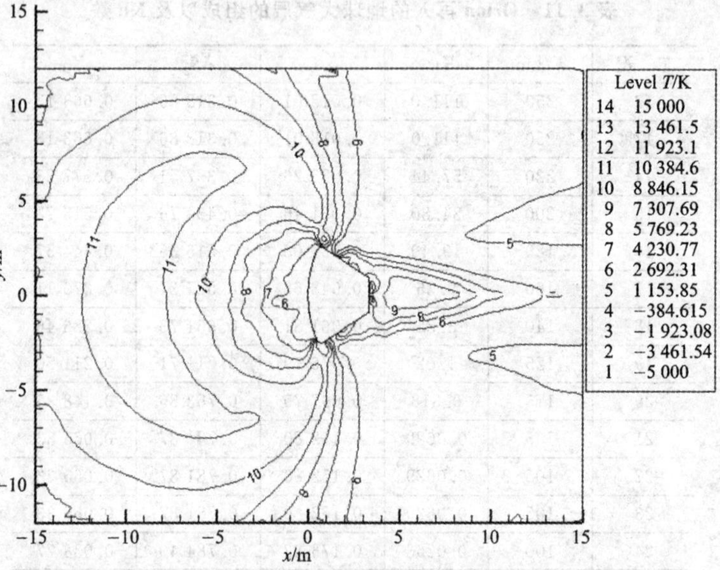

(a) 高度250 km，0°

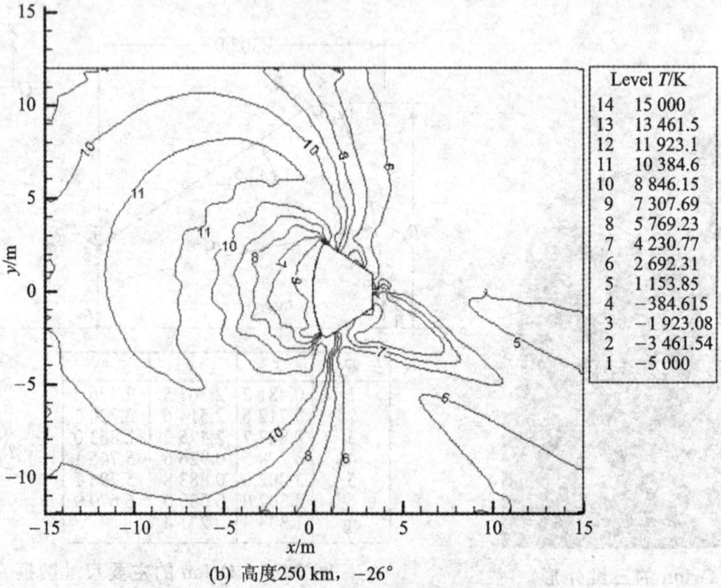

(b) 高度250 km，−26°

图 3.28 不同飞行工况下总的温度 T 等值线分布图

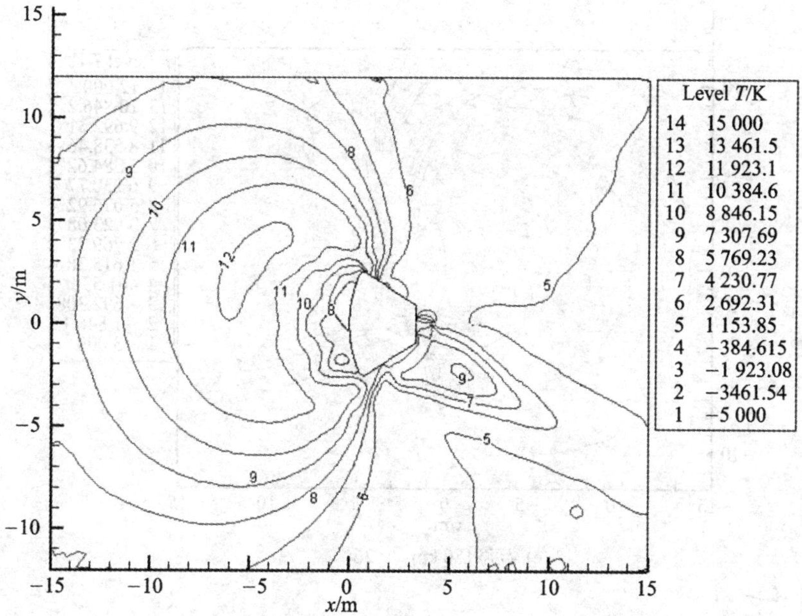

(c) 高度220 km，−26°

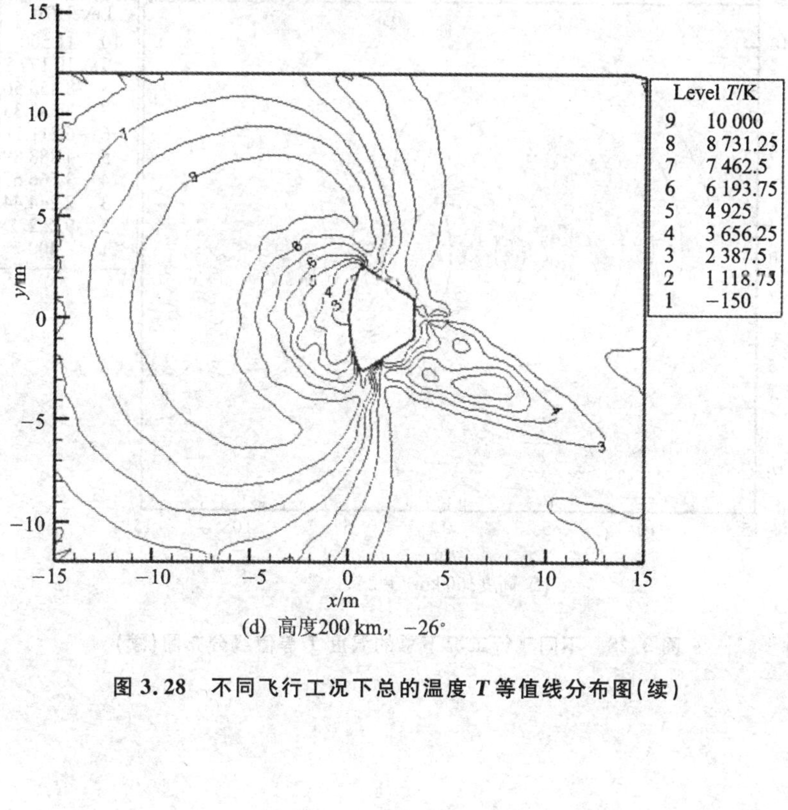

(d) 高度200 km，−26°

图 3.28　不同飞行工况下总的温度 T 等值线分布图(续)

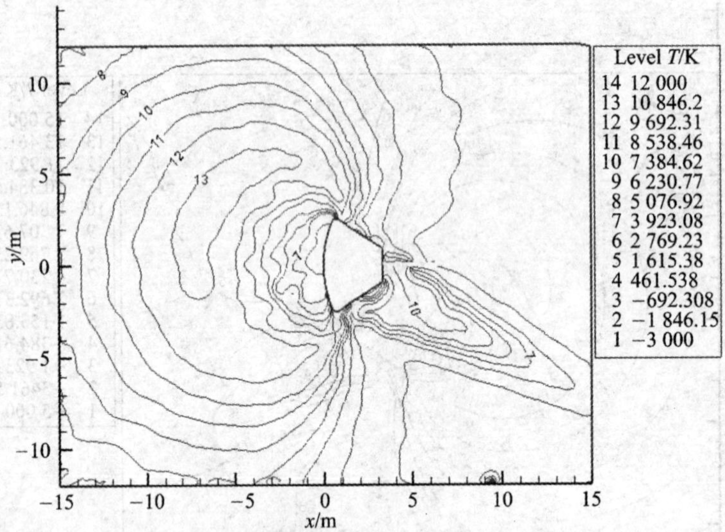

(e) 高度180 km，−26°

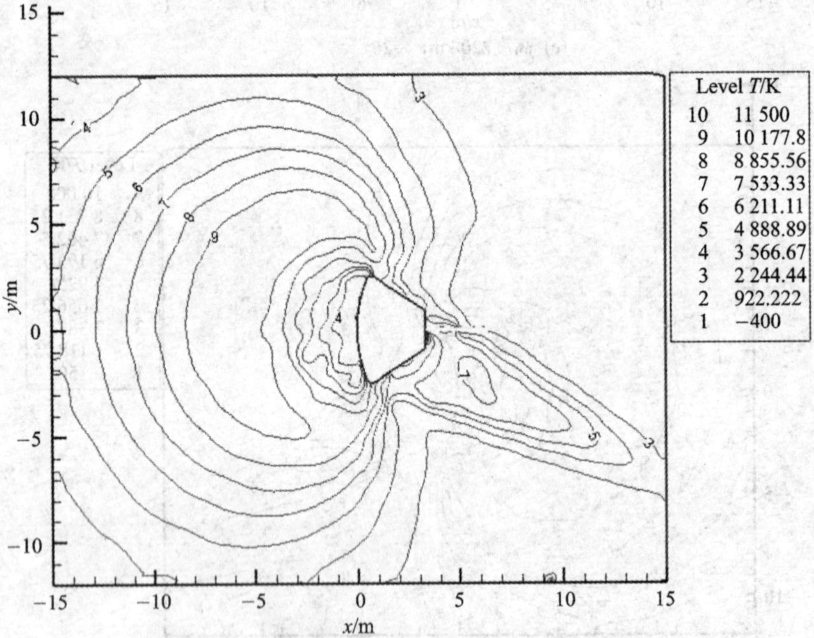

(f) 高度160 km，−26°

图 3.28　不同飞行工况下总的温度 T 等值线分布图(续)

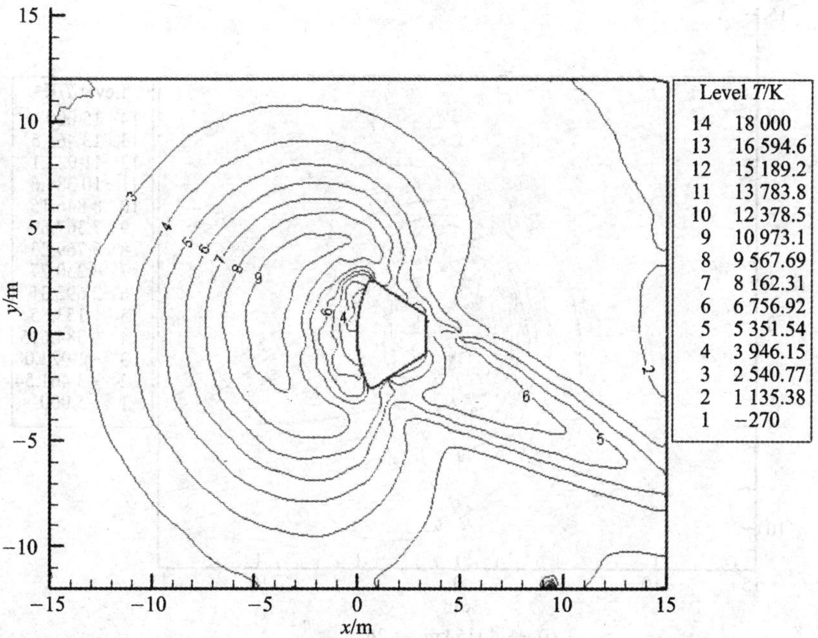

(g) 高度140 km，−26°

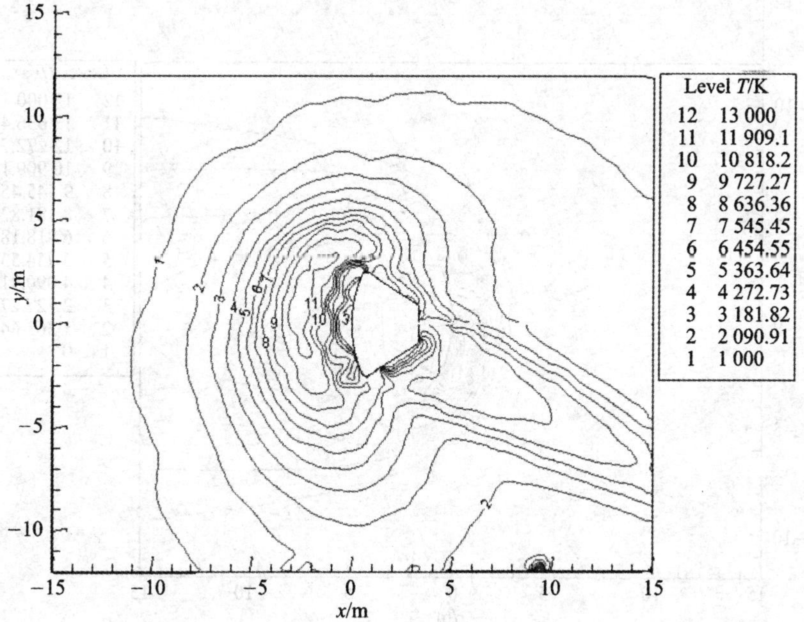

(h) 高度125 km，−26°

图 3.28　不同飞行工况下总的温度 T 等值线分布图(续)

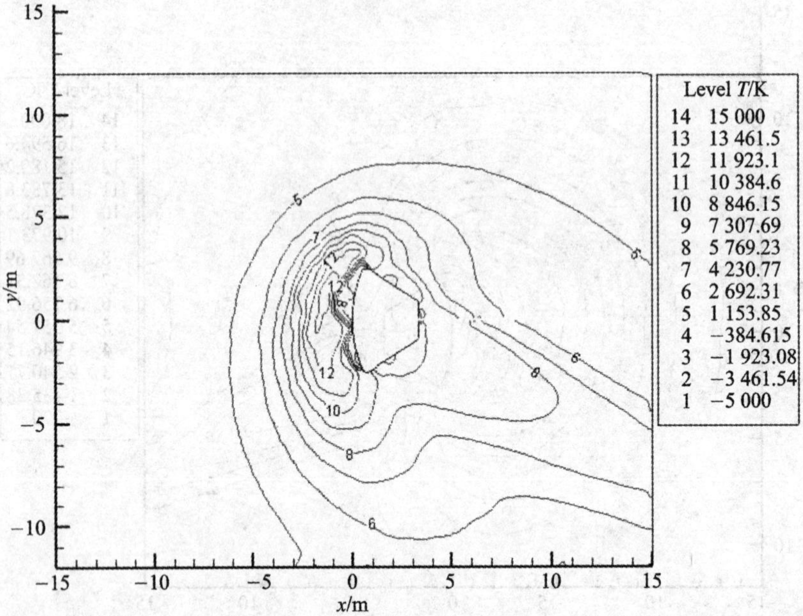

(i) 高度115 km，−26°

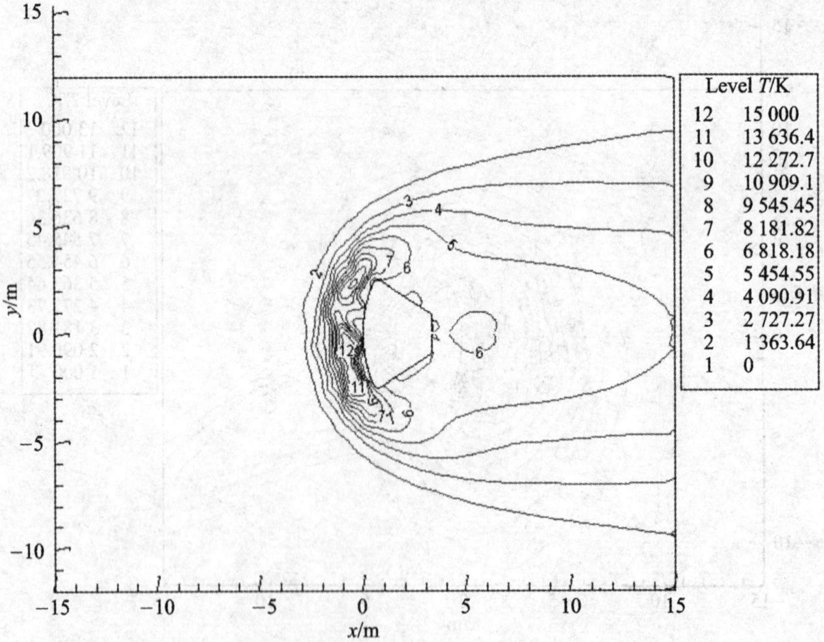

(j) 高度105 km，0°

图 3.28 不同飞行工况下总的温度 T 等值线分布图(续)

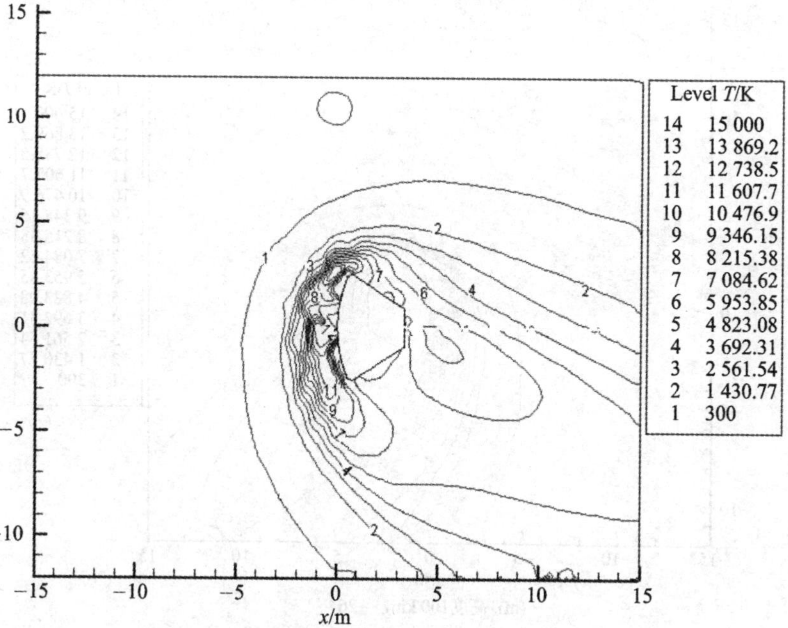

(k) 高度105 km，−26°

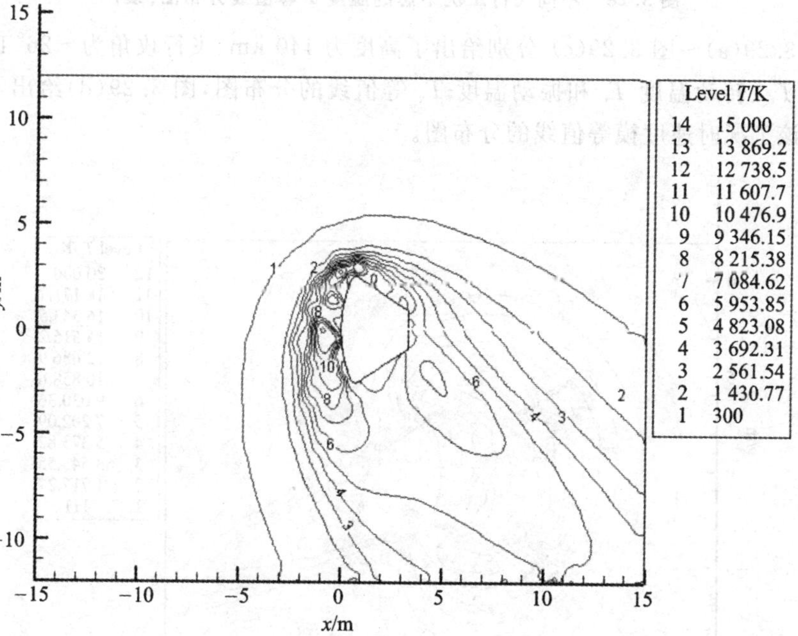

(l) 高度105 km，−45°

图 3.28　不同飞行工况下总的温度 T 等值线分布图(续)

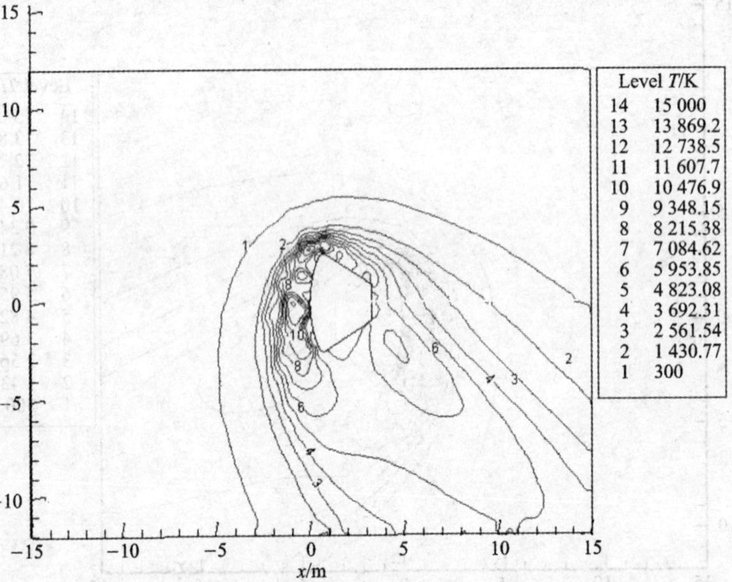

(m) 高度100 km，−26°

图 3.28 不同飞行工况下总的温度 *T* 等值线分布图(续)

图 3.29(a)～图 3.29(c) 分别给出了高度为 140 km、飞行攻角为−26°工况时平动温度 T_{tr}、转动温度 T_r 和振动温度 T_v 等值线的分布图，图 3.29(d)给出了 Orion 算例在该工况时速度模等值线的分布图。

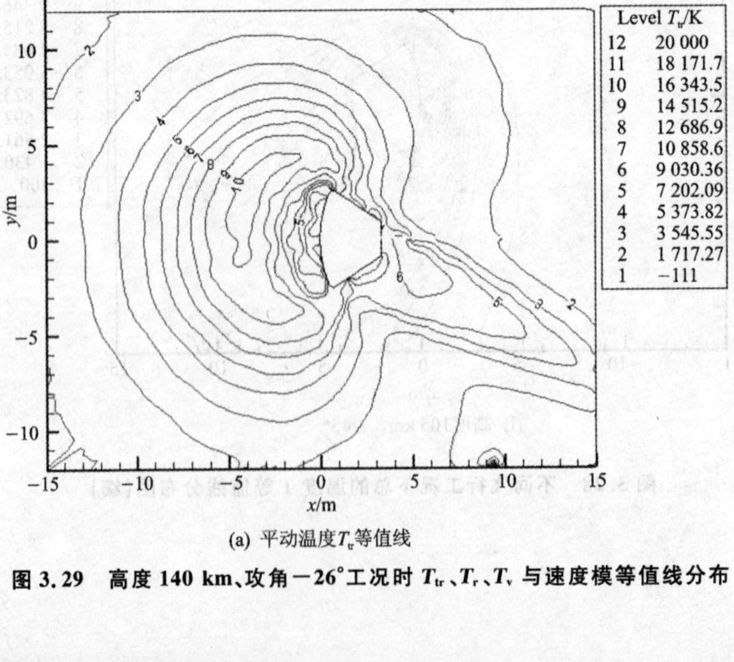

(a) 平动温度T_{tr}等值线

图 3.29 高度 140 km、攻角−26°工况时 T_{tr}、T_r、T_v 与速度模等值线分布

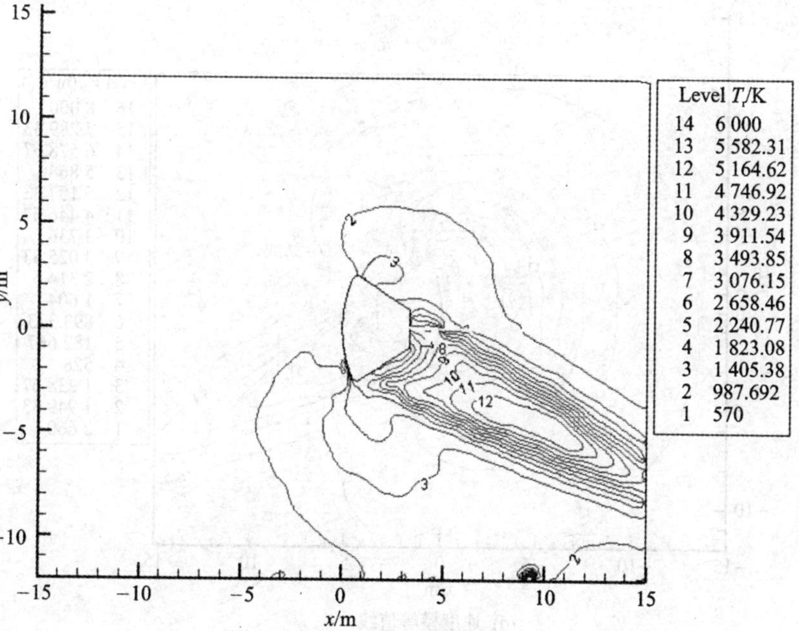

(b) 转动温度T_r等值线

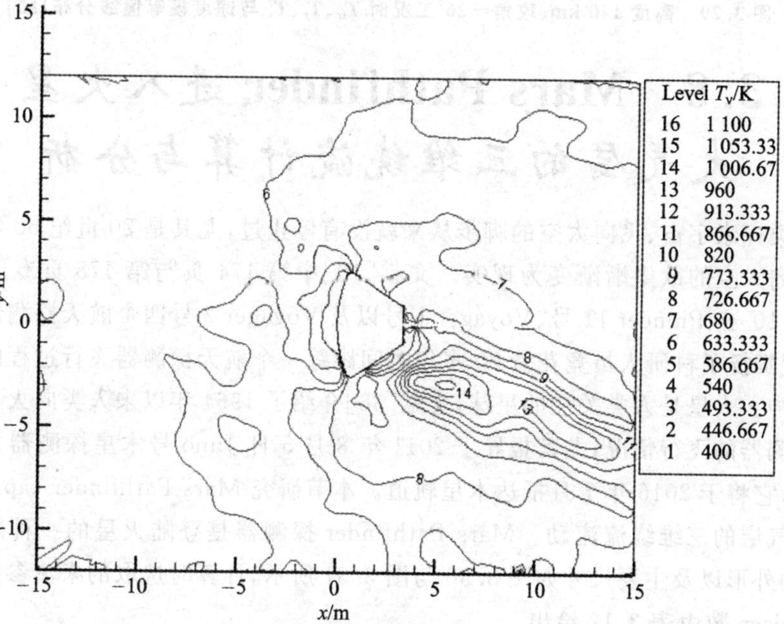

(c) 振动温度T_v等值线

图 3.29　高度 140 km、攻角 −26°工况时 T_{tr}、T_r、T_v 与速度模等值线分布(续)

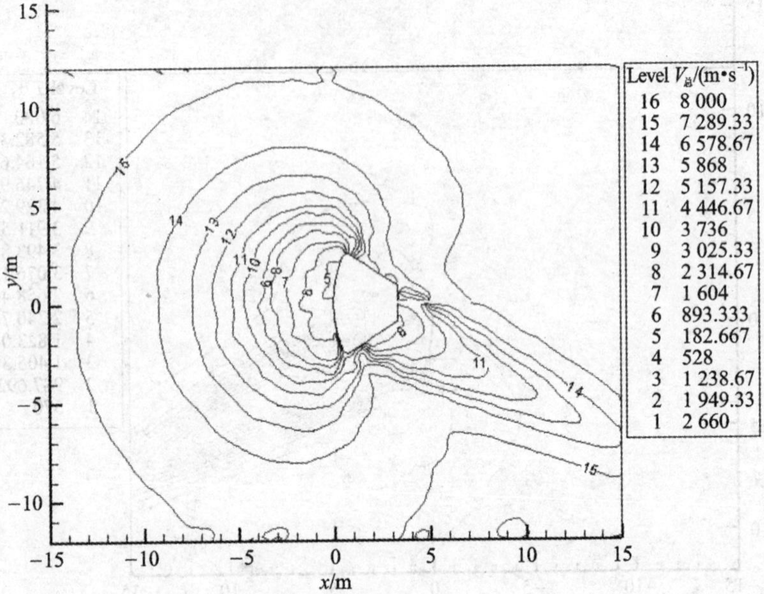

(d) 速度模等值线

图 3.29 高度 140 km、攻角 −26°工况时 T_{tr}、T_r、T_v 与速度模等值线分布(续)

3.8 Mars Pathfinder 进入火星大气层的三维绕流计算与分析

人类探索宇宙、飞向太空的脚步从来就没有停止过,尤其是 20 世纪 60 年代以来人类飞向太空的欲望渐渐变为现实。文献[10]中第 174 页与第 175 页专门介绍了 Pioneer 10 号、Pioneer 11 号、Voyager 1 号以及 Voyager 2 号四个航天探测器的飞行史,高度赞扬了科研人员竟花费 30 多年时间跟踪一个航天探测器飞行过程的敬业与奉献精神。火星是人类关注的星球,文献[36]介绍了 1964 年以来人类向火星发射的航天探测器的飞行情况,尤其报导了 2011 年 8 月 5 日 Juno 号木星探测器发射升空的消息,它将于 2016 年 7 月抵达木星轨道。本节研究 Mars Pathfinder capsule 进入火星大气层的三维绕流流动。Mars Pathfinder 探测器是登陆火星的一种航天飞行器,它的外形以及主要尺寸如图 3.30 与图 3.31 所示,计算时选取的来流参数以及当地 Knudsen 数由表 3.12 给出。

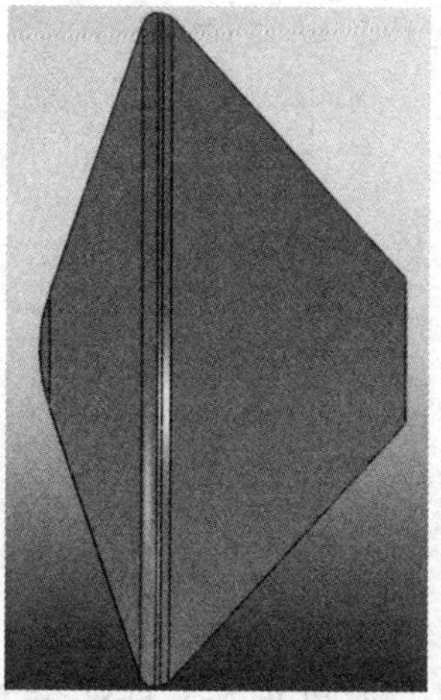

图 3.30　Mars Pathfinder 的三维外形

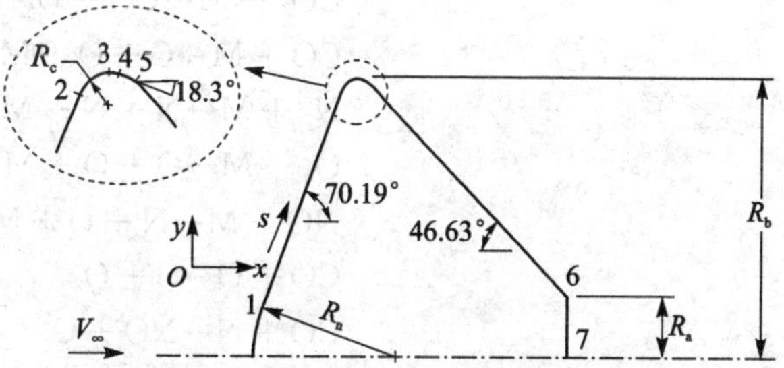

位置点	x	y	s
1	0.039 3	0.225 0	0.229 5
2	0.419 6	1.280 8	1.351 8
3	0.482 0	1.324 6	1.433 0
4	0.502 8	1.321 3	1.454 1
5	0.538 6	1.309 4	1.491 9
6	1.505 9	0.285 5	2.900 0
7	1.505 9	0.000 0	3.185 9

单位：m

图 3.31　Mars Pathfinder 的主要尺寸数据

表 3.12　Mars Pathfinder 的来流参数

工　况	h/km	ρ_∞/(kg·m^{-3})	T_w/K	Kn_∞	Re_∞	α_∞	V_∞/(m·s^{-1})
25	141.8	$2.835\,1\times10^{-10}$	300	1.0×10^{2}	1	0°	7 463.1
26	141.8	$2.835\,1\times10^{-10}$	300	1.0×10^{2}	1	10°	7 463.1
27	141.8	$2.835\,1\times10^{-10}$	300	1.0×10^{2}	1	15°	7 463.1
28	119.0	$5.634\,4\times10^{-9}$	470	5.03×10^{0}	16	0°	7 468.6
29	119.0	$5.634\,4\times10^{-9}$	470	5.03×10^{0}	16	10°	7 468.6
30	119.0	$5.634\,4\times10^{-9}$	470	5.03×10^{0}	16	15°	7 468.6
31	95.0	$1.375\,9\times10^{-7}$	750	2.06×10^{-1}	390	0°	7 479.5
32	95.0	$1.375\,9\times10^{-7}$	750	2.06×10^{-1}	390	10°	7 479.5
33	95.0	$1.375\,9\times10^{-7}$	750	2.06×10^{-1}	390	15°	7 479.5

在表 3.12 中，符号 ρ_∞、T_w、Kn_∞、Re_∞、α_∞、V_∞ 分别代表来流密度、壁面温度、来流 Knudsen 数、来流 Reynolds 数、来流攻角和来流速度。需要特别指出的是，这里的 Kn_∞ 数是基于 Mars Pathfinder 的最大直径定义的。对于火星大气层，其主要成分是 CO_2 和 N_2，所占的比例分别是 0.953 7 和 0.046 3。这里计算时所选取的 Mars Pathfinder 来流速度随飞行高度的不同略有不同，大致都在 7.46 km/s 左右。表 3.12 给出了本算例计算所选用的 9 个飞行工况下的来流条件以及相应飞行工况下的 Knudsen 数。考虑到 Mars Pathfinder 的飞行环境是在火星大气层中，本文选用了 9 组元(即 N_2、O_2、NO、CO_2、CO、N、O、C 以及 Ar)59 基元反应，其反应式为

$$
\left.
\begin{array}{l}
CO_2 + M \leftrightarrow CO + O + M \\
CO + M \leftrightarrow C + O + M \\
N_2 + M \leftrightarrow N + N + M \\
O_2 + M \leftrightarrow O + O + M \\
NO + M \leftrightarrow N + O + M \\
CO + O \leftrightarrow C + O_2 \\
CO + N \leftrightarrow NO + C \\
CO + CO \leftrightarrow CO_2 + C \\
NO + O \leftrightarrow N + O_2 \\
NO + CO \leftrightarrow CO_2 + N \\
N_2 + O \leftrightarrow NO + N \\
CO_2 + O \leftrightarrow O_2 + CO
\end{array}
\right\} \tag{3.8.1}
$$

式中：M 代表反应碰撞单元（M＝N_2、O_2、NO、CO_2、CO、N、O、C 以及 Ar）；显然，与文献[54]的 8 组元 44 基元反应模型相比多考虑了一个组元 Ar，而且置换反应方程的个数也比文献[54]多。图 3.32(a) ～图 3.32(i)分别给出了该算例 9 个飞行工况时子午面（即 $z=0$ 的截面）上总的动理学温度 T 等值线分布图，这里 T 的定义同式(3.6.2)。

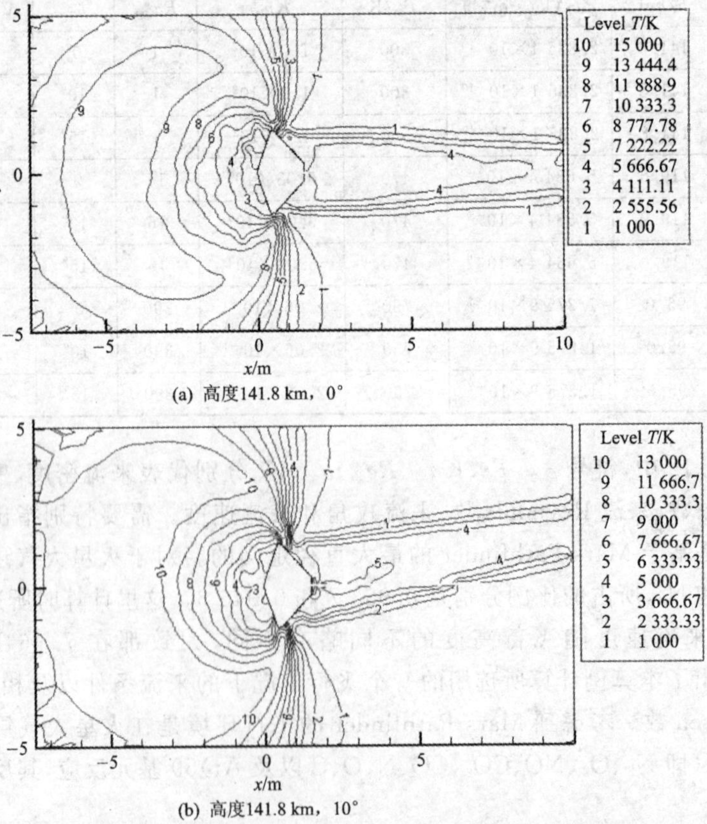

图 3.32 不同飞行工况下总的温度 T 等值线分布图

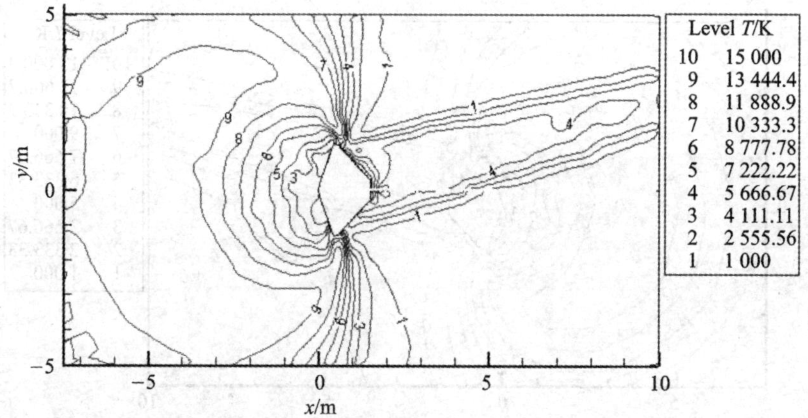

(c) 高度141.8 km，15°

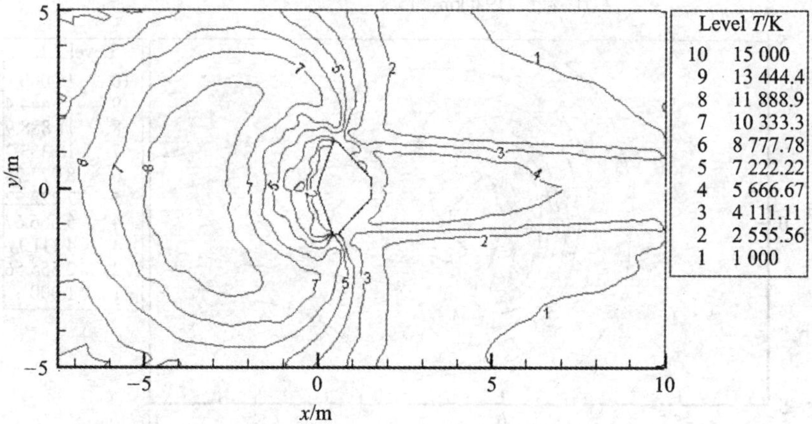

(d) 高度119.0 km，0°

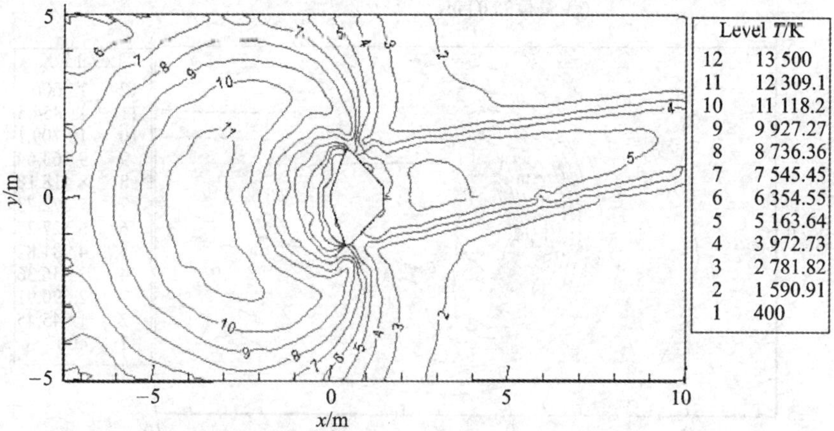

(e) 高度119.0 km，10°

图 3.32　不同飞行工况下总的温度 T 等值线分布图(续)

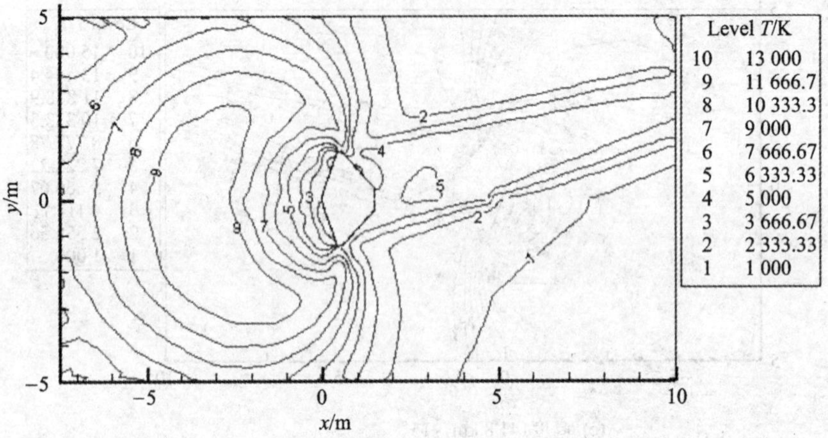

(f) 高度119.0 km，15°

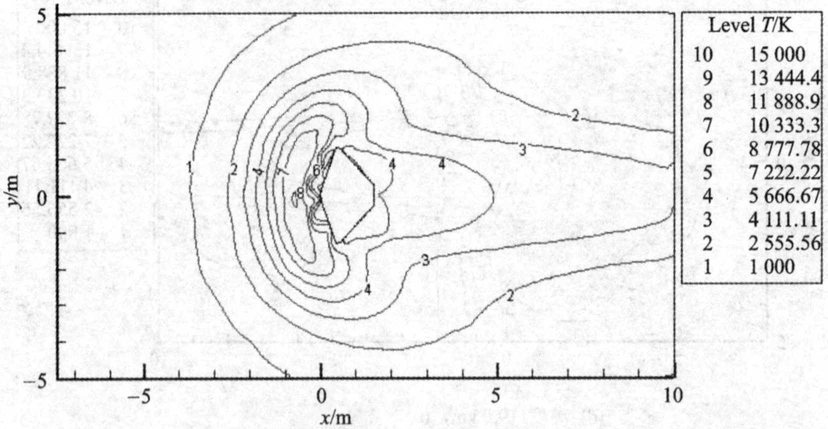

(g) 高度95.0 km，0°

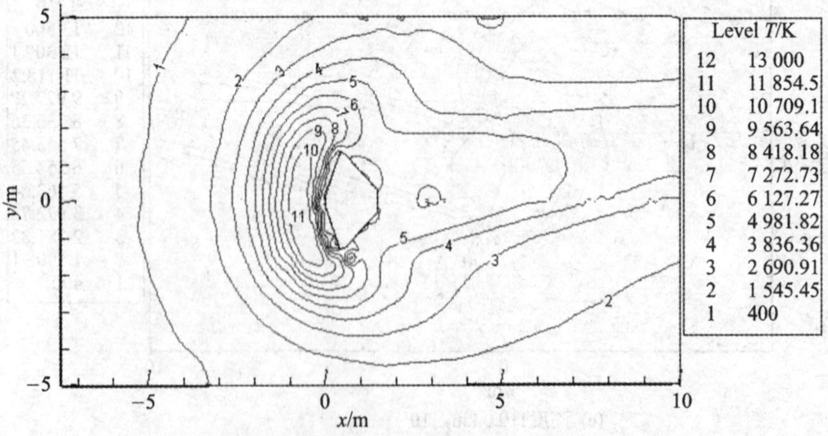

(h) 高度95.0 km，10°

图 3.32 不同飞行工况下总的温度 T 等值线分布图(续)

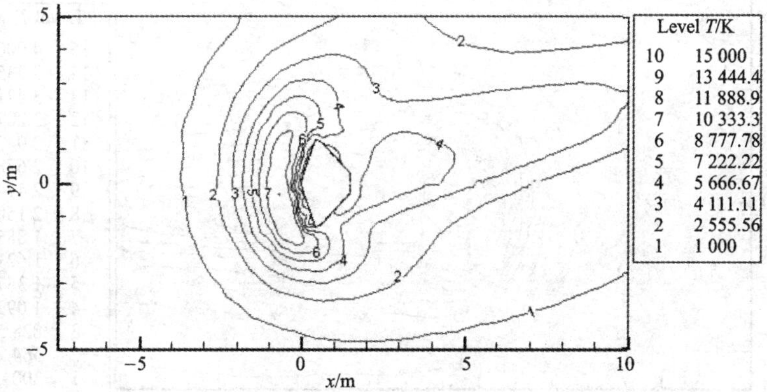

(i) 高度95.0 km，15°

图 3.32　不同飞行工况下总的温度 T 等值线分布图(续)

图 3.33(a)～图 3.33(c)分别给出了高度为 95 km、飞行攻角为 0°的工况时平动温度 T_{tr}、转动温度 T_r 和振动温度 T_v 等值线的分布图，图 3.33(d)给出了 Mars Pathfinder 算例在该工况下速度模等值线的分布图。

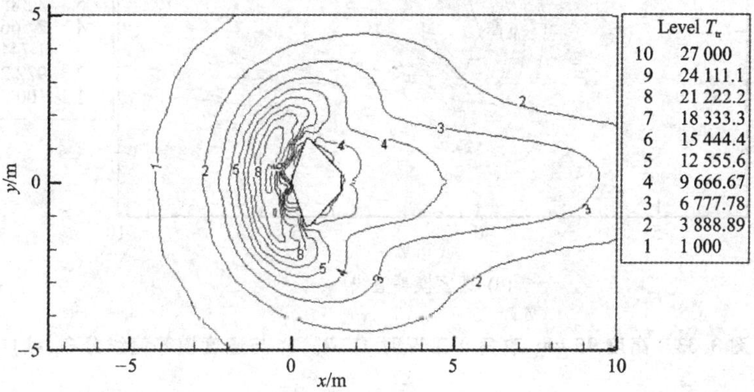

(a) 平动温度T_{tr}等值线

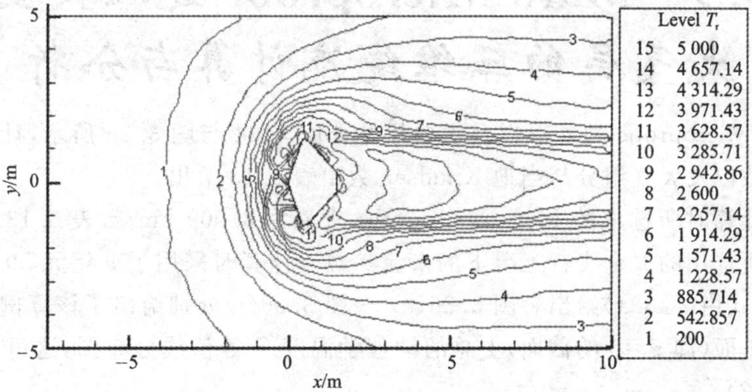

(b) 转动温度T_r等值线

图 3.33　高度 95 km、攻角 0°工况时 T_{tr}，T_r，T_v 与速度模等值线分布

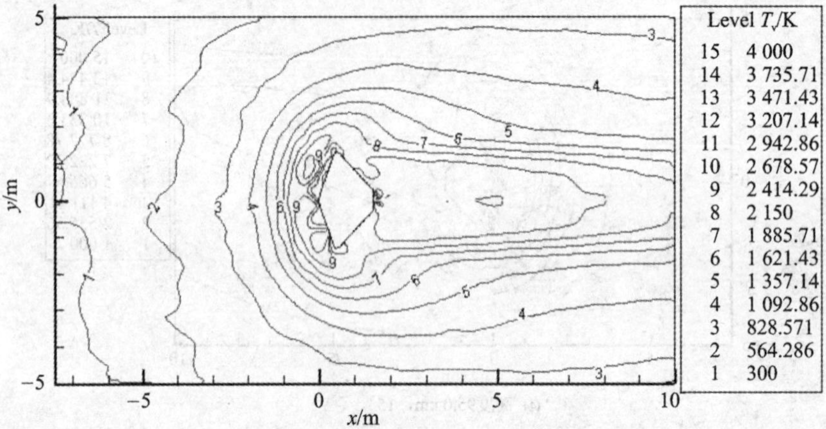

(c) 振动温度T_v等值线

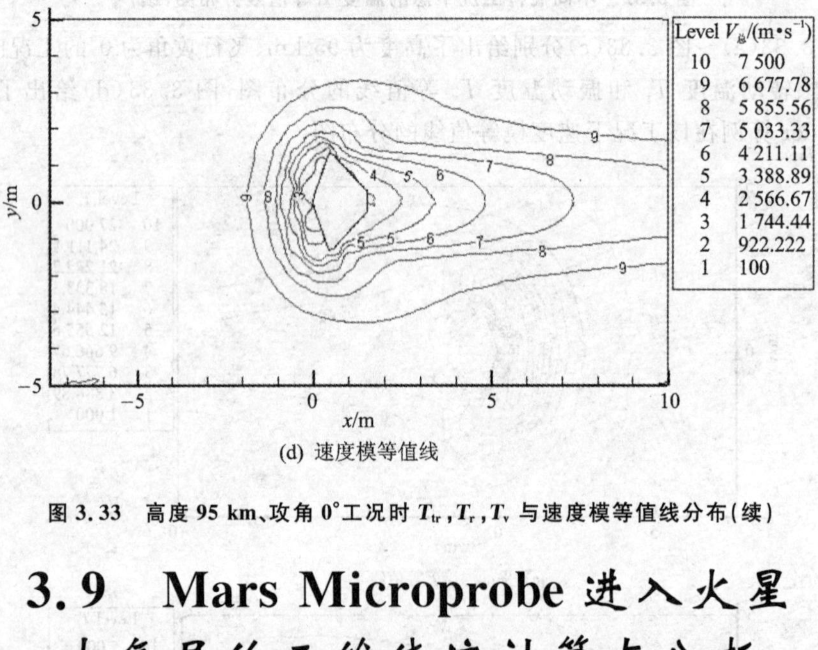

(d) 速度模等值线

图 3.33 高度 95 km、攻角 0°工况时 T_{tr}，T_r，T_v 与速度模等值线分布(续)

3.9 Mars Microprobe 进入火星大气层的三维绕流计算与分析

Mars Microprobe 的外形以及主要尺寸如图 3.34 与图 3.35 所示，计算时选取的来流参数以及大气组分与当地 Knudsen 数由表 3.13 给出。

这里计算时所选取的 Mars Microprobe 来流为 6.909 km/s，表 3.13 给出了本算例计算所选用的 9 个飞行工况下的来流参数。计算时采用了 9 组元 59 个基元反应，其方程式由(3.8.1)给出。图 3.36(a) ～图 3.36(i)分别给出了该算例 9 个飞行工况时子午面(即 $z=0$ 的截面)上总的动理学温度 T 等值线分布图，这里 T 的定义同式(3.6.2)。

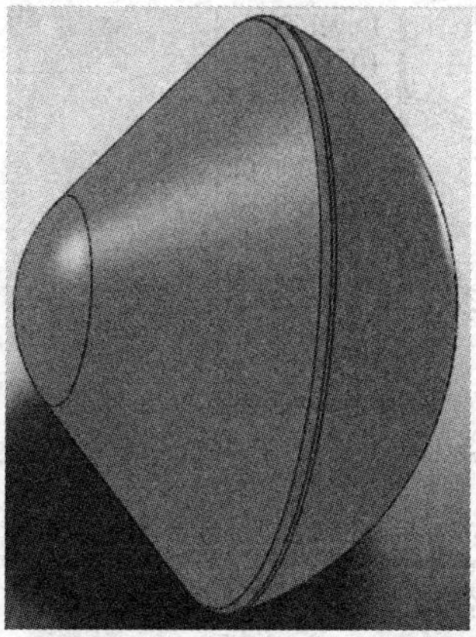

图 3.34　Mars Microprobe 的三维外形

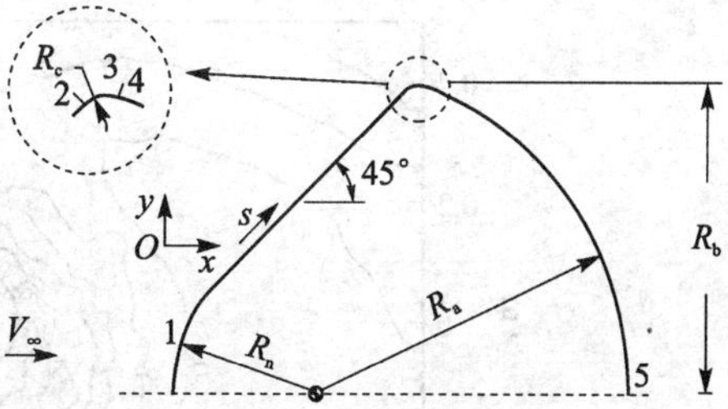

位置点	x	y	s
1	0.025 63	0.061 872	0.068 72
2	0.136 19	0.172 44	0.225 09
3	0.142 38	0.175 00	0.231 96
4	0.145 28	0.174 50	0.234 92
5	0.268 90	0.000 00	0.462 94
cg	0.083 90	0.000 00	——

单位：m

图 3.35　Mars Microprobe 的主要尺寸数据

表 3.13　Mars Microprobe 的来流参数

工　况	h/km	ρ_∞/(kg·m^{-3})	T_∞/K	T_w/K	Kn_∞	α_∞	V_∞,m/s
34	126.69	$2.100\ 0\times10^{-9}$	171.3	300	7.95×10^{1}	0°	6 909
35	126.69	$2.100\ 0\times10^{-9}$	171.3	300	7.95×10^{1}	30°	6 909
36	126.69	$2.100\ 0\times10^{-9}$	171.3	300	7.95×10^{1}	45°	6 909
37	100.61	$1.706\ 6\times10^{-7}$	138.7	500	1.26×10^{0}	0°	6 921
38	100.61	$1.706\ 6\times10^{-7}$	138.7.	500	1.26×10^{0}	30°	6 921
39	100.61	$1.706\ 6\times10^{-7}$	138.7	500	1.26×10^{0}	45°	6 921
40	80.28	$3.928\ 7\times10^{-6}$	134.3	900	5.46×10^{-2}	0°	6 908
41	80.28	$3.928\ 7\times10^{-6}$	134.3	900	5.46×10^{-2}	30°	6 908
42	80.28	$3.928\ 7\times10^{-6}$	134.3	900	5.46×10^{-2}	45°	6 908

表 3.13 中符号 ρ_∞、T_∞、T_w、Kn_∞、α_∞、V_∞ 分别代表来流密度、来流温度、壁面温度、来流 Knudsen 数、来流攻角和来流速度。需要特别指出的是，这里的 Kn_∞ 数是基于 Mars Microprobe 的最大直径定义的。

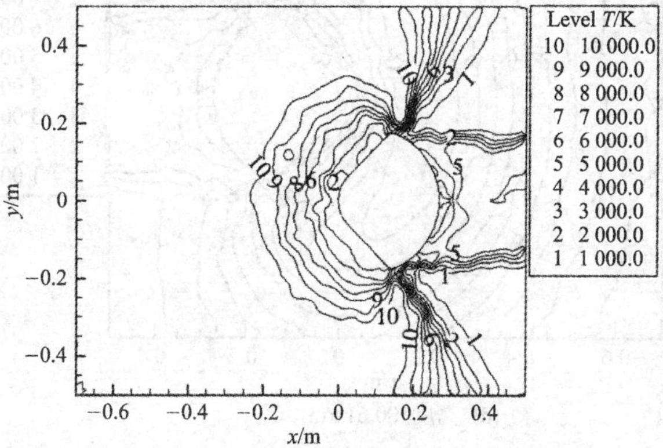

(a) 高度126.69 km，0°

图 3.36　不同飞行工况下总的温度 T 等值线分布图

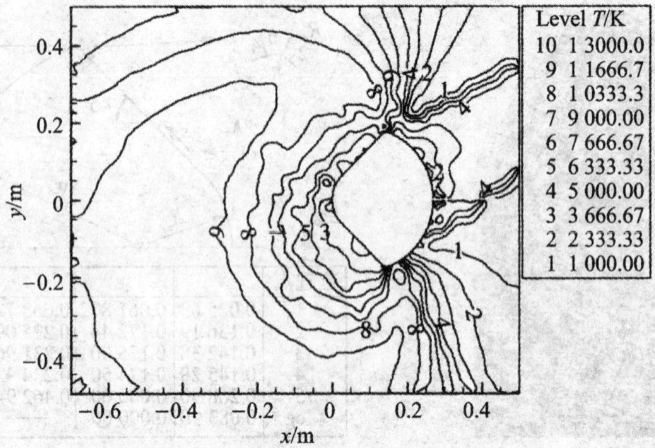

(b) 高度126.69 km，30°

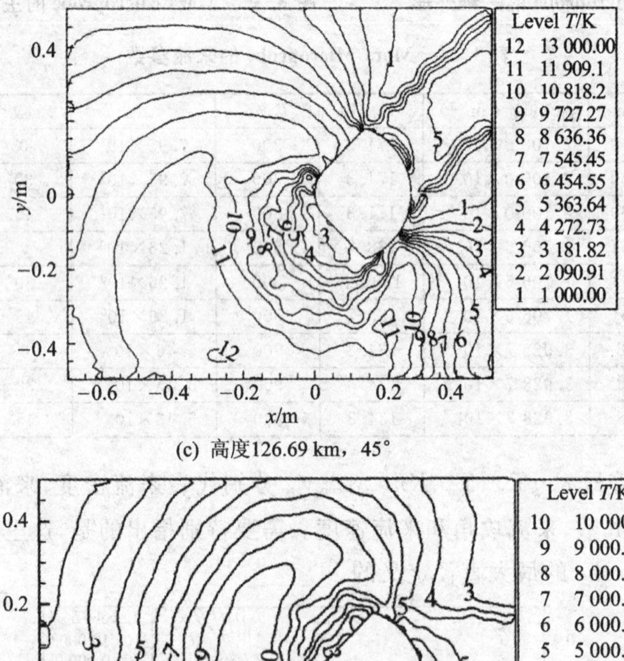

(c) 高度126.69 km，45°

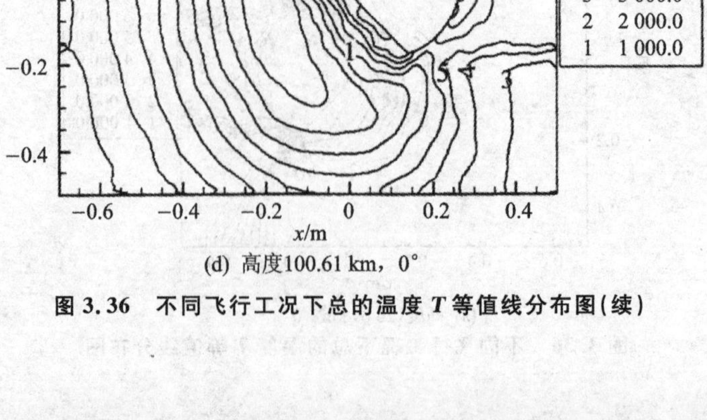

(d) 高度100.61 km，0°

图 3.36 不同飞行工况下总的温度 *T* 等值线分布图(续)

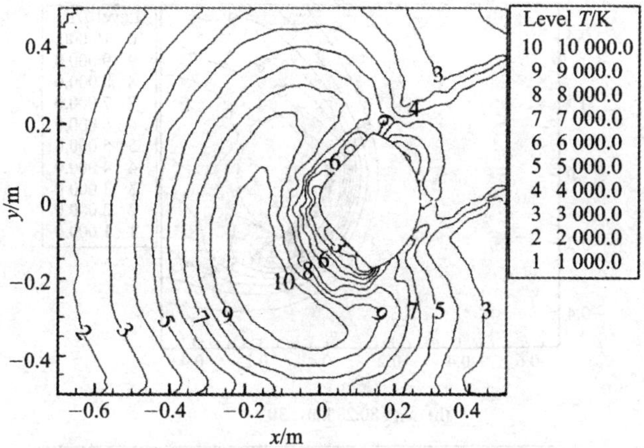

(e) 高度100.61 km，30°

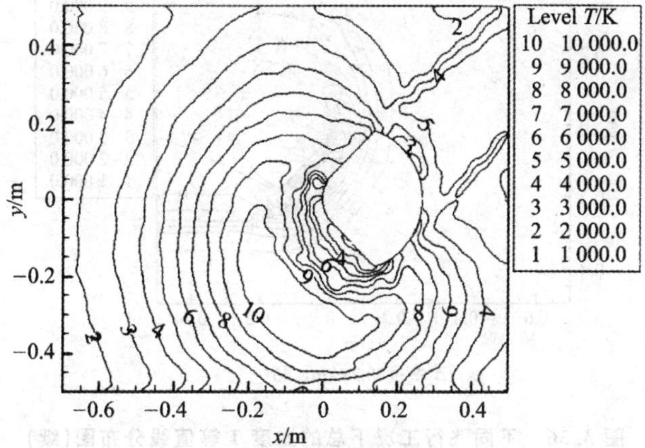

(f) 高度100.61 km，45°

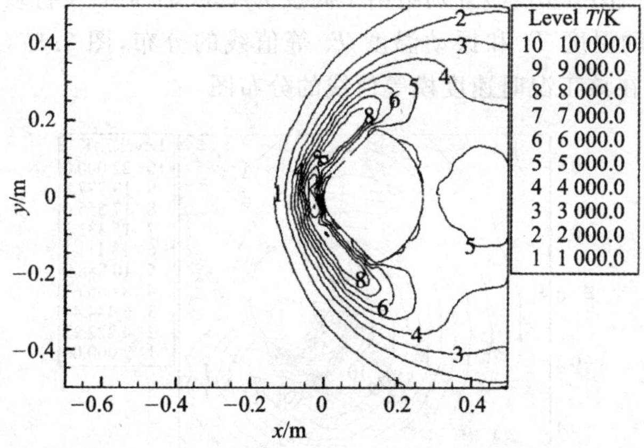

(g) 高度80.28 km，0°

图 3.36 不同飞行工况下总的温度 T 等值线分布图(续)

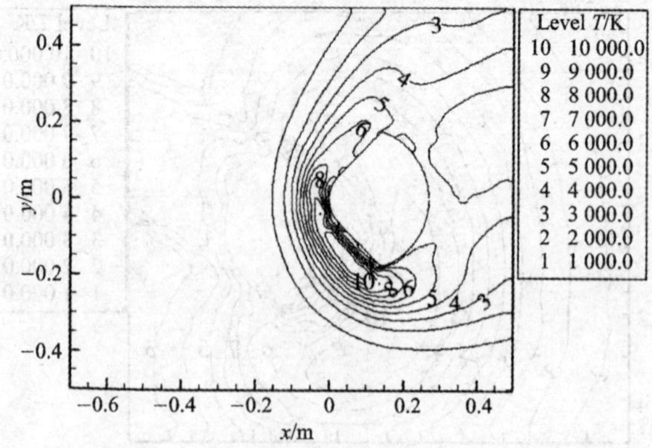

(h) 高度80.28 km，30°

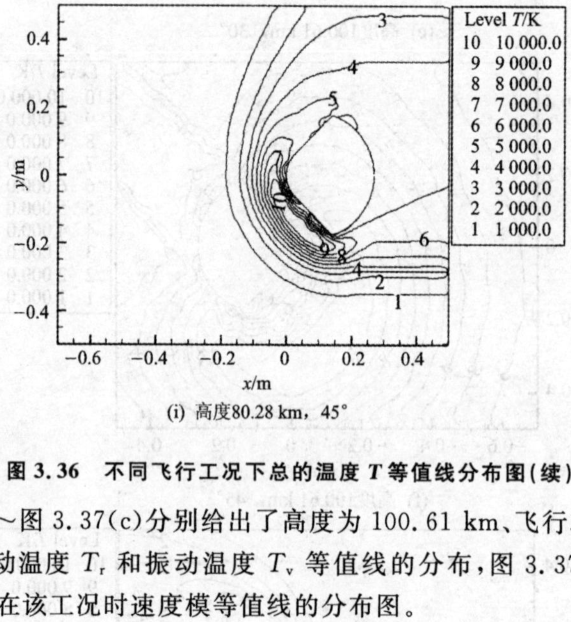

(i) 高度80.28 km，45°

图 3.36 不同飞行工况下总的温度 T 等值线分布图(续)

图 3.37(a)～图 3.37(c)分别给出了高度为 100.61 km、飞行攻角为 45°工况时平动温度 T_{tr}、转动温度 T_r 和振动温度 T_v 等值线的分布，图 3.37(d)给出了 Mars Microprobe 算例在该工况时速度模等值线的分布图。

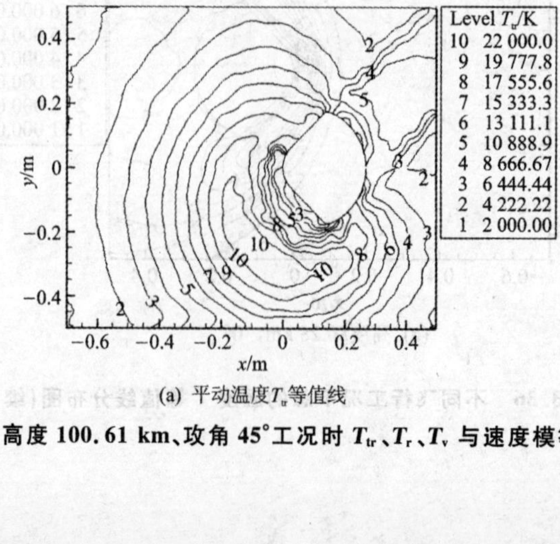

(a) 平动温度T_{tr}等值线

图 3.37 高度 100.61 km、攻角 45°工况时 T_{tr}、T_r、T_v 与速度模等值线分布

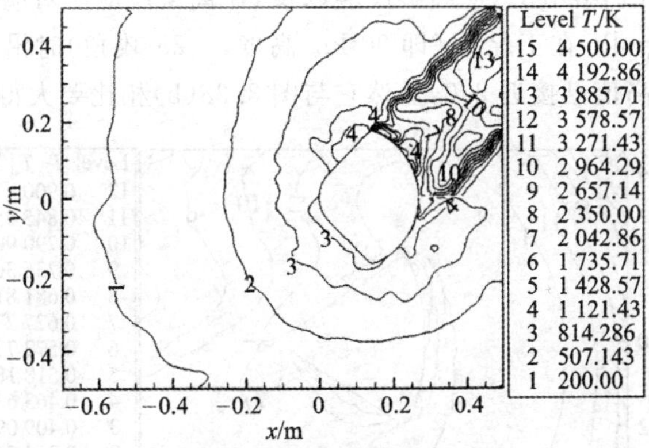

(b) 转动温度T_r等值线

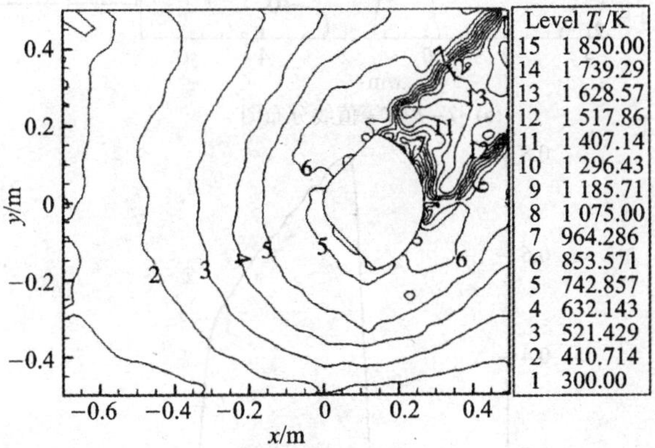

(c) 振动温度T_v等值线

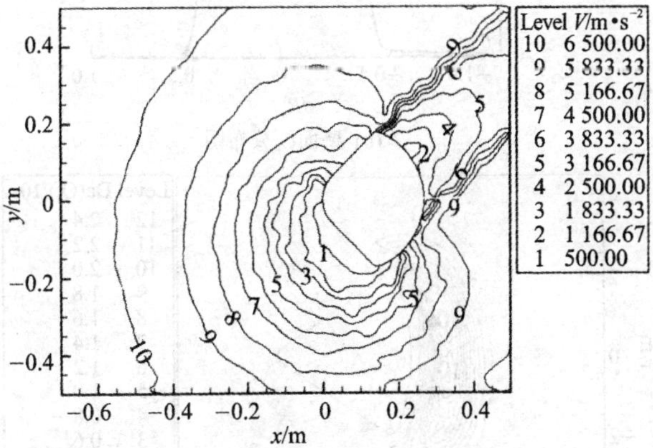

(d) 速度模等值线

图 3.37 高度 100.61 km、攻角 45°工况时 T_{tr}、T_r、T_v 与速度模等值线分布(续)

在流体力学与传热学中，非平衡现象普遍存在着；在高超声速稀薄流场中，非平衡现象始终是关注的热点。图 3.38 给出了 Apollo 在工况 6(即 115 km 高度，$-25°$ 攻角)时三种无量纲数(即 $|T-T_V|/T$, C_H 和 Damköhler 数)的等值线分布图，其中

图 3.38(c)与(d)分别给出了 O_2 离解反应以及 N_2 离解反应所对应的 Damköhler 数。图 3.39 给出了 Apollo 在工况 11(即 90 km 高度,−25°攻角)时沿壁面热流系数 C_H 的分布图,图中最高值已接近 2.0,显然它与图 3.38(b)相比要大得多。

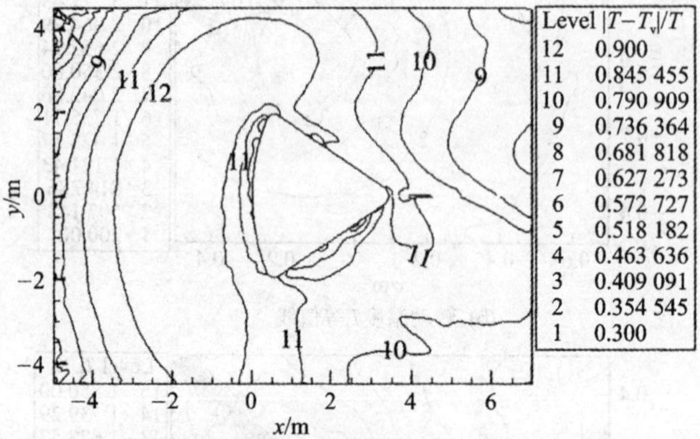

(a) $|T-T_v|/T$等值线分布图

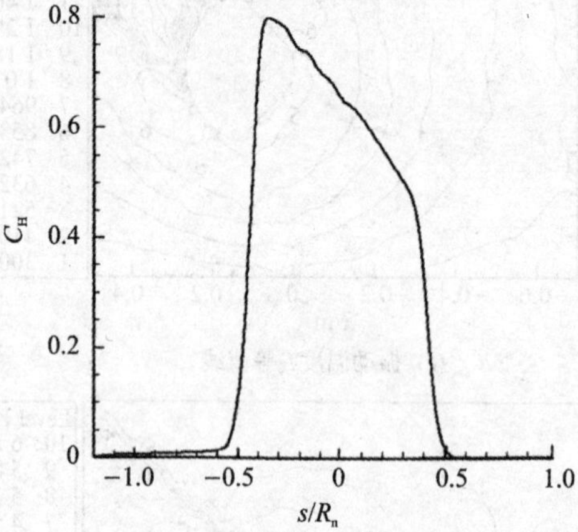

(b) 壁面C_H分布图

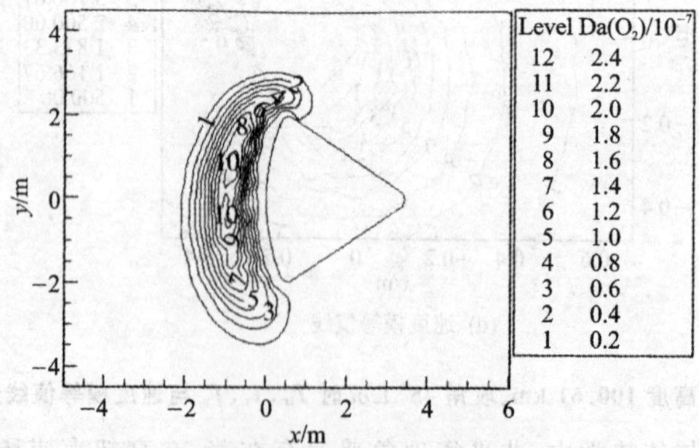

(c) O_2离解反应的Damköhler数

图 3.38 Apollo 在工况 6 时的等值线分布

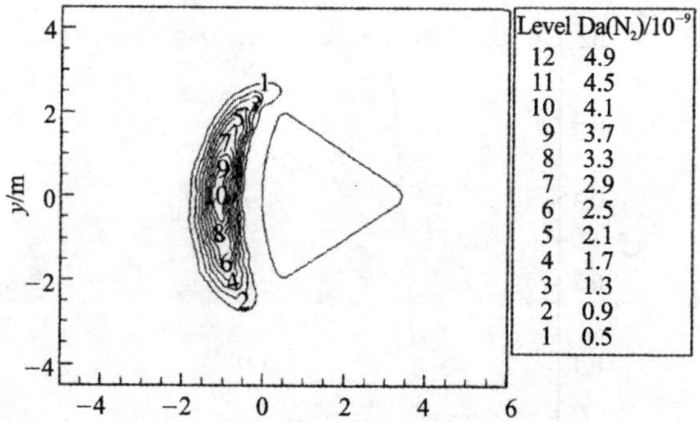

(d) N_2离解反应的Damköhler数

图 3.38　Apollo 在工况 6 时的等值线分布(续)

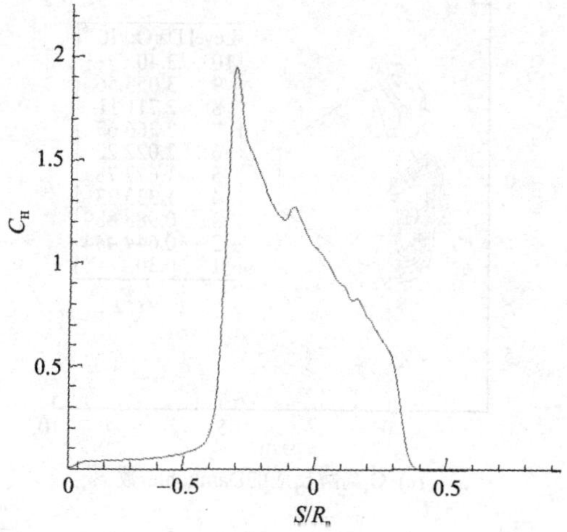

图 3.39　Apollo 在工况 11 时热流系数 C_H 的分布

图 3.40 给出了 Orion 在工况 21(即 105 km 高度,0°攻角)时采用三种无量纲数时的等值线。

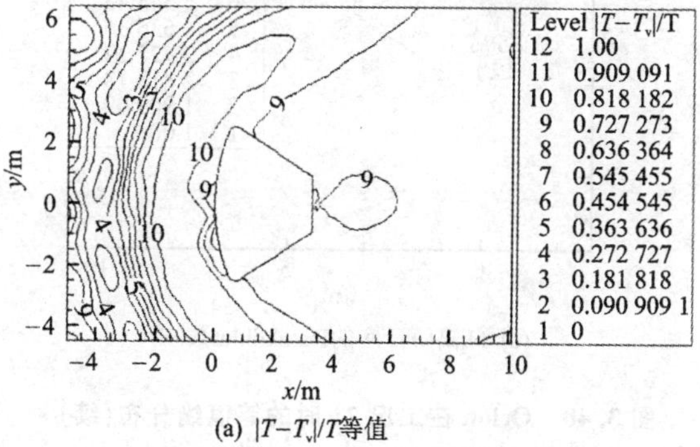

(a) $|T-T_v|/T$等值

图 3.40　Orion 在工况 21 时的等值线分布

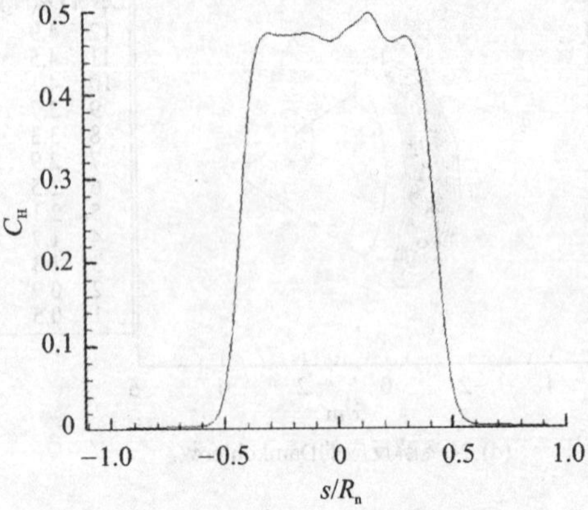

(b) 壁面C_H分布图

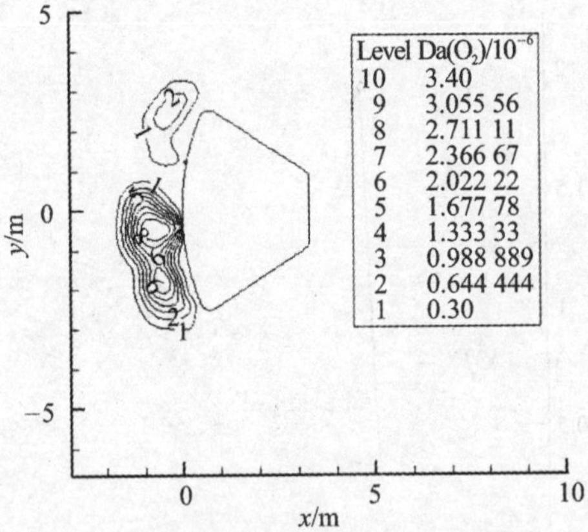

(c) O_2离解反应的Damkohler数

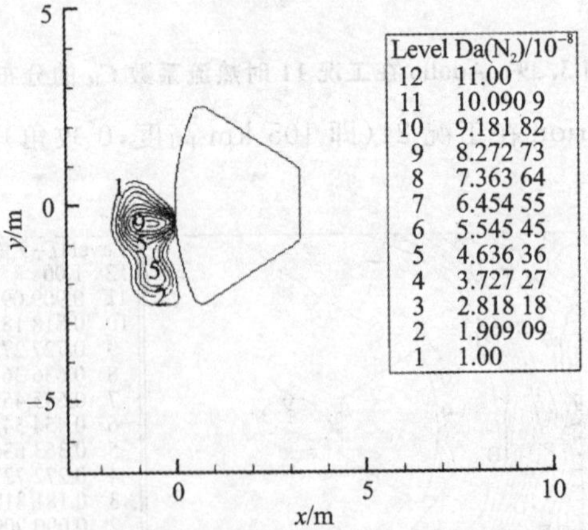

(d) N_2离解反应的Damköhler数

图 3.40 Orion 在工况 21 时的等值线分布(续)

图 3.41 和图 3.42 分别给出了 Mars Pathfinder 在工况 30(即 119 km 高度,15°攻角)以及 Mars Microprobe 在工况 36(即 126.69 km 高度,45°攻角)时的等值线分布图。在火星大气中工况 30 时,流场中总的温度最高(参阅图 3.32(f))为 13 080 K。而 Apollo 在地球大气层中进行工况 11 飞行时,流场中总的温度最高(参阅图 3.24(k))为 20 822 K,这就意味着 Apollo 在 90 km 高空并以 −25°攻角再入飞行时,它所处的热环境更加严峻。因此这时的热防护更需精心设计。

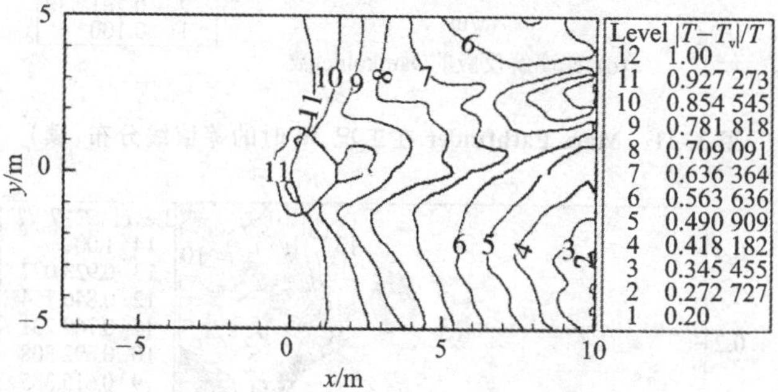

(a) $|T-T_v|/T$等值线分布图

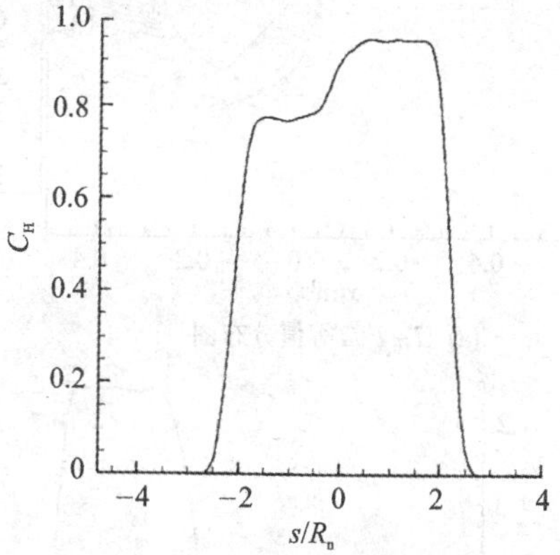

(b) 壁面C_H分布图

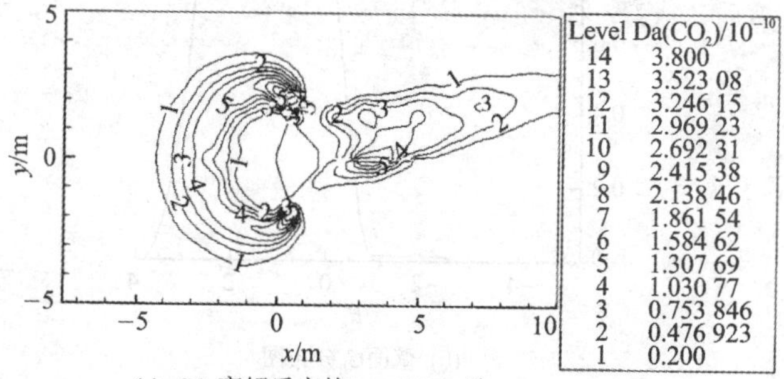

(c) CO_2离解反应的Damköhler数

图 3.41　Mars Pathfinder 在工况 30 时的等值线分布

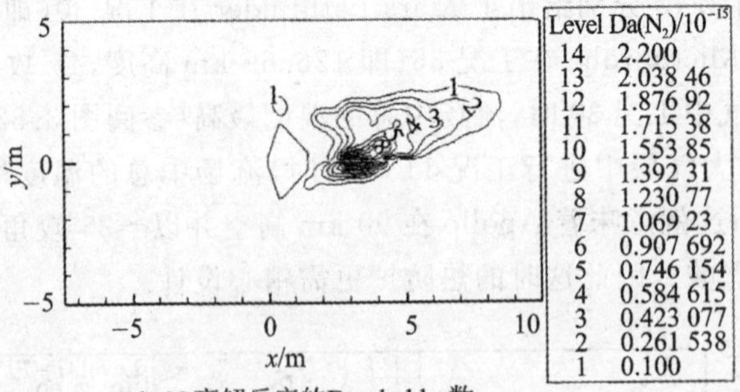

(d) N_2离解反应的Damkohler数

图 3.41 Mars Pathfinder 在工况 30 时的等值线分布(续)

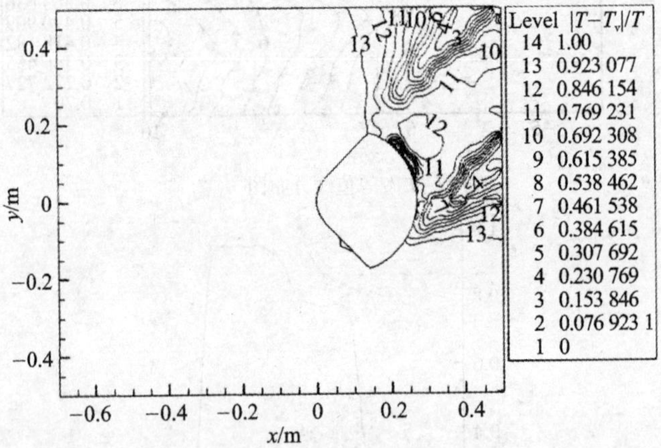

(a) $|T-T_v|/T$等值分布图

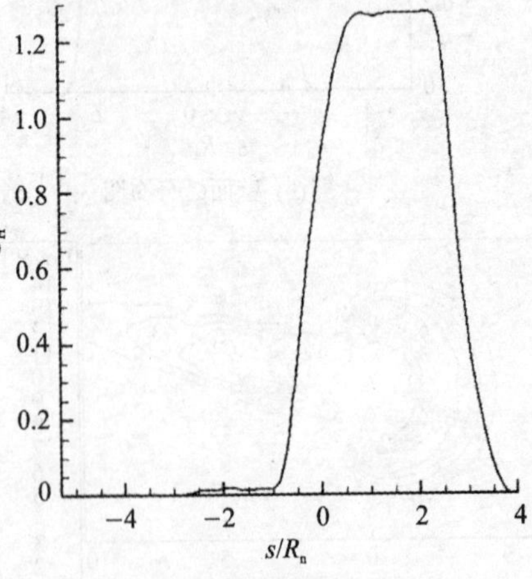

(b) 壁面C_H分布图

图 3.42 Mars Microprobe 在工况 36 时的等值线分布

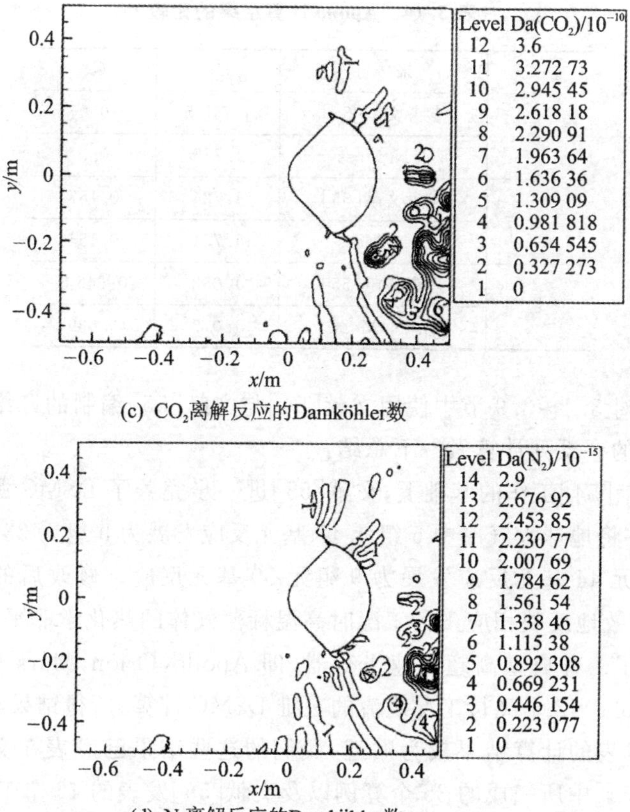

图 3.42　Mars Microprobe 在工况 36 时的等值线分布(续)

从图 3.38～图 3.42 所给出的计算结果可以看出，上述工况时流场的热力学非平衡和化学非平衡都普遍存在着，因此用 $|T-T_v|/T$、C_H 数以及 Damköhler 数去刻画上述流场的复杂变化是合适的。

另外，在高超声速飞行器的再入飞行中，沿飞行器壁面热流系数的分布直接涉及飞行器的热防护问题，因此热流系数的计算以及相关的传热分析便是一件十分重要的事情。

最后看一下在文献[55]中使用我们自己编制的三维 DSMC 源程序所得到的计算结果与美国 NASA Langley 研究中心 J. N. Moss 先生结果的比较(因篇幅所限，这里仅列出 14 种工况)：令符号 C_A，C_N 和 $C_{m,0}$ 分别代表轴向力系数、法向力系数和俯仰力矩系数。表 3.14～3.17 分别给出了我们的计算与 J. N. Moss 先生的计算结果。对于工况 12，我们计算的 C_A、C_N 和 $C_{m,0}$ 分别 2.083、0.0 和 0.0，而 J. N. Moss 先生没有公布此工况的数据。从上述给出的 14 种工况的比较数据可以看出：两者结果较为贴近，而且基本趋势是一致的。

表 3.14 Apollo 计算结果的比较

工况	来自	C_A	C_N
7	参考文献[55]	1.765 5	0.0
	J. N. Moss	1.775	0.0
8	参考文献[55]	1.724	0.157
	J. N. Moss	1.734	0.154
9	参考文献[55]	1.082	0.645 8
	J. N. Moss	1.077	0.639

这里我们对 3.4～3.9 节中使用文献[54]与文献[55]编制的二维与三维 DSMC 源程序所完成的一系列计算做一下总结：

(1) 在文献[54]工作的基础上，文献[55]进一步完善了 DSMC 源程序中的化学反应子程序，并将地球大气层中 5 组元 17 基元反应发展为 5 组元 23 基元反应；将火星大气中 8 组元 44 基元反应发展为 9 组元 59 基元反应。修改后的化学反应子程序[55]可以更有效地反映相应飞行工况时高温稀薄气体的热化学非平衡流动现象。

(2) 完成了 4 种典型高超声速飞行器（即 Apollo，Orion，Mars Pathfinder 以及 Mars Microprobe）42 个飞行工况绕流的三维 DSMC 计算，所得结果与 NASA Langley 研究中心发表的计算结果较为贴近，我们的这些结果已发表在文献[55]中。另外，连同文献[54]中所完成的 35 个算例以及文献[55]发表的 42 个工况，于是通过上述这 77 个不同飞行工况、不同飞行器二维与三维 DSMC 的计算初步显示了所编的源程序的可行性与有效性。使用该程序可以完成飞行速度在 7～9 km/s 时稀薄流场的二维与三维 DSMC 计算，它能为相应飞行工况下飞行器的热防护气动设计提供有用的理论计算数据。

(3) 文献[54]中提出的用 $|T-T_v|/T$ 分析热力学非平衡，用 Damköhler 数分析化学反应的非平衡，用沿壁面的 Stanton 数或壁面热流系数 C_H 分析壁面的传热效果的办法可以有效地刻画稀薄气体流场中的非平衡现象，值得推广。

(4) 从参考文献[55]与参考文献[54]所计算的 77 个工况以及参考文献[52]、[53]的 23 个工况（其中飞行马赫数为 15.52～24.47）中发现：根据飞行器再入时 Knudsen 数的大小，稀薄区采用 DSMC 方法，连续区采用多组分、考虑非平衡态气体振动与热化学非平衡态效应的广义 Navier－Stokes 方程，而过渡区仍使用 DSMC 方法。采用这套措施后，能够完成飞行器以 5～9 km/s 的速度再入飞行，穿过稀薄区、过渡区与连续区时三维绕流流场的气动力与气动热计算；使用我们自己编制的两个源程序（即参考文献[52]与参考文献[55]的程序）能为地球大气层、土卫六大气层和火星大气层中的再入飞行（当飞行速度在 5～9 km/s 范围）问题提供飞行器热防护以及空间变轨控制所需的必要数据。另外，这里还需指出：

① 对于连续流区域的源程序(即参考文献[52,53,57]),在化学反应源项的处理上采用了点隐式处理技巧,并对壁面采用了热辐射平衡条件。数值计算的实践表明,这种处理措施非常必要。

② 对于连续流区为高超声速流动时是否采用高精度格式问题,目前在文献[52]的源程序中没加入 3 阶及 3 阶以上的高精度格式模块,但在文献[36]中的 RANS 与 DES 相组合的新算法中引进了高阶精度模块。

我们认为:高超声速再入飞行中热化学非平衡问题已经十分复杂,通常采用文献[52]的源程序可以得到工程上较为满意的气动力分布;计算出的气动热与实验数据或者飞行数据相比,有时虽然有误差,但仍然能有效地指导飞行器的热防护设计。仅在飞行马赫数很高,流场中的大分离现象严重、需要更细致地考虑飞行器壁面热流分布时,才引进高精度模块并在局部大分离的那些区域采用参考文献[36]推荐的 DES 分析技术。

③ 对于连续流区为超声速、跨声速和亚声速复杂湍流流动时,文献[3]、[58]～[60]中给出了大量的高精度计算算例,尤其是参考文献[61]首次提出了三维小波奇异分析的概念,将流场划分为奇异点区与光滑点区后分别采用 5 阶 WENO 格式与 4 阶中心差分格式,捕捉到了流场的复杂涡系结构。毫无疑问,小波奇异分析法是一类高效算法。

④ 对于稀薄流区的数值求解,AMME Lab 团队主要发展了两类方法:一类是 DSMC 方法,另一类是直接求解广义 Boltzmann 方法。显然这两类方法难度都很大,但都是高超声速稀薄流计算中急需的数值方法。

表 3.15 Orion 计算结果的比较

工况	来自	C_A	C_N	$C_{m,0}$
12	参考文献[55]	2.083	0.0	0.0
	J. N. Moss	—	—	—
13	参考文献[55]	1.708	−0.888 3	0.129 4
	J. N. Moss	1.714	−0.798	0.117
14	参考文献[55]	1.786 3	−0.799 4	0.119 2
	J. N. Moss	1.711	−0.793	0.117
22	参考文献[55]	1.507 5	−0.416 3	0.120 2
	J. N. Moss	1.465	−0.327	0.114
23	参考文献[55]	1.081	−0.656 1	0.190 1
	J. N. Moss	1.051	−0.558	0.182

表 3.16 Mars Pathfinder 计算结果的比较

工况	来自	C_A	C_N
31	参考文献[55]	1.931 3	0.0
	J. N. Moss	1.883	0.0
32	参考文献[55]	1.874 7	0.236
	J. N. Moss	1.830	0.207
33	参考文献[55]	1.819 2	0.347
	J. N. Moss	1.771	0.307

表 3.17 Mars Microprobe 计算结果的比较

工况	来自	C_A	C_N	$C_{m,0}$
40	参考文献[55]	1.631 9	0.0	0.0
	J. N. Moss	1.536	0.001	0.0013
41	参考文献[55]	1.245 8	0.637 6	0.296 0
	J. N. Moss	1.180	0.607	0.283 8
42	参考文献[55]	0.947 1	0.782 2	0.370 5
	J. N. Moss	0.904	0.734	0.352 5

表 3.14～表 3.17 中，C_A、C_N 和 $C_{m,0}$ 是作者所在 AMME Lab 团队的计算结果，与 J. N. Moss 先生计算结果的比较。

第4章　小 Knudsen 数特征区及其在再入飞行计算中的应用

在高超声速飞行器再入大气层的飞行过程中，如何计算飞行器在各工况点下的三维流场是计算流体力学领域中一项十分困难的课题。文献[33]首次提出了再入飞行过程中"小 Knudsen 数特征区（即[Kn1，Kn2]域）"这个非常重要的概念。正是由于"小 Knudsen 数特征区"的存在，在这个特征区中，对于同一个工况点而言，无论采用广义 Navier-Stokes 模型或者 DSMC 模型完成流场计算时所得到的气动参数的分布趋势大体上是一致的；流场对应点上相应参数的值尽管有些差别，但差别并不大；这就使得再入飞行过程中所有工况点下三维流场的计算，可以借助于一定的判断准则选用 DSMC 或者广义 Navier-Stokes 模型。

本章分8小节进行论述，它们分别为：

(1) 再入飞行中计算高超声速绕流的两类物理模型及其源程序；
(2) 选用广义 N－S 模型计算特征区内 RAM－C II 算例；
(3) 选用广义 N－S 模型计算特征区内 OREX 算例；
(4) 选用广义 N－S 模型计算特征区内 Orion 算例；
(5) 选用 DSMC 模型计算特征区内 RAM－CII 算例；
(6) 选用 DSMC 模型计算特征区内 OREX 算例；
(7) 选用 DSMC 模型计算特征区内 Orion 算例；
(8) 小 Knudsen 数特征区及其初步分析。

4.1　再入飞行中计算高超声速绕流的两类物理模型及其源程序

航天飞行器的再入飞行，通常要涉及到四个流区（即自由分子流区、过渡流区、滑移流区和连续介质流动区），因此相应流区中流场的数值计算一直是气动热力学领域的热点问题之一。在稀薄气体动力学中，DSMC 方法和求解 Boltzmann 方程是两种最常用的方法。尽管 DSMC 方法是通过与 Boltzmann 方程相同的物理推理获得的，但由于 DSMC 方法直接模拟的是单个分子的行为，因此比较容易把分子间的碰撞和分子与表面之间碰撞的复杂物理过程加以模拟，显然在这方面 DSMC 方法要比 Boltzmann 方程中右端碰撞项的数学表达方便得多。正是由于 DSMC 方法所具有的分子模拟特性，使得它在许多方面显示出优于直接求解 Boltzmann 方程之处。采用 DSMC 方法计算出的具有复杂外形航天飞机的升阻比与飞行测量数据吻合得非常好。近年来，广义 Boltzmann 方程也得到迅速地发展，Cheremisin F G 和 Agarwal R K 教授等都做出了出色的工作。在再入过程的连续介质流区，考虑热力学非平衡以及化学反应非平衡的多组分、弱守恒的广义 Navier-Stokes 方程组为其控制方程，它的数值求解一直是高超声速流体力学和气动热力学领域中的主攻方向。另外，Bird G A，Park C 以及 J. N Moss，Boyd I D，Yamamoto Y ，Candler G V 和 Gnoffo P A 等人在高超声速气动热力学计算方面做了大量工作。近 20 多年来，我们 AMME Lab (Aerothermo dynamics and Man Machine Environment Laboratory，中文简称为高速气动热与人机工程中心）在 Navier－Stokes 方程组的通用形式、方程组特征分析、方程的离散与求解、超声速和高超声速进气道内外流场的计算以及高超速飞行器（例如文献[3]中所给出的 18 种国外著名航天器等）再入飞行中的气动力与气动热分布进行了一系列理论计算与分析，其中包括再入地球大气层、土卫六大气层以及火星大气层的飞行工况。在我们 AMME Lab 已完成的 242 个飞行工况的计算中，采用 DSMC 模型计算的有 83 个工况，采用广义 Navier-Stokes 模型计算的有 159 个工况。飞行器再入过程中流场的计算主要涉及到两类物理模型，一类是广义 Navier-Stokes 模型，另一类是 DSMC 模型，下面对此作十分简要的介绍。

4.1.1 广义 Navier-Stokes 模型及其源程序

对于三维高超声速处于高温、离解电离状态的空气多为多组元、带有化学反应的混合气体，因此流场中存在着质量交换、动量交换和能量交换的过程，存在着热化学非平衡效应（即存在转动非平衡、振动非平衡、化学非平衡和电离非平衡），存在着振动/离解耦合效应（V－D）、自由电子/振动耦合效应（E－V）、平动/振动耦合效应（T－V）、自由电子/平动耦合效应（E－T）、非平衡辐射效应以及气体组分中束缚电子激发效应等。在热化学非平衡效应中，通常会涉及到三温度模型（即平动温度 T_{tr}、振动温度 T_v 和电子温度 T_e）或者双温度模型（即平动温度 T_{tr} 和振动温度 T_v）的概念。在一般情况下，选用广义 Navier-Stokes 方程时，多选用双温度模型。另外，在广义 Navier-Stokes 方程组中，能量方程通常有 3 个（即振动能量守恒方程、电子和电子激发能量守恒方程以及总的能量守恒方程），而对于双温度模型、能量方程则只需要 2 个（即振动-电子和电子激发能量守恒方程以及总的能量守恒方程）。因此，在选用双温度模型时广义 Navier-Stokes 方程组的弱守恒形式为

$$\frac{\partial}{\partial t}\iiint_{\Omega}\boldsymbol{U}\mathrm{d}\Omega+\oiint_{\partial\Omega}(\boldsymbol{F}-\boldsymbol{F}_{\mathrm{V}})n_x\mathrm{d}S+\oiint_{\partial\Omega}(\boldsymbol{G}-\boldsymbol{G}_{\mathrm{V}})n_y\mathrm{d}S+\oiint_{\partial\Omega}(\boldsymbol{H}-\boldsymbol{H}_{\mathrm{V}})n_z\mathrm{d}S=\iiint_{\Omega}\widetilde{\boldsymbol{W}}\mathrm{d}\Omega \tag{4.1.1}$$

式中：Ω 与 $\partial\Omega$ 分别代表控制体与控制表面，$\boldsymbol{U}$ 为方程组所对应的守恒型基本变量，它为列向量；$\boldsymbol{F}$、$\boldsymbol{G}$ 和 $\boldsymbol{H}$ 为无粘通量，它们均为列向量；$\boldsymbol{F}_{\mathrm{V}}$、$\boldsymbol{G}_{\mathrm{V}}$ 和 $\boldsymbol{H}_{\mathrm{V}}$ 为粘性通量，$\widetilde{\boldsymbol{W}}$ 代表方程组的右端源项，它们的具体表达式为

$$
[\boldsymbol{U}\quad \boldsymbol{F}\quad \boldsymbol{G}\quad \boldsymbol{H}\quad \widetilde{\boldsymbol{W}}]=\begin{bmatrix}
\rho & \rho_1 u & \rho_1 v & \rho_1 w & \omega_1 \\
\vdots & \vdots & \vdots & \vdots & \vdots \\
\rho_s & \rho_s u & \rho_s v & \rho_s w & \omega_s \\
\rho u & \rho u^2+p & \rho u v & \rho u w & 0 \\
\rho v & \rho u v & \rho v^2+p & \rho v w & 0 \\
\rho w & \rho u w & \rho v w & \rho w^2+p & 0 \\
E_t & (E_t+p)u & (E_t+p)v & (E_t+p)w & 0 \\
E_v & E_v u & E_v v & E_v w & \omega_v
\end{bmatrix} \tag{4.1.2a}
$$

$$
\boldsymbol{F}_{\mathrm{V}}=\begin{bmatrix}
-\rho_1 \widetilde{u}_1 \\
\vdots \\
-\rho_s \widetilde{u}_s \\
\tau_{xx} \\
\tau_{yx} \\
\tau_{zx} \\
k\dfrac{\partial T}{\partial x}+k_{vib}\dfrac{\partial T_{\mathrm{V}}}{\partial x}-\sum \rho_s h_s \widetilde{u}_s+u\tau_{xx}+v\tau_{yx}+w\tau_{zx} \\
k_{vib}\dfrac{\partial T_{\mathrm{V}}}{\partial x}-\sum \rho_s e_{vs} \widetilde{u}_s
\end{bmatrix} \tag{4.1.2b}
$$

另外，$\boldsymbol{G}_{\mathrm{V}}$ 与 $\boldsymbol{H}_{\mathrm{V}}$ 在形式上与 $\boldsymbol{F}_{\mathrm{V}}$ 相类似 。注意式(4.1.2)中 ρ_s、$\widetilde{u}_s$、ω_s、h_s 和 e_{vs} 分别代表第 s 个组元气体的分密度、x 方向上的扩散速度、单位体积化学反应质量生成率、单位质量的焓值和单位质量的振动能。对于边界条件提法的问题可参阅文献[52]，这里就不再给出。还需要特别强调的是：在高超声速广义 Navier-Stokes 方程的求解中，壁面条件的处理非常重要，在我们这里的计算中仍采用了壁面辐射热平衡边界条件。

化学反应模型因飞行器再入不同的大气层、不同的飞行高度以及不同的再入速度而有所不同。在这里进行广义 Navier-Stokes 方程计算时，对于再入地球大气层采用了 5 组元(N_2，O_2，NO，N 和 O)、17 基元反应模型(具体反应机制及其反应速率系数可参阅文献[52]的表 1)；对于进入土卫六大气层则采用 13 组元(C，C_2，H，H_2，N，N_2，CH，CH_2，CH_3，CH_4，CN，HCN 和 Ar)、143 基元反应模型(其反应机制与相关反应速率系数见参考文献[52]的表 2)；对于进入火星大气层采用了 8 组元(C，O，N，N_2，CO，CO_2，NO 和 O_2)、44 基元反应模型(其具体反应机制及其反应速率系数可参阅文献[54]的表 6)。在这里所选用的进入三种大气层时飞行马赫数的范围是 7.1～32.81，显然在这个范围时流场的热化学非平衡特性是需要认真考虑的。

对于能量方程，这里仅给出振动—电子—电子激发能项的表达式，即

$$\omega_{\mathrm{v}}=-p_{\mathrm{e}}\nabla\cdot\boldsymbol{V}+\sum_{s=\mathrm{mol}}(\omega_{\mathrm{s}}\hat{D}_{\mathrm{s}})-\sum_{s=ion}(\dot{n}_{\mathrm{e},\mathrm{s}}\tilde{I}_{s})+Q_{\mathrm{T-V}}+Q_{\mathrm{T-e}} \tag{4.1.3}$$

式中：等式右端第1项代表电子压强梯度所产生的电场力对电子所作的功；右端第2项反映了分子各组元由于化学反应而导致的振动能的获得(借助于复合反应)与丢失(借助于离解反应)；右端第3项反映了正离子由于电子碰撞电离反应而导致的能量丢失；等式右端最后两项 $Q_{\mathrm{T-V}}$ 以及 $Q_{\mathrm{T-e}}$ 项分别代表平动能与振动能之间的能量传递速率以及由于弹性碰撞而产生的重粒子与电子间的能量传递速率，文献[52]、[53]分别给出了它们的表达式。

高温混合气体输运特性的计算主要有两种模型：一种是使用 Blottner 曲线以及 Eucken 关系式分别计算出每一组元的粘性系数、平动热传导系数以及振动热传导系数等，之后使用 Wilke 混合律进而得到混合气体的相关输运系数；另一种是 Gupta 碰撞截面模型，在这里的计算中采用了前者的模型。

4.1.2 DSMC 的基本算法以及源程序总框图

在质点 Monte-Carlo 方法的基础上，1957 年，Alder B. J 和 Wainwright T. E 提出了适用于求解过渡流区的分子动力学方法(molecular dynamics method，简称 MD 方法)。作为对分子动力学方法的某种改进，1963 年 Bird G. A 教授首先提出了 DSMC 方法，之后分别于 1976 年、1994 年、1999 年和 2006 年进行了多次地改进与完善；从 1963 年到 2006 年长达 43 年的时间里，Bird 教授一直致力于 DSMC 方法的研究，他提出了用有限个模拟分子代替真实气体分子，用对网格内的模拟分子运动状态进行统计平均以实现求解真实流动的目的。DSMC 方法与分子动力学方法的本质区别是 DSMC 方法可以在较小的时间间隔内将模拟分子的运动与模拟分子之间的碰撞解除耦合。文献[54]中的图 1 给出了非结构网格下模拟分子运动的子程序框图；文献[55]给出了三维 DSMC 算法的 7 个具体步骤，该文献的图 1 给出了 DSMC 计算的总框图。

如何正确地构造出反映物理化学本质的反应抽样几率函数以及反应后的碰撞计算是非平衡态化学反应过程中 DSMC 方法的核心问题。现象学方法符合微观方法与宏观方法相统一的哲学原理，它能够得到正确的宏观量以及反应系统过程的集体表现。1981 年 Bird G A 首先提出了可变硬球(variable hard sphere，VHS)的概念以及通过输运系数去确定碰撞截面的现象学方法，改进了由无结构分子组成的气体流动的碰撞对抽样几率函数。另外，在实现热力学非平衡流动的 DSMC 方法中，其关键技术是构造反映物理本质且适用于 DSMC 方法的气体分子内能松弛抽样概率函数并确定传能之后各碰撞分子所具有的能量。为此，文献[55]与文献[54]中都采用了 1975 年 Borgnakke C 和 Larsen P S 提出的现象学模型(即 B－L 模型)。B－L 模型实质上是根据能量守恒原理将碰撞分子对能量按照平衡态分布的方式重新分配给碰撞后各分子而实现碰撞计算的，因此该模型正确地反映了分子碰撞过程的物理本质。对于高温化学反应气体流动的DSMC方法,首先需要应用现象学方法导出高温气体中发生各种化学反应的抽样概率函数,并注意用化学反应细致平衡原理去确定出现在抽样概率函数中的待定常数。最后再根据能量守恒原理以及化学反应能细致平衡原理去构造符合物理本质并且适合DSMC方法的反应碰撞计算模型。在文献[54]中详细讨论了热力学碰撞传能的6种类型以及化学反应碰撞过程的8种类型,并且该文献中的图3与图4给出了实现热力学碰撞传能与化学反应碰撞过程的子程序框图。这里还必须指出的是,基元反应的个数是与化学反应过程的组元数以及再入飞行的大气层性质、飞行速度等有着密切关系。在文献[55]中就曾将再入地球大气层中的5组元17基元反应发展为5组元23基元反应,将进入火星大气层中的8组元44基元反应发展为9组元59基元反应,以便使源程序更有效地反映飞行马赫数较高时热化学非平衡的流动现象。

4.2 选用广义N-S模型计算特征区内RAM-CⅡ算例

RAM-CⅡ是20世纪60年代进行的接近第一宇宙速度飞行的试验[62]。飞行器的外形为头部半径,其未经值为0.152 4 m,半锥角为9°,总长度为1.295 m,飞行高度为81 km,自由来流条件如表4.1所列。壁面假定为等温壁,壁温 T_w=1 500 K,并且认为是非催化壁。自由来流组分的质量分数:N_2 为79%,O_2 为21%。

表4.1 RAM-CⅡ的飞行工况

h/km	V_∞/m·s^{-1}	P_∞/Pa	T_∞/K	T_w/K
81	7 650	1.50	181	1 500
71	7 658	4.764	216	1 500
61	7 636	19.85	254	1 500

表中给出了飞行高度 h=81 km时的全部计算结果,这时来流 Kn_∞=0.012 5;对于飞行高度 h 为71 km和61 km时的工况,这里仅给出部分计算结果。应该说明的是,对于地球大气层来讲,高空大气密度是随着离地面高度的增大而降低的,相应地分子平均自由程由海平面处的约 0.07×10^{-6} m增加到70 km高空处时约为1 mm,而在85 km高空处时约为1 cm,在100 km高空处时约为10 cm,因此这时稀薄气体效应显著起来。图4.1给出了平动温度与分子振动温度沿驻点线的分布,由平动-转动温度的分布可以看出,当飞行高度为81 km(通常认为高度 h=55～80 km为粘性干扰区,高度 h=83～177 km为非连续流区;另外,高度在83～96 km时可以认为N-S方程近似成立,但物面附近的边界条件需要适当修正。因此 h=81 km则介于粘性干扰区和非连续流区之间),采用广义N-S方程可以完成流场计算,其结果

为：沿驻点线，激波后的区域内，平动-转动温度持续下降，除了壁面的临近区域，流场全部为化学非平衡态区域，化学非平衡态现象十分明显。气体分子的振动能被明显的激发，除了在壁面临近区域外，整个头部流场区域平动-转动温度和分子振动温度的差值也非常明显，热力学非平衡态十分显著。

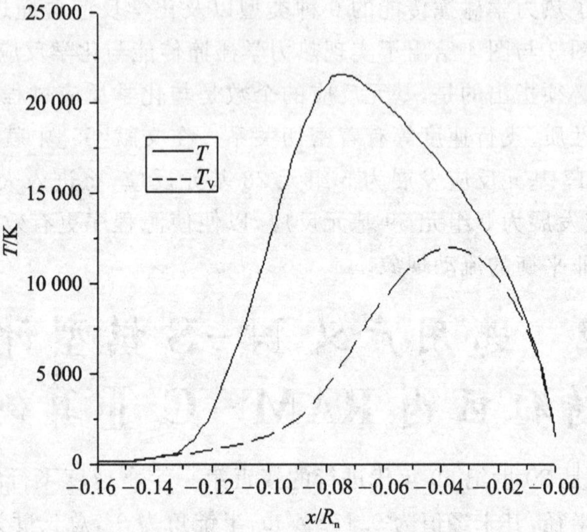

图 4.1 温度沿驻点线的分布(h=81 km)

图 4.2 和图 4.3 分别给出了头部区域流场的平动-转动温度和分子振动温度等值线的分布。由于该工况点下再入速度较高，激波后头部驻点区域的气动加热效应十分剧烈，平动-转动温度峰值已达到 21 600.9 K，分子振动温度峰值为 12 983.7 K。

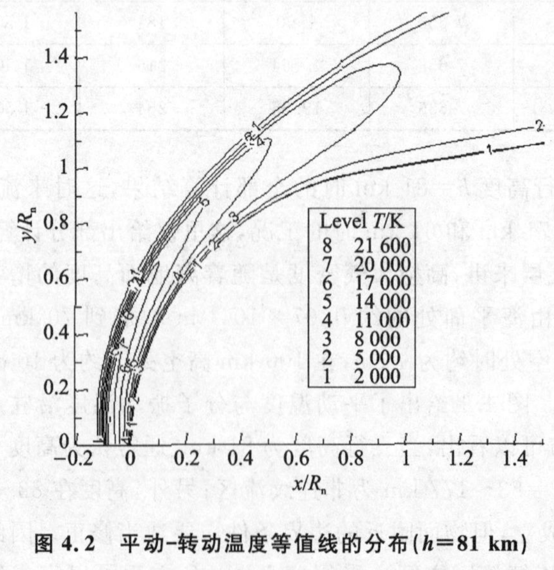

图 4.2 平动-转动温度等值线的分布(h=81 km)

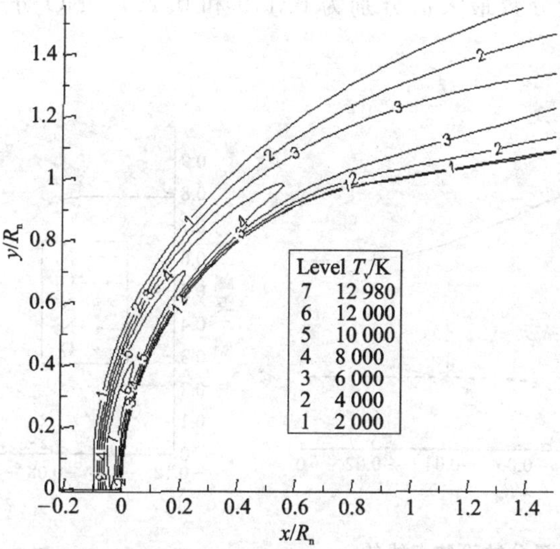

图 4.3　振动温度等值线的分布(h=81 km)

图 4.4～图 4.6 分别给出了 3 个飞行高度时 5 种气体组分质量分数沿驻点线分布的曲线。由于反应所需的活化能较小，O_2 分子已基本离解为 O 原子了；而 N_2 分子只有一小部分离解为 N 原子。由于气体较稀薄，并且由于化学非平衡态效应较明显，N_2 分子离解的总量非常低，N_2 分子的最低值以及 N 原子的峰值的位置都更远离激波，与驻点的距离很近，化学反应的剧烈程度下降的很明显。

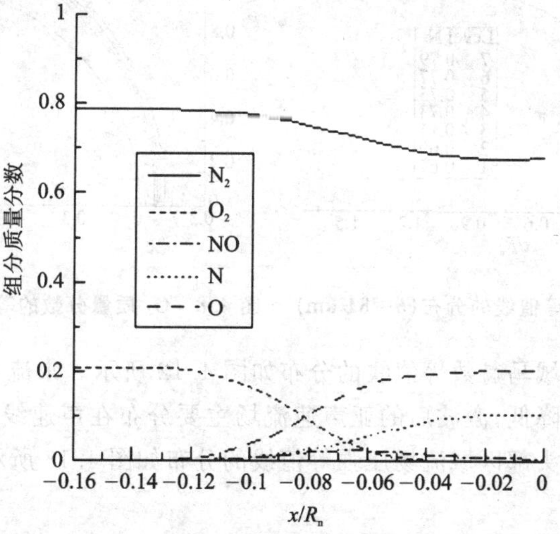

图 4.4　组分质量分数沿驻点线的分布(h=81 km)

图 4.7～图 4.11 分别给出了头部区域 5 种组分质量分数的等值线分布图。N_2 分子质量分数最小离解到 0.666，而 O_2 分子已基本全部离解，而作为离解产物的 N

原子和 O 原子质量分数最大值分别为 0.119 和 0.207。NO 分子质量分数峰值为 0.037。

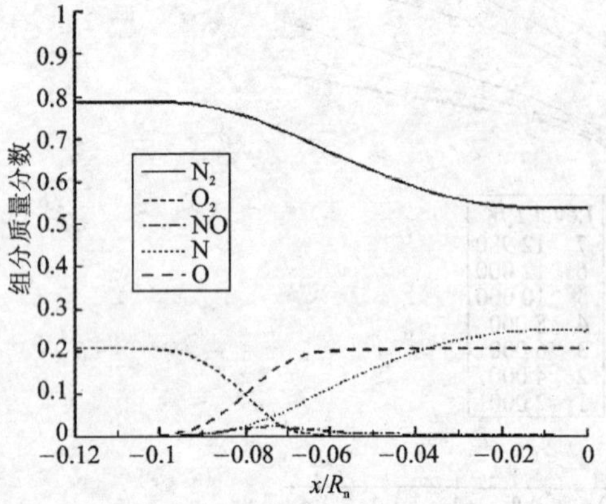

图 4.5 组分质量分数沿驻点线的分布(*h*=71 km)

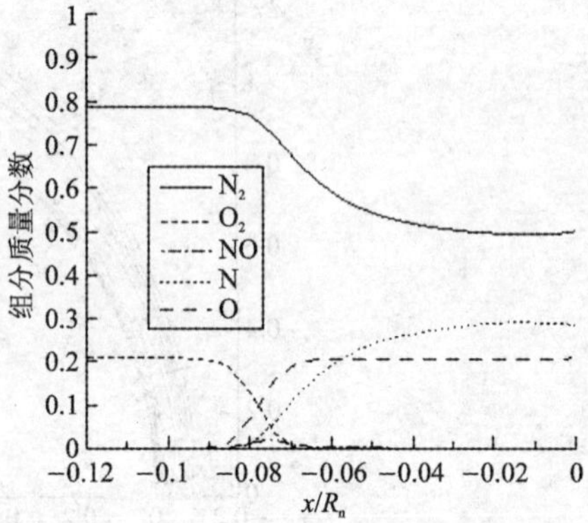

图 4.6 组分质量分数沿驻点线的分布 (*h*=61 km)

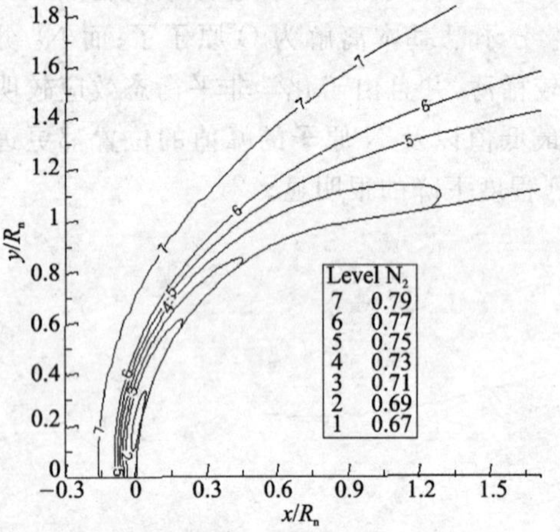

图 4.7 N_2 质量分数等值线的分布(*h*=81 km)

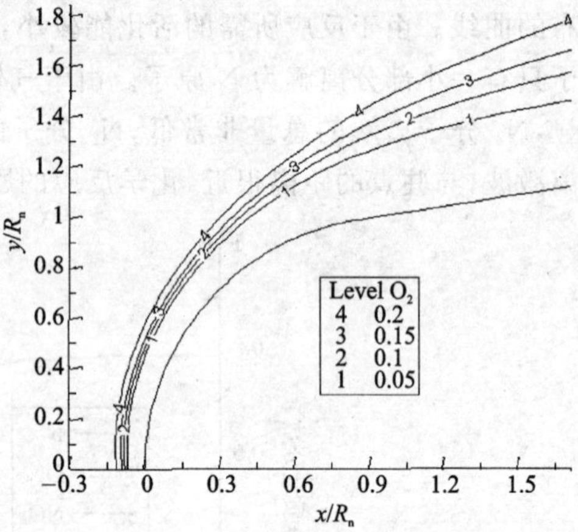

图 4.8 O_2 质量分数的等值线分布(*h*=81 km)

激波后头部区域马赫数等值线的分布如图 4.12 所示。来流马赫数为 28.27,激波后流动速度显著降低;激波后的亚声速流场主要分布在声速线与壁面之间的头部驻点区域。激波后头部区域流场压强等值线的分布如图 4.13 所示,在驻点处峰值为 1 585.71 Pa。

头部弧面区域壁面热流密度的分布如图 4.14 所示。在驻点处热流密度的值最大,过驻点后沿着壁面逐渐降低;壁面压力系数的分布如图 4.15 所示,在驻点处压力系数的最大值为 1.85。

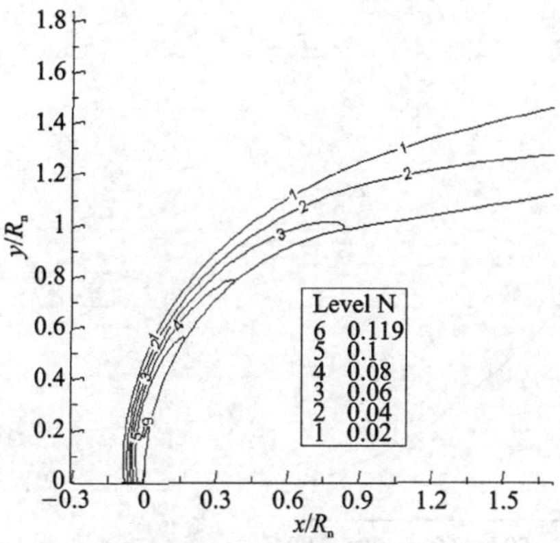

图 4.9　N 质量分数的等值线分布(h=81 km)

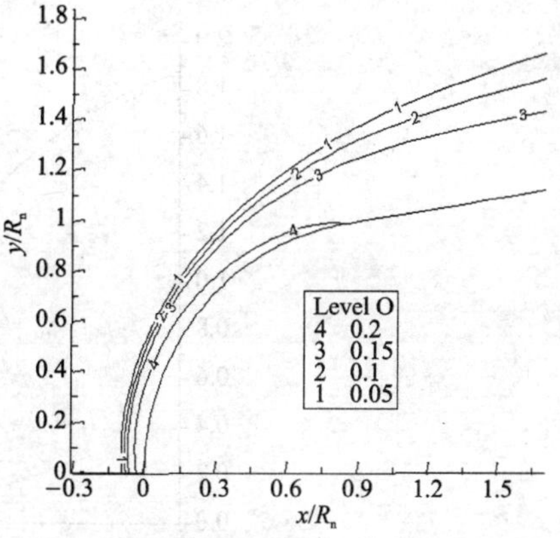

图 4.10　O 质量分数的等值线分布(h=81 km)

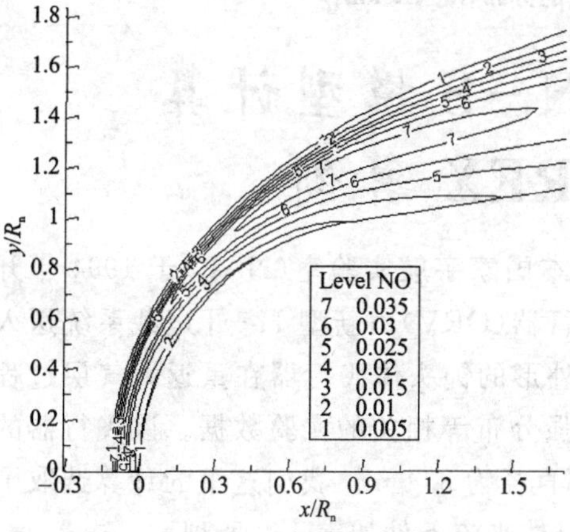

图 4.11　NO 质量分数的等值线分布(h−81 km)

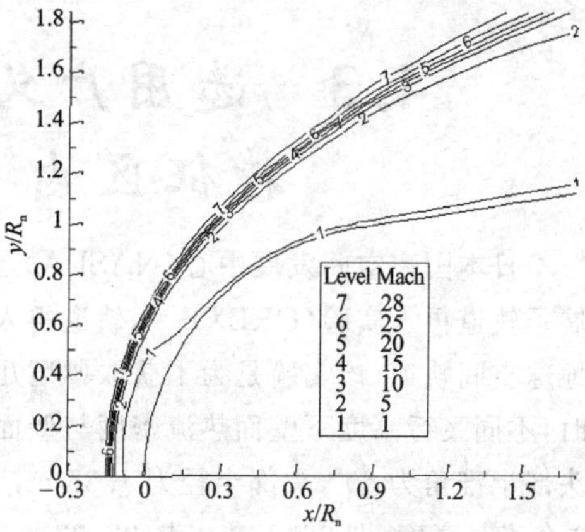

图 4.12　马赫数等值线的分布 (h=81 km)

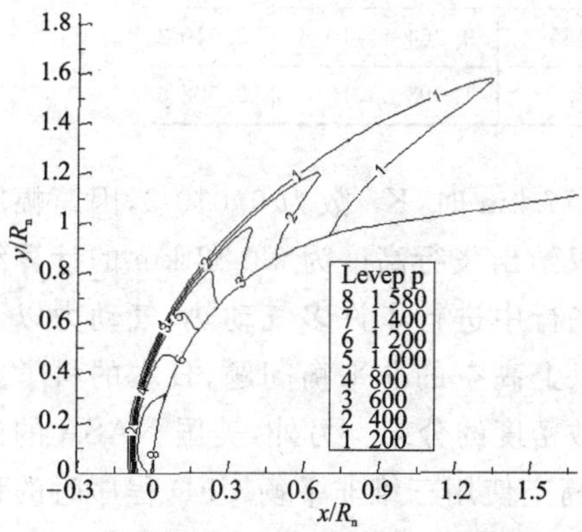

图 4.13　压强等值线的分布 (h=81 km)

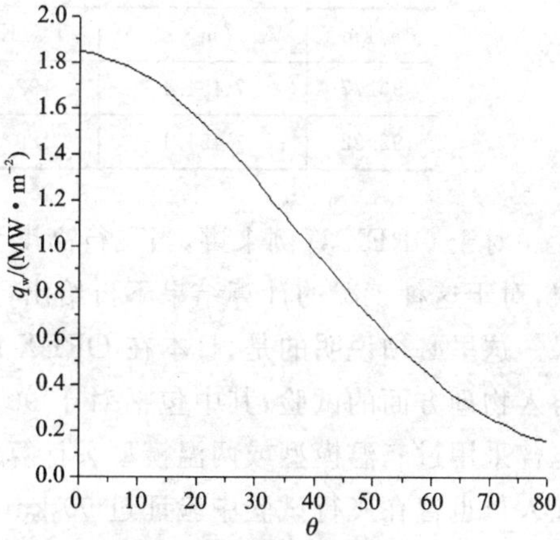

图 4.14　壁面热流密度的分布(h=81 km)

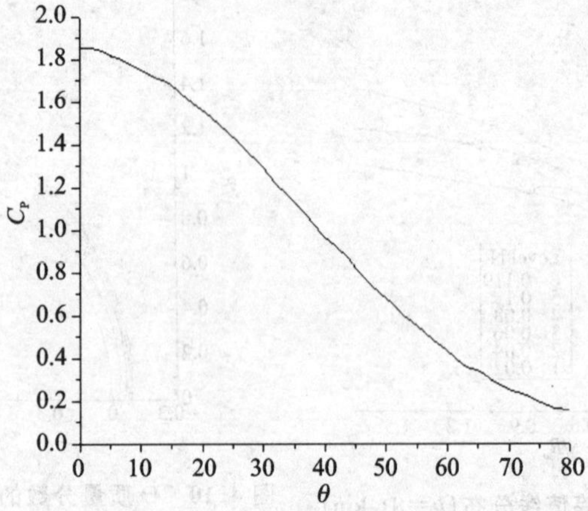

图 4.15 壁面压强系数的分布(h=81 km)

4.3 选用广义 N-S 模型计算特征区内 OREX 算例

日本国家空间发展中心(NASDA)与日本国家宇航实验室(NAL)于 1994 年开展了轨道再入实验(OREX)[63],轨道再入飞行器(ORV)由新型 H-Ⅱ运载系统送入地球空间轨道,该实验是为了获取典型几何外形的钝头体飞行器在重返大气层过程时,不同飞行高度下壁面热流密度与壁面压强分布等相关的实验数据。该飞行器的头部半锥角为 50°,头部半径为 1.35 m,底部直径为 3.4 m。我们这里的计算选取了 2 个飞行高度(即 96.77 km 与 92.82 km),具体来流条件如表 4.2 所列。

表 4.2 OREX 的飞行工况

h/km	V_∞/(m·s^{-1})	T_∞/K	T_w/K	ρ_∞/(kg·m^{-3})	K_n
96.77	7 454.1	192	485	9.364 4×10^{-7}	0.010 2
92.82	7 454.1	189	586	1.095 3×10^{-5}	0.008 6

对于 OREX 算例来讲,当飞行高度为 96.77 km 时,Kn 数为 0.010 2,因篇幅所限,对于这种工况的计算结果不再给出,这里仅给出飞行高度为 92.82 km 的计算结果。这里必须说明的是,日本在 OREX 试验飞行中进行了许多气动热、气动力以及再入物理方面的试验,其中包括对于 90 km 以上高空的非平衡问题,日本的科学家也曾采用过三温模型或两温模型去计算电子数密度的分布。另外,美国 NASA 的研究人员也曾在飞行试验中验证过 90 km 以上高空使用三维非平衡 CFD 程序时的计算效果。上述实验与验证,对我们完成 OREX 算例帮助很大。图 4.16 和图 4.17 分别给出了流场中 N_2 和 O_2 质量分数等值线的分布图,N_2 分子质量分数最小值离解

到 0.7，而 O_2 分子已基本全部离解。

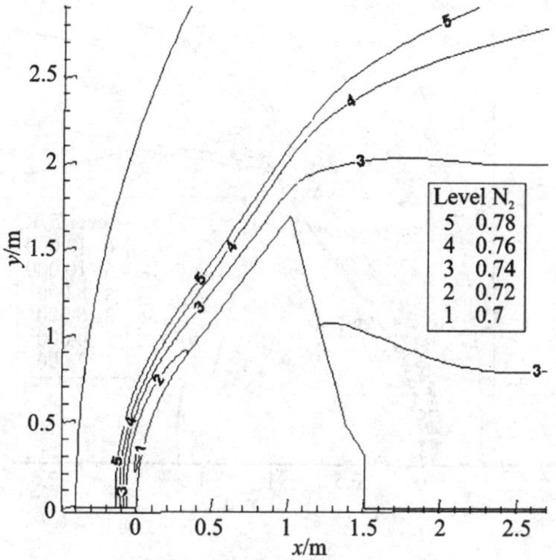

图 4.16 N_2 质量分数等值线的分布(h=92.82 km)

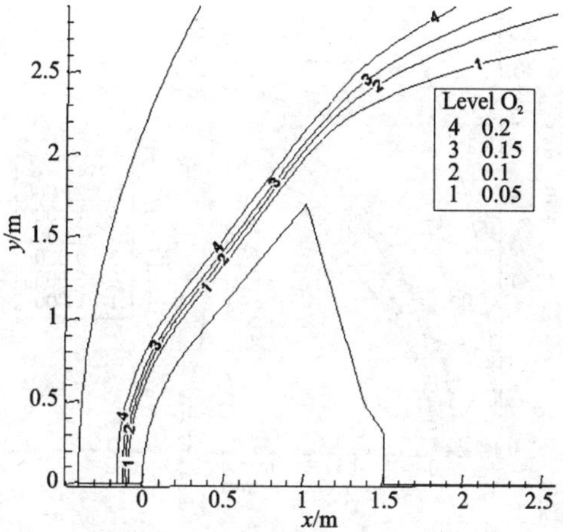

图 4.17 O_2 质量分数等值线的分布(h=92.82 km)

激波后流场马赫数等值线的分布如图 4.18 所示。来流马赫数为 26.95，激波后流动速度显著降低；激波后的亚声速流场主要分布在声速线与壁面之间的头部驻点区域。激波后流场压强等值线分布如图 4.19 所示，在驻点处峰值为 157.24 Pa。

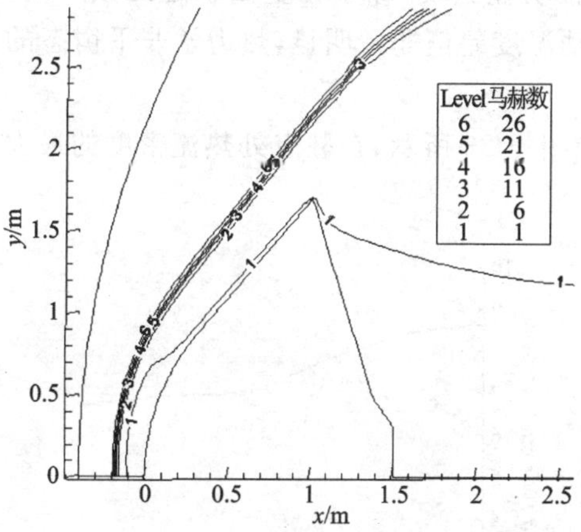

图 4.18 马赫数等值线的分布(h=92.82 km)

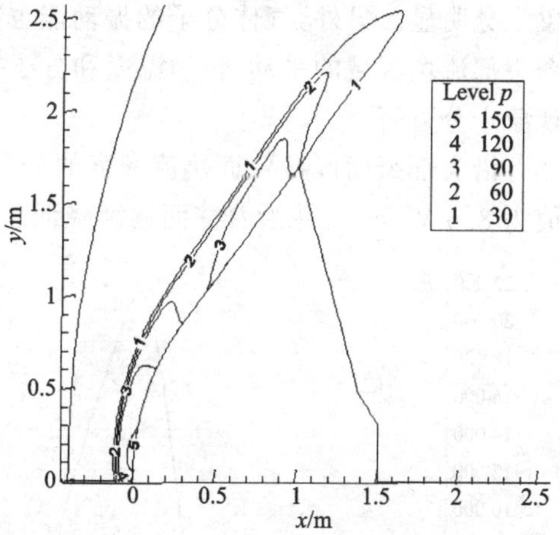

图 4.19 压强等值线的分布(h=92.82 km)

图 4.20 和图 4.21 分别给出了流场的平动-转动温度和分子振动温度等值线的分布。由于该工况下再入飞行速度较高，头部驻点区域激波后流场的气动加热效应十分剧烈，平动-转动温度峰值已达到 21 380.9 K，分子振动温度峰值为 12 010.9 K。

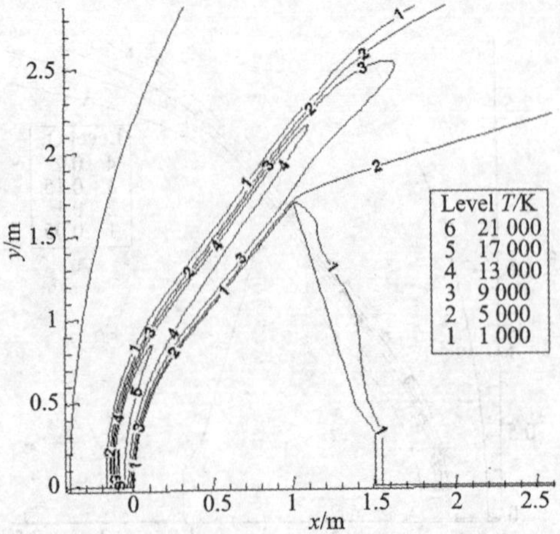

图 4.20　平动-转动温度等值线的分布(*h*=92.82 km)

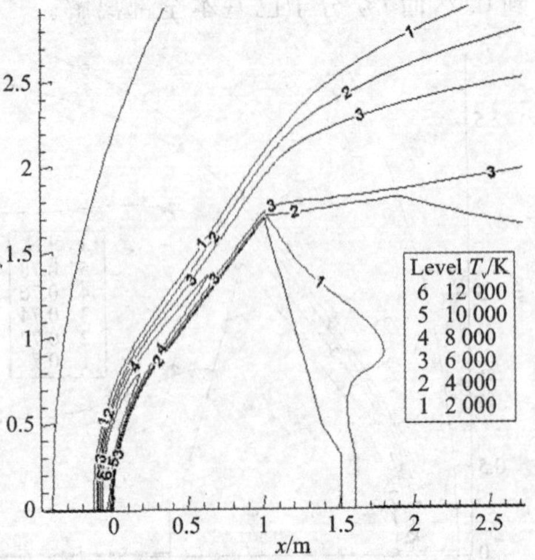

图 4.21　振动温度等值线的分布(*h*=92.82 km)

图 4.22 给出了平动温度与分子振动温度沿驻点线的分布。由平动-转动温度分布的这张图可以看出，在飞行高度为 92.82 km 时，这时气体分子的平均自由程较大，碰撞的频率较低，激波本身的厚度变得较大。激波后沿驻点线的区域内，平动-转动温度持续下降，除了壁面的临近区域，流场全部为化学非平衡区域，化学非平衡现象十分明显。另外，气体分子的振动能也被很明显激发，除了在壁面临近区域外，整个头部流场区域的平动-转动温度和分子振动温度差值非常明显，热力学非平衡态的现象十分显著。

沿头部弧面区域壁面热流密度的分布如图 4.23 所示，在驻点处热流密度的最大值为 8.6 W/cm^2，并沿着壁面逐渐降低。

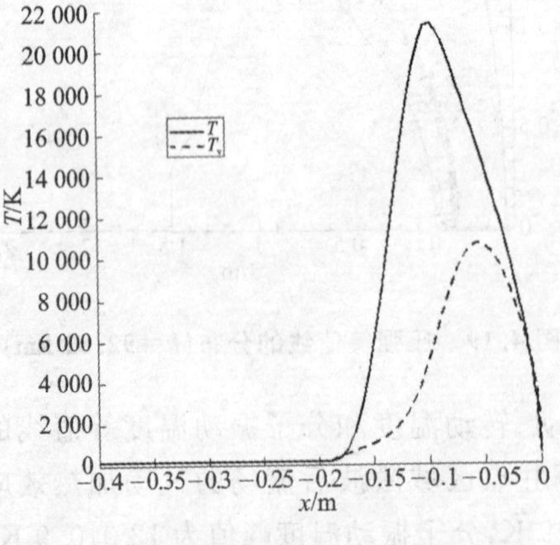

图 4.22　平动温度、振动温度沿驻点线的分布(*h*=92.82 km)

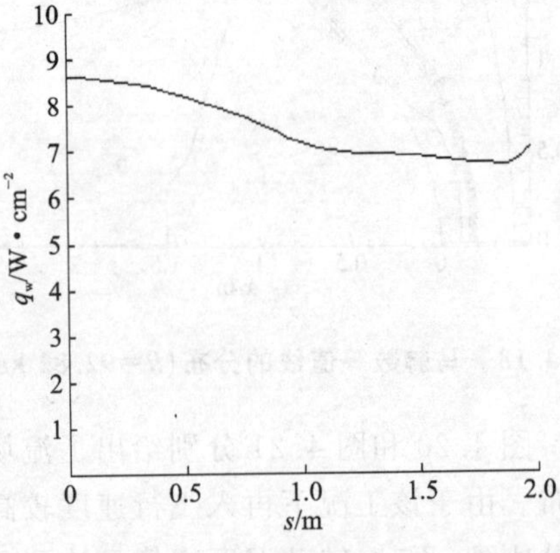

图 4.23　壁面热流密度的分布(*h*=92.82 km)

最后简单说明一下再入体尾流流场的结构特点。在远程导弹飞行过程中，飞行体的雷达散射截面(RCS)计算主要关心再入体周围形成的等离子体区域的状态(例如亚密等离子体、过密等离子体等)，尤其是尾流区域。此外，再入体流场尾流区的光辐射的计算也受到了一定的关注。在通常情况下高超声速飞行器再入大气层时，飞行器的头部形成弓形激波，波后气流发生电离与离解，电离气体向下游发展，在尾部形成一条很长的电离尾流。在一般情况下，再入体在 70 km 以上处于层流状态，在 70 km 以下的某一高度，尾流会出现转捩(例如有的飞行工况发生在 58～59.5 km 处)，飞行器在更低的再入高度飞行时，例如 30 km 左右尾流可能全部变成湍流，在我们进行 OREX 算例时注意了上述流动的特征。在文献[36]里 Fire－Ⅱ火星探测器流场计算中曾采用 DES 方法对来流马赫数为 16 工况的尾流区进行过细致分析，计算出的壁面热流分布与飞行数据吻合较好。因篇幅所限，对于 OREX 算例的尾迹区的详细结果不再给出。对于再入过程中某个高度范围内出现通信中断问题(例如 1969 年 11 月 Apollo 返回舱通信中断 189 s；1981 年 4 月 12 日 Columbia 航天飞机首航在 80～55 km 高空处通信中断达 900 s；前苏联 Soyuz 飞船返回时在 95～40 km 高空处通信中断达 400 s)，这与返回舱周围形成一个高温高压电离气体层即等离子鞘中的电子密度有直接关系。对于各工况下电子密度的分布与相关分析以及通信中断的预估与减轻通信中断的措施等，这里也不再给出。

4.4　选用广义 N－S 模型计算特征区内 Orion 算例

Orion 是国际上著名的探测器之一，参考文献[55]对飞行高度由 250 km 变到 100 km 的 13 个飞行工况进行了 DSMC 模型的计算，这里选取 $h=85$ km 的飞行工况进行广义 Navier-Stokes 模型的计算，其具体来流条件如表 4.3 所列。

表 4.3　Orion 的飞行工况

h/km	$K_{n\infty}$	T_∞/K	T_w/K	ρ_∞/(kg·m^{-3})
95	0.010 8	189	951	1.380×10^{-6}
85	0.001 9	181	1 184	7.955×10^{-6}

图 4.24 给出了飞行高度为 85 km 工况时压强沿驻点流线的分布曲线，图 4.25 给出了上述飞行工况下热流密度沿壁面的分布图。

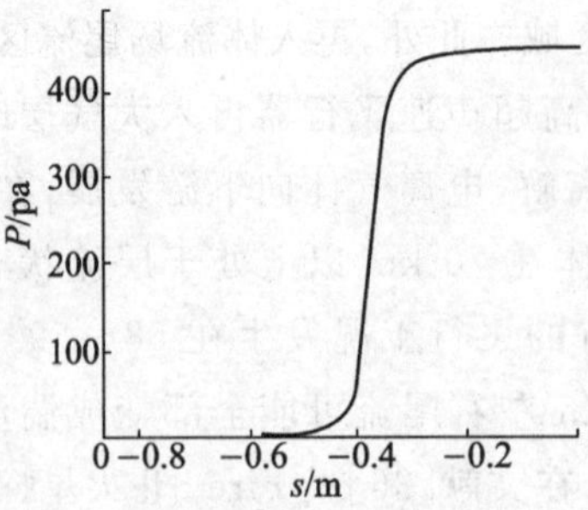

图 4.24 压强沿驻点流线的分布(h=85 km)

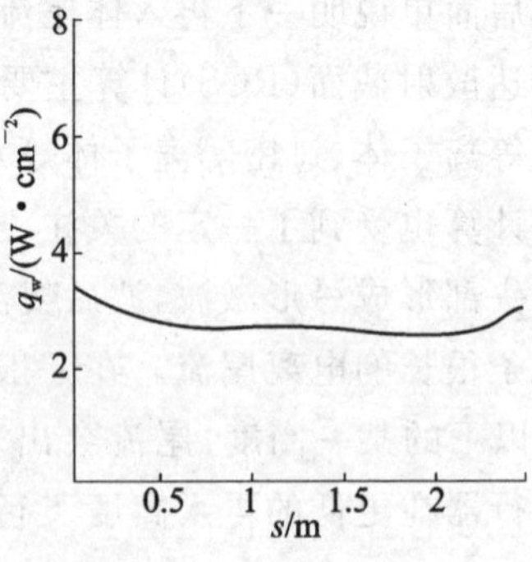

图 4.25 热流密度沿驻点流线的分布(h=85 km)

4.5 选用 DSMC 模型计算特征区内 RAM-CⅡ算例

在没有讨论 RAM-CⅡ算例前，先回顾一下地球大气层中 Kn 数随高度变化的情况：对于长度为 1 m 的物体来讲，在地面处，Kn 数为 10^{-7} 量级；在 70 km 高空，Kn 数为 0.001 量级；在 85 km 高空，Kn 数为 0.01 量级；在 100 km 高空，Kn 数为 0.15 量级。现在采用 DSMC 模型完成 RAM-CⅡ算例，图 4.26 分别给出了飞行高度为 71 km 与 81 km 时沿驻点线各种温度的分布曲线。由这张图所给出的平动温度、转动温度和振动温度的变化曲线可以很清楚的看出这里气体处于热力学非平衡的状态。另外，这里总的温度是借助于平动温度、转动温度和振动温度的加权平均得到的。

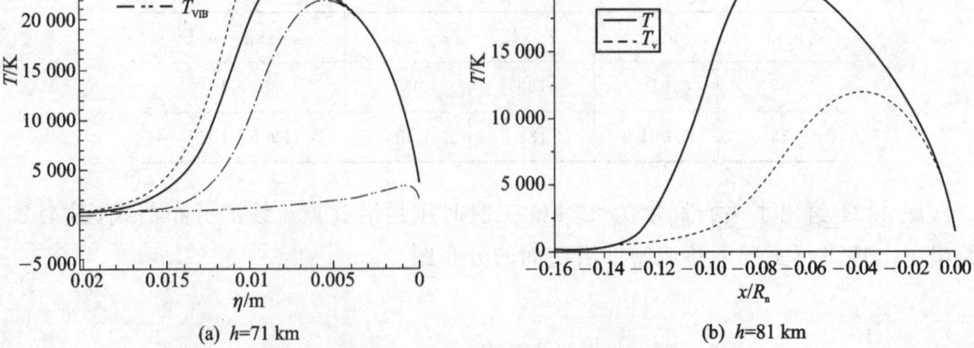

(a) h=71 km (b) h=81 km

图 4.26 温度沿驻点线的分布

如果用理想气体的能量守恒关系式去计算驻点温度 T_0 时，其表达式为

$$T_0 = T + \frac{U_\infty^2}{2C_p} = T\left(1 + \frac{\gamma - 1}{2}M^2\right) \tag{4.5.1}$$

取比热比 $\gamma=1.4$，并且取 $U=7.65$ km/s、来流静温 $T=181$ K 时，计算出的 T_0 将远远大于 DSMC 模拟得到的总温值，而且与飞行数据不符，因此这种工况下必须要考虑真实气体效应。从温度分布图可以看出，平动温度远在转动温度与振动温度前开始上升，而且上升得很快，这主要是因为平动能松弛速率要高于内能松弛速率的原因。随着流动靠近壁面，气体分子密度逐渐增加，碰撞平动能与内能模式之间的能量交换加快，从而使气体温度趋于平衡。由于气体分子振动的松弛时间远大于平动和转动的松弛时间，气体内分子的振动平衡需要更多的分子碰撞时间，因此激波附近气体的振动温度明显低于气体平动温度和转动温度。

图 4.27 给出了头部区域流场总温度等值线的分布曲线。由于该工况下再入速度较高，激波后头部驻点区域的气动加热效应十分剧烈，总温度的峰值已达到 24 000 K。

图 4.28 给出了 71 km 高空处沿驻点线各组分摩尔百分比的变化曲线。从这张分布图可以看出，气体穿过激波之后被剧烈压缩，气体分子密度增大，碰撞数目增大，气体分子化学反应非常剧烈。随着流动进一步靠近壁面，由于离解反应、置换反应和复合反应的发生，可以看出氮气与氧气组分逐渐降低，而氮原子与氧原子逐渐升高的现象。另外，还需指出的是：由于冷壁效应的存在，在靠近壁面的区域还会有氮气与氧气组分略有升高，氮原子与氧原子略有降低的现象发生。

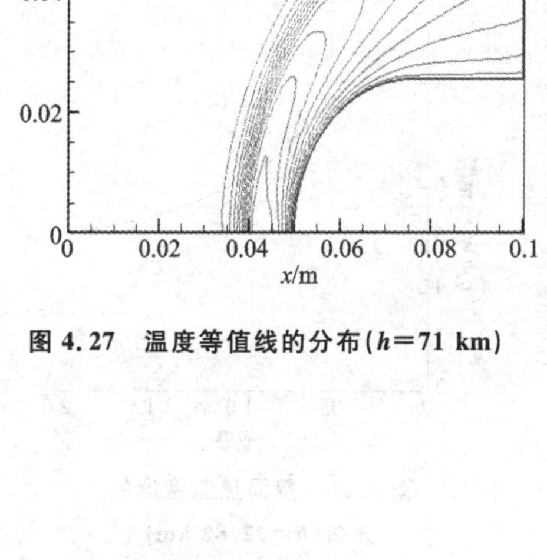

图 4.27 温度等值线的分布(h=71 km)

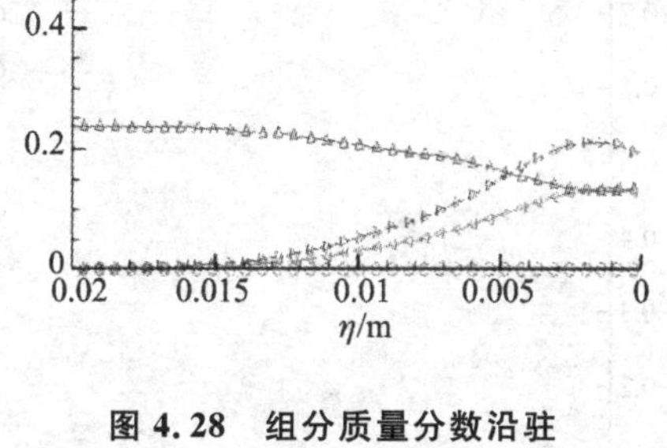

图 4.28 组分质量分数沿驻点线的分布(h=71 km)

4.6 选用 DSMC 模型计算特征区内 OREX 算例

这里对 OREX 典型算例采用 DSMC 模型进行计算。图 4.29 给出了飞行高度为 92.82 km 时由流场平动温度和分子振动温度而得到的总的(overall)动理学温度等值线的分布曲线。由于该工况下再入速度较高,激波后头部驻点区域的气动加热效应已十分剧烈。图 4.30 给出了该工况下压强等值线的分布曲线图。

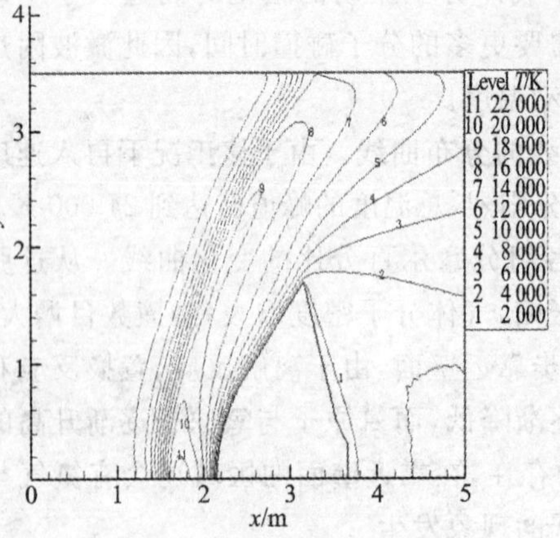

图 4.29 总的温度等值线的分布(h=92.82 km)

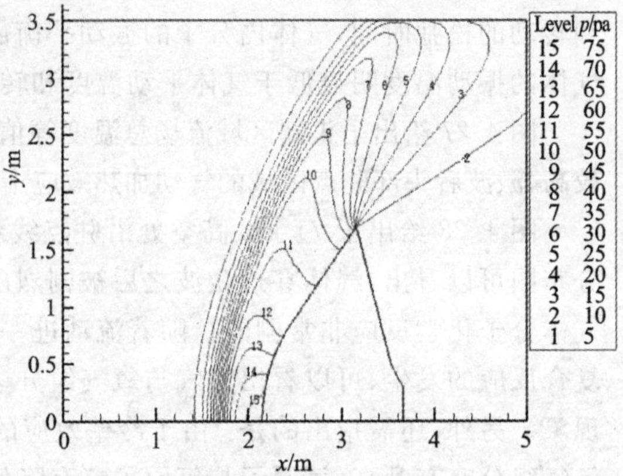

图 4.30 压强等值线的分布(h=92.82 km)

图 4.31 给出了沿驻点线气体组分摩尔百分比的分布曲线。图 4.32 给出热流密度沿壁面的分布图。显然,图 4.32 给出的结果与前面图 4.23 的分布曲线尽管对应点在数值上有差别,但变化趋势上是基本一致的。

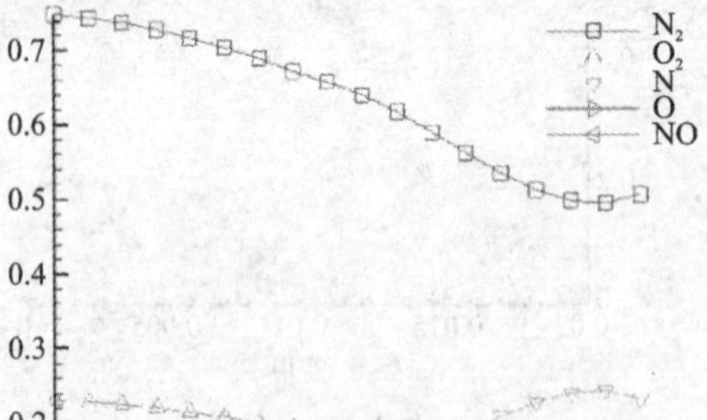

图 4.31 组分质量分数沿驻点线的分布(h=92.82 km)

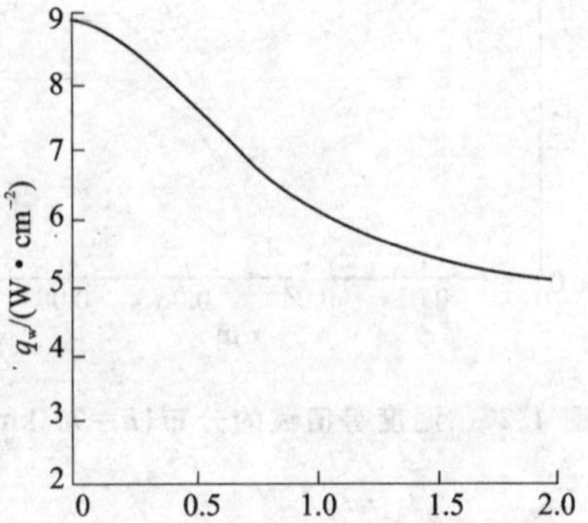

图 4.32 壁面热流密度的分布(h=92.82 km)

4.7 选用 DSMC 模型计算特征区内 Orion 算例

对于 Orion 算例，当飞行高度为 85 km 时，Kn 数为 0.001 9，用 DSMC 模型来计算这种工况。计算中相关来流参数由表 4.3 给出。图 4.33 给出了该工况下压强沿驻点线的分布曲线，图 4.34 给出了该工况下热流密度沿壁面的分布图。

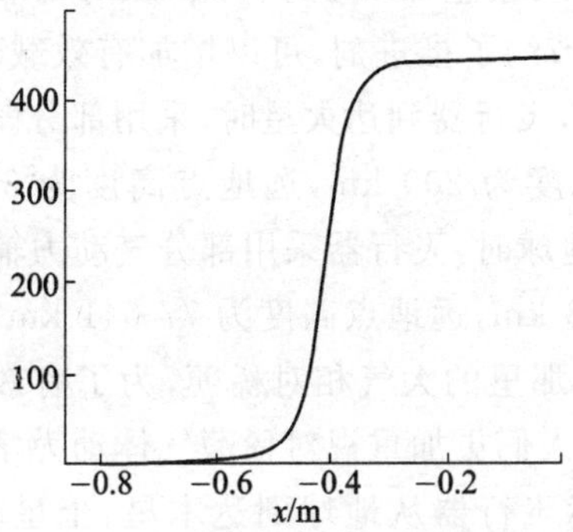

图 4.33　压强沿驻点流线的分布（h=85 km）

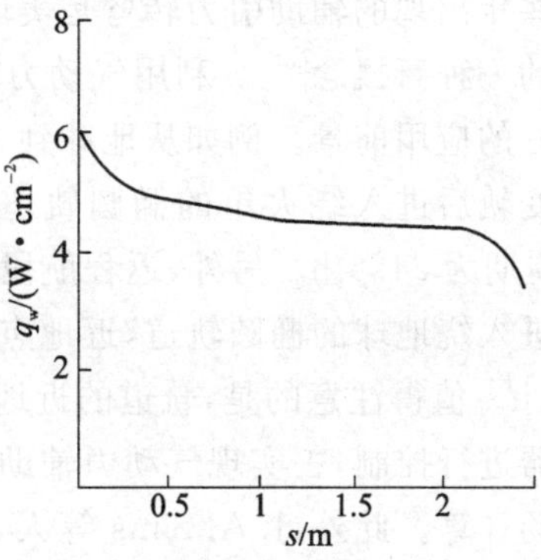

图 4.34　壁面热流密度的分布（h=85 km）

4.8 小 Knudsen 数特征区及其初步分析

由前面 4.2～4.7 节所给出的几个典型算例可以发现：采用 DSMC 源程序计算时，当来流工况的 Knudsen 数越小，则流场计算所需的时间越长，在上述几个算例中使用现在我们的 DSMC 源程序能够计算的来流工况最小 Knudsen 数（这里记作 Kn_1）为 0.001 9；采用广义 Navier-Stokes 程序计算时，当来流工况的 Knudsen 数越大，则流场计算越不易收敛。在上述几个算例中使用现在我们的广义 Navier-Stokes 方程源程序能够计算的来流工况最大 Knudsen 数（这里记作 Kn_2）为 0.012 5；如果采用广义 Navier-Stokes 方程再加上物面处滑移条件，则 Kn_2 最大可取到 0.2；因此我们便可以称[Kn_1，Kn_2]为再入飞行过程中的小 Knudsen 数特征区的区间范围。另外还需要说明的是，因篇幅所限，对于上述各算例流场计算的详细收敛过程与曲线本书不再给出。正是由于再入过程中存在着小 Knudsen 数特征区，因此原则上只要两个源程序（即 DSMC 源程序程序与广义 Navier-Stokes 程序）便可以完成整个再入飞行过程中所有工况的流场计算。

针对在小 Knudsen 数特征区进行流场计算的特点，在来流工况的 Knudsen 接近 Kn_1（当采用 DSMC 程序）或者 Kn_2（当采用广义 Navier-Stokes 程序）时可以采取如下三种加速计算收敛的办法：

（1）发展上述两个源程序的高效算法，并且还需要进一步提高两个源程序本身的计算效率。这里需指出的是，对于广义 Navier-Stokes 方程的快速求解来讲，可供借鉴的算法很多[64]~[66]，但对于 DSMC 方法如何再进一步提高它的计算效率乃是一个需要进一步深入研究的新课题。这里还必须要说明的是：随着气动力辅助变轨技术的发展，特别是在星际航行中利用星球的大气层去实现辅助引力转弯（Aerogravity-Assist）的变轨技术的出现[67]，使人们对稀薄气体动力学的计算更加重视。钱学森先生以及美国 Rice 大学 A. Miele 教授等对气动力辅助变轨问题都有过高度评价。而近些年出现的辅助引力转弯是美国喷气推进实验室（JPL）的 J. M. Longuski 等人提出的一种新概念[67]。利用气动力辅助制动，节约了推进剂，可以增加有效载荷，具有很好的应用前景。例如从地球到火星的航段，飞行器到达火星时，采用部分气动力辅助变轨后进入绕火星的椭圆轨道，近地点高度为 200 km，远地点高度为 37 223 km，周期为 24.6 h。另外，返程航段结束到达地球时，飞行器采用部分气动力辅助变轨后进入绕地球的椭圆轨道，近地点高度为 463 km，远地点高度为 77 641 km，周期为 24 h。值得注意的是，轨道的近地点比较高，那里的大气相对稀薄，为了有效的对飞行器进行控制，去实现气动力辅助变轨，因此人们更加重视对稀薄气体动力学的三维流场计算。此外，J. A. Sims 等人计算了星际飞行器从地球到达木星、土星、天王星、海王星以及冥王星的最短飞行时间，并且考虑了阻力损失对飞行器升阻比 L/D 的影响[68]，这更使人们充分认识到在星际航行中，气动力辅助变轨技术是 21 世纪先进运载飞行器设计的关键技术，而稀薄气体动力学的三维流场计算是确保气动力辅助变轨技术实现的重要基础。在 DSMC 方法的研究方面，G. A. Bird 教授应是领军人物，他早在 20 世纪 60 年代初便致力于这一领域的研究，至今已 50 多年。他提出和发展了一系列改进算法并不断完善他的程序[69]，他的敬业精神为后人树立了楷模。

（2）在选用广义 Navier-Stokes 源程序求解再入飞行流场的情况下，当计算来流 Knudsen 数接近 Kn_2 的高马赫数飞行工况时，可以采用来流马赫数逐渐爬升的办法去解决计算不易收敛的困难。大量的数值计算表明，这个办法十分有效。

（3）在进一步探讨 DSMC 高效算法的同时还应该开展对广义 Boltzmann（即 Wang Chang-Uhlenbeck）方程的求解。广义 Boltzmann 方程是一个微分积分型方程，对于三维流动问题来讲这个方程右端的积分项为 5 重积分；对于单组分、多原子分子、考虑分子内部量子数但不考虑简并度的 Boltzmann 方程的表达式为

$$\frac{\partial f_i}{\partial t} + \boldsymbol{\xi} \cdot \frac{\partial f_i}{\partial \boldsymbol{r}} + \tilde{\boldsymbol{g}} \cdot \frac{\partial f_i}{\partial \boldsymbol{\xi}} = \sum_{j,k,l} \int_{-\infty}^{\infty}\int_{\Omega} (f_k f_l - f_i f_j) g \sigma_{ij}^{kl} \, \mathrm{d}\Omega \mathrm{d}\boldsymbol{\xi}_j \tag{4.8.1}$$

式中：f_i 为单组元、多原子分子、量子态为 i 时的分布函数。对于这个方程，可以考

虑分子内部量子数但没有考虑简并度，可以考虑弹性与非弹性碰撞，可以考虑化学反应，也可以考虑气体的离解、电离问题。对于多组元、多原子分子的广义 Boltzmann 方程因篇幅所限不再进行说明与讨论。显然，对方程式(4.8.1)的数值求解来讲，气体动力学[70,71]和计算流体力学[64,66,72]书上许多加速收敛的办法是可以采用的，而且这个方程所包含的物理信息要比 BGK 方程丰富得多。

现在，我们对本章所研究的内容进行简要的归纳如下：

(1) 文献[33]中首次提出了高超声速再入飞行过程中"小 Knudsen 数特征区(即 $[K_{n1}, K_{n2})$)"的概念，并采用数值计算的办法确定了该区域的边界值。详细研究了在这个特征区域中采用两种模型进行同一个工况数值计算时的一些特点，并提出了加速计算收敛的措施。另外，我们针对小 Knudsen 数特征区分别用广义 Navier-Stokes 模型与 DSMC 模型完成了多个典型算例，而且还将两种模型的计算结果进行了比较，结果发现：采用广义 Navier-Stokes 模型得到的值与 DSMC 的有差别，但差别不大，而且两个结果的变化趋势基本一致。事实上，DSMC 方法是直接模拟流动的物理过程，在某些假设条件下，理论上能够证明它与 Boltzmann 方程是等价的；更重要的是，Boltzmann 方程与 Navier-Stokes 方程都来源于同一个力学方程(即 Liouville 方程)，这就决定了在适当的条件下 Boltzmann 方程与 Navier-Stokes 方程是相互协调的、一致的。

(2) 我们在 40 多年从事 CFD 计算与近 10 多年针对 18 种国际著名航天器与探测器做高超声速再入飞行时 242 个典型飞行工况进行详细流场数值计算的基础上，提出了如下初步的看法：对于每一个计算工况来讲，恰当地选取 DSMC 模型或者广义 Navier-Stokes 模型(必要时对严重的大分离区域加入局部的 DES 分析技术[36])，可以完成每一个工况的计算，因此在合理地选取 DSMC 模型与广义 Navier-Stokes 模型的条件下可以完成整个再入过程中所有飞行工况(当飞行速度在 5～9 km/s 范围时)的数值计算。显然，这个结论对再入飞行过程的数值计算来说是非常重要的。

(3) 开展对广义 Boltzmann 方程数值算法的研究与求解是十分必要的。这个方程可以考虑分子内部量子数以及简并度，可以考虑弹性与非弹性碰撞，可以考虑化学反应，也可以考虑气体的离解与电离方面的问题。因此广义 Boltzmann 方程与 BGK 方程相比可以更多地反映物理过程的相关信息。为此，我们 AMME Lab 团队在这一方向上抓住了两方面的研究：一方面与美国 Washington 大学 R. K. Agarwal 教授合作开展广义 Boltzmann 方程直接数值求解的探索研究与源程序的编写工作。另一方面，针对高超声速再入飞行过程中出现的稀薄流区、过渡流区、连续流区所表现出的在时间上与空间上均具有的多尺度特征，开展了 UFS(Unified Flow Solver)方法的研究，这是一个重要的新方法。对此，V. V. Aristov 和 V. I. Kolobov 等做了许多有益的研究工作。

(4) 飞行器以高超声速再入地球大气层、进入火星大气层、土卫六大气层的飞行过程中，根据我们 AMME Lab 团队近 10 年来计算国外 18 种著名航天器 242 个工况的计算经验可以初步认为(以下以再入地球大气层问题为例)：当 Kn≥1 时为自由分子流区；当 0.03<Kn<1.0 时为过渡区；当 Kn≤0.03 时为连续流区；在过渡区，当 Kn>0.03 时必须考虑滑移效应，其中 0.03<Kn≤0.2 时可以用 Navier-Stokes 方程加上滑移条件求解；当 Kn<0.03 时使用广义 Navier-Stokes 方程而且不需要加滑移条件便能完成计算。

根据本章提出的"小 Knudsen 数特征区"的概念，使用 DSMC 计算时，Kn 数的下限为 Kn_1，目前使用我们 DSMC 程序得到的 Kn_1 的最小值为 0.001 9；使用 Navier-Stokes 计算时，Kn 数的上限为 Kn_2，目前使用我们自己编制的三维广义 Navier-Stokes 程序不加滑移条件时 Kn_2 最大可算到 0.012 5；加上滑移条件，Kn_2 最大可取为 0.2。

上述所给出区域的划分，实际上可以作为再入飞行过程中所有工况点下三维流场计算时选用 DSMC 或者广义 Navier-Stokes 模型的判断准则。

另外，我们还编制了多组分混合气体的广义 Boltzmann 方程的源程序[37~39]。该程序在求解过程中同时考虑转动-平动以及振动-平动的热力学非平衡问题，并且成功地完成了一维激波管问题[37,39]、二维钝头体绕流与二维双锥体绕流[38,39]的 48 个工况的计算。在所完成的算例中，Knudsen 数的变化范围从 0.001 到 10.0，所计算的马赫数变化范围从 2 到 25，所得计算结果与相关实验数据以及广义 Navier-Stokes 方程或者 DSMC 方法数值结果进行了对比验证，初步显示了所编程序的可行性、有效性、通用性与鲁棒性。

最后，还需特别说明的是：本章不仅仅是提出了"小 Knudsen 数特征区"这个重要的概念，而且还提出了再入飞行过程中所有工况点下三维流场计算时选用 DSMC 或者广义 Navier-Stokes 模型的判断准则。值得注意的是，这样初步选取流场计算模型的办法有时会使流场计算的效率不高。当这种情况发生时，一个更为有效的办法是以流场局部 Kn 数或者局部的 K_{nGL}(即 the gradient-length Knudsen number)作为当地流场计算选用模型的依据，这时在完成某一工况的流场计算过程中，局部区域可以采用广义 Navier-Stokes 模型和局部区域可以采用 DSMC 模型，对于这种复杂的计算情况本书不作赘述。将高超声速飞行器再入飞行过程中所遇到的不同流区里的流动问题，采用广义 Navier - Stokes 方程或 DSMC 两种模型处理的方法是建立在同一个力学方程即 Liouville 方程的基础上[3]，同时这也符合钱学森先生所倡导的"系统学(Systematology)"的思想[73]。钱先生把"系统"的概念拓广到人、机、环境三者构成的一个大的系统领域[74]，这种推广有着坚实的理论基础[75,76]。对于这样一个大的系统整体性能的分析与评价，应以"安全、高效、环保、经济"为系统的评价准则[77,78]。因此，在这样一个大框架下去分析与设计高超声速飞行器的气动优化问题、完成飞行器在稀薄流动条件下的气动力学计算更富挑战性。

参考文献

[1] Bogoliubov N N. Problems of a Dynamical Theory In Statistical Physics. eds. J. de Boer and G. E. Uhlenbeck. Studies in Statistical Mechanics. Vol. 1, Amsterdam: North-Holland, 1962.

[2] Lifshitz E. M. and Pitaevskii L. P. Physical Kinetics. Pergamon Press, 1981.

[3] 王保国,黄伟光. 高超声速气动热力学[M]. 北京：科学出版社,2013.

[4] 王保国,刘淑艳,王新泉,等. 传热学[M]. 北京：机械工业出版社,2009.

[5] Balescu R. Transport Processes in Plasmas. Amsterdam: North-Holland, 1988.

[6] Grabert H. Projection Operator Techniques in Non-equilibrium Statistical Mechanics. New York: Springer-Verlag, 1982.

[7] 王保国,蒋洪德,马晖扬,等. 工程流体力学(上册,下册)[M]. 北京：科学出版社,2011.

[8] 王保国,刘淑艳,黄伟光. 气体动力学[M]. 北京：北京理工大学出版社、北京航空航天大学出版社、西北工业大学出版社、哈尔滨工程大学出版社、哈尔滨工业大学出版社,2005.

[9] 王保国,刘淑艳,刘艳明,等. 空气动力学基础[M]. 北京：国防工业出版社,2009.

[10] 王保国,刘淑艳,王新泉,等. 流体力学[M]. 北京：机械工业出版社,2012.

[11] 黄祖洽,丁鄂江. 输运理论[M]. 第 2 版. 北京：科学出版社,2008.

[12] 王竹溪. 统计物理学导论[M]. 第 2 版. 北京：人民教育出版社,1965.

[13] Balescu R. Equilibrium and Nonequilibrium Statistical Mechanics. New York: Wiley, 1975.

[14] 李政道. 统计力学[M]. 陈崇光译. 北京：北京师范大学出版社,1984.

[15] 彭桓武,徐锡申. 理论物理基础[M]. 北京：北京大学出版社,1998.

[16] Chapman S, Cowling T G. The Mathematical Theory of Non-Uniform Gases. Third ed. Cambridge: Cambridge University Press, 1970.

[17] Kogan M N. Rarefied Gas Dynamics. New York: Plenum Press, 1969.

[18] Cercignani C, Illner R, Pulvirenti M. The Mathematical Theory of Dilute Gases. New York: Springer-Verlag, 1982.

[19] Shen Ching. Rarefied Gas Dynamics : Fundamentals, Simulation and Micro Flows. Berlin: Springer-Verlag, 2005.

[20] Mott N F, Massey H S W. The Theory of Atomic Collisions. 3rd ed. Oxford: Oxford University Press, 1965.

[21] Slater J C. Quantum Theory of Molecules and Solids. New York: McGraw-Hill, 1974.

[22] Lifshitz E. M. Pitaevskii L. P. Statistical Physics , 3rd ed. Oxford: Pergamon, 1980.

[23] J de Boer and G E Uhlenbeck. Studies in Statistical Mechanics, Vol. 2. Amsterdam: North-Holland, 1964.

[24] Dirac P A M. The Principles of Quantum Mechanics, 4th ed. New York : Oxford University Press, 1958.

[25] Landau L D, Lifshitz E M. Quantum Mechanics, Non-relativistic Theory. New York: Pergamon , 1977.

[26] Landau L D, Lifshitz E M. Theoretical Physics: Statistical Physics. Moscow: Nauka-Fiz-

mathlit,1995.

[27] Cheremisin F G. Solution of the Wang Chang-Uhlenbeck Master Equation. Doklady Physics, 2002,47(12):872-875.

[28] Tcheremissine F G, Agarwal R K. Computation of Hypersonic Shock Waves in Diatomic Gases Using the Generalized Bolzmmann Equation. In Rarefied Gas Dynamics: 26th International Symposium, edited by T. Abe, 427-433. New York: American Institute of Physics, 2009.

[29] Courant R, Hilbert D. Methods of Mathematical Physics. Vol. 1, New York: Interscience Publishers Inc., 1955.

[30] Landau L D, Lifshitz E M. Fluid Mechanics. New York: Pergamon, 1959.

[31] 陈懋章. 粘性流体动力学基础. 北京：高等教育出版社,2002.

[32] Alofs D J and Springer G S. Cylindrical Couette Flow Experiments in Transition Region. Phys. of Fluids, 1971, 14: 298-305.

[33] 王保国,黄伟光,钱耕,等. 再入飞行中 DSMC 与 Navier-Stokes 两种模型的计算与分析[J]. 航空动力学报,2011,26(5)：961-976.

[34] Grad H. Principles of the Kinetic Theory of Gases. in: Handbuch der Physik 12, ed. S. Flügge, Berlin: Springer Verlag, 1958.

[35] Tcheremissine F G. Fast Solutions of the Boltzmann Equation. In: Rarefied Gas Dynamics, ed. A. E. Beylich. 1991, VCH, Weinheim, pp273-284.

[36] 王保国,郭洪福,孙拓,等. 6 种典型飞行器的 RANS 计算及大分离区域的 DES 分析[J]. 航空动力学报,2012,27(3)：481-495.

[37] 钱耕,王保国. 热力学非平衡流广义 Boltzmann 方程的一维解[J]. 航空动力学报,2013, 28 卷.

[38] 钱耕,王保国. 二维广义 Boltzmann 方程的求解与应用[J]. 航空动力学报,2013,28 卷.

[39] Wang Baoguo, Qian Geng, R. K. Agarwal, C. D. Wilson. Generalized Boltzmann Solution for Non-equilibrium flows and the Computation of Flowfields of Binary Gas Mixtures[J]. Propulsion and Power Research, 2012(1): 48 - 57.

[40] Wolf-Gladrow D A. Lattice gas Cellular Automata and Lattice Boltzmann Models: An Introduction. Berlin: Springer, 2000.

[41] Succi S. Lattice Boltzmann Equation for Fluid Dynamics and Beyond. Oxford: Clarendon Press, 2001.

[42] Sukop M C, Thorne D T J. Lattice Boltzmann Modeling: An Introduction for Geoscientists and Engineers. Berlin: Springer, 2005.

[43] 陶文铨. 传热与流动问题的多尺度数值模拟—方法与应用[M]. 北京：科学出版社,2009.

[44] 孙成海,王保国,沈孟育. 格子 Boltzmann 方法的质量扩散模型. 计算物理,1997,14(4)：671-673.

[45] Sun Chenghai, Wang Baoguo, Shen Mengyu. Lattice Boltzmann Models for Heat Transfer. Communications in Nonlinear Science and Numerical Simulation, 1997, 2(4): 212-216.

[46] Sun Chenghai. Lattice-Boltzmann Models for High Speed Flows. Physical Review E, 1998, 58 (6): 7283-7287.

[47] Sun Chenghai. Adaptive Lattice Boltzmann Models for Compressible Flows: Viscous and Conductive Properties. Physical Review E, 2000, 61(3): 2645-2653.

[48] Sun Chenghai, A T Hsu. Three Dimensional Lattice Boltzmann Model for Compressible Flows. Physical Review E, 2003, 68: 016303.

[49] Sun Chenghai. Simulations of Compressible Flows With Strong Shocks by an Adaptive Lattice Boltzmann Model. Journal of Computational Physics, 2000, 161: 70-84.

[50] Sun Chenghai, Wang Baoguo, Shen Mengyu. Adaptive Lattice Boltzmann Models for Compressible Flow. Tsinghua Science and Technology, 2000, 5(1): 43-46.

[51]孙成海，王保国，沈孟育. 完全气体格子 Boltzmann 热模型[J]. 清华大学学报，2000，40(4)：51-54.

[52] 王保国，李翔，黄伟光. 激波后高温高速流场中的传热特性研究[J]. 航空动力学报，2010，25(5)：963-980.

[53] 王保国，李翔. 多工况下高超声速飞行器再入时流场的计算[J]. 西安交通大学学报，2010，44(1)：71-76.

[54] 王保国，李学东，刘淑艳. 高温高速稀薄流的 DSMC 算法与流场传热分析[J]. 航空动力学报，2010，25(6)：1203-1220.

[55] 王保国，李耀华，钱耕. 四种飞行器绕流的三维 DSMC 计算与传热分析[J]. 航空动力学报，2011，26(1)：1-20.

[56] Moss J N. Direct Simulation Monte Carlo Simulations of Ballute Aerothermodynamics under Hypersonic Rarefied Conditions. Journal of Spacecraft and Rocket, 2007, 44(2): 289-298.

[57] 王保国，刘淑艳，姜国义. 高超声速化学非平衡流动的数值计算[J]. 气体物理：理论与应用[J]，2007，2(2)：150-153.

[58] 王保国，刘淑艳，姜国义，等. 高阶格式及其在内外流场计算中的应用[J]. 航空动力学报，2008，23(1)：55-63.

[59] 王保国，黄虹宾. 叶轮机械跨声速及亚声速流场的计算方法[J]. 北京：国防工业出版社，2000.

[60] 王保国，刘淑艳，张雅. 非结构网格下非定常流场的双时间步长的加权 ENO-强紧致杂交高分辨率格式[J]. 工程热物理学报，2005，26(6)：941-943.

[61] 王保国，吴俊宏，朱俊强. 基于小波奇异分析的流场计算方法及应用[J]. 航空动力学报，2010，25(12)：2728-2747.

[62] Grantham W L. Flight Results of 25000 Foot Per Second Reentry Experiment Using Microwave Reflectometers to Measure Plasma Electron Density and Standoff Distance. NASA TN D-6062, Dec, 1970.

[63] Inouye Y. OREX Flingt-quick Report and Lessons Learned [R]. Invited Paper 4, Second European Symposium on Aerothermodynamics of Space Vehicles, ESTEC, Nov., 1994.

[64] Tannehill J C, Anderson D A, Pletcher R H. Computational Fluid Dynamics and Heat Transfer. 2nd ed. London: Taylor & Francis, 1997.

[65] Sod G A. Numerical Method of Fluid Dynamics. Cambridge: Cambridge University Press, 1985.

[66] Blazek J. Computational Fluid Dynamics: Principles and Applications. New York: Elsevier,2007.

[67] Bonfiglio E P,Longuski J M,Vinh N X. Automated Design of Aerogravity-Assist Trajectories. Journal of Spacecraft and Rockets,2000,37(6):768-775.

[68] Sims J A,Longuski J M,Patel M R. Aerogravity-Assist Trajectories to the Outer Planets and the Effect of Drag. Journal of Spacecraft and Rockets,2000,37(1): 49-55.

[69] Bird G A. Molecular Gas Dynamics and the Direct Simulation of Gas Flows. Oxford: Clarendon Press,1994.

[70] 童秉纲,孔祥言,邓国华. 气体动力学[M]. 第2版. 北京:高等教育出版社,2012.

[71] 王保国,高歌,黄伟光,徐燕骥,闫文辉.非定常气体动力学[M].北京:北京理工大学出版社,2013.

[72] 王保国,朱俊强.高精度算法与小波多分辨分析[M].北京:国防工业出版社,2013.

[73] 钱学森.创建系统学[M].太原:山西科学技术出版社,2001.

[74] 钱学森,许国志,王寿云.论系统工程(增订本)[M].长沙:湖南科学技术出版社,1988.

[75] Bertalanffy L V. General Systems Theory[M]. New York: George Braziller, 1968.

[76] Haken H. Synergetics[M]. Berlin: Springer-Verlag, 1978.

[77] 王保国,王新泉,刘淑艳,霍然.安全人机工程学[M].北京:机械工业出版社,2007.

[78] 王保国,黄伟光,王凯全,张力,张驎.人机环境安全工程原理[M].北京:中国石化出版社,2013.